Ринкове Дослідження Стану Конкуренції В Електроенергетичному Секторі України

OECD
BETTER POLICIES FOR BETTER LIVES

Ця робота опублікована в межах повноважень Генерального секретаря ОЕСР. Висловлені в ній думки та застосовані доводи не обов'язково відображають офіційні погляди країн-учасниць ОЕСР.

Цей документ був підготовлений за фінансової підтримки Європейського Союзу. Погляди, викладені в ньому, жодним чином не можуть сприйматися як такі, що відображають офіційну позицію Європейського Союзу.

Цей документ, як і будь-які дані та будь-яка карта, що включені до неї, не торкаються статусу або суверенітету над територією, делімітації міжнародних кордонів і ліній розмежування, а також назви будь-якої території, міста або регіону.

Статистичні дані по Ізраїлю надані відповідними ізраїльськими органами влади та під їхню відповідальність. Використання таких даних ОЕСР не завдає шкоди статусу Голанських висот, Східного Єрусалиму та ізраїльських поселень на Західному березі річки Йордан відповідно до норм міжнародного права.

Примітка Турецької Республіки
Інформація в цьому документі з посиланням на "Кіпр" стосується південної частини острова. На острові не існує єдиного органу влади, який представляє інтереси як турків-кіпріотів, так і греків-кіпріотів. Туреччина визнає Турецьку Республіку Північного Кіпру (ТРПК). До тих пір, поки не буде знайдено довгострокове і справедливе рішення в рамках Організації Об'єднаних Націй, Туреччина зберігатиме свою позицію щодо "кіпрського питання".

Примітка всіх держав-членів Європейського Союзу, ОЕСР та Європейського Союзу
Республіка Кіпр визнана всіма членами Організації Об'єднаних Націй, за винятком Туреччини. Інформація в цьому документі стосується території, яка знаходиться під ефективним контролем Уряду Республіки Кіпр.

Прохання посилатися на цю публікацію:
OECD (2023), *Ринкове Дослідження Стану Конкуренції В Електроенергетичному Секторі України*, OECD Publishing, Paris, https://doi.org/10.1787/ec253027-uk.

ISBN 978-92-64-86247-0 (друк)
ISBN 978-92-64-33759-6 (PDF)
ISBN 978-92-64-64748-0 (HTML)
ISBN 978-92-64-55106-0 (epub)

Оригінальна назва: OECD (2023), *Competition Market Study of Ukraine's Electricity Sector*, OECD Publishing, Paris, https://doi.org/10.1787/f28f98ed-en.

Переклад було замовлено Директоратом з фінансів та підприємництва, та його точність не гарантується ОСЕР. Офіційними версіями документу є тексти опубліковані англійською та/або французькою мовами.

Фото: © Tatiana Serebryakova| Getty Images.

Поправки до публікацій ОЕСР можна знайти он-лайн за посиланням: www.oecd.org/about/publishing/corrigenda.htm.

Передмова Представництва ЄС в Україні

Це дослідження ринку електроенергетики в Україні, проведене ОЕСР за фінансової підтримки Представництва ЄС в Україні та є результатом плідної співпраці між ОЕСР та українськими органами влади.

Проєкт спрямований на сприяння розвитку конкуренції в електроенергетичному секторі, який є життєво важливою частиною сучасної добре функціонуючої економіки. Дослідження сприяє кращому розумінню конкурентного середовища та нормативно-правової бази, в рамках якої функціонують учасники ринку.

Враховуючи важливість енергетичного сектору, ЄС продовжує надавати як надзвичайну, так і довгострокову підтримку сектору, щоб зробити його більш ефективним та стійким. Успішна синхронізація української електроенергетичної системи з континентальною європейською системою електромереж стала важливим кроком на шляху до інтеграції України з ринком електроенергії ЄС. Дослідження показує шляхи продовження інтеграційного процесу для взаємної вигоди обох сторін. Це особливо актуально у світлі статусу України як країни-кандидата на вступ до ЄС.

Повномасштабне вторгнення Росії порушило життя мільйонів українських громадян і завдало серйозної шкоди енергетичній інфраструктурі України внаслідок атак, які прирівнюються до воєнних злочинів. Незважаючи на війну, що триває, численні українські зацікавлені сторони зробили свій внесок у це дослідження, враховуючи його важливість для довгострокового функціонування електроенергетичного сектору та української економіки в цілому. Звіт справді є надзвичайно важливим для визначення шляху до конкурентного ринку електроенергії, який матиме вирішальне значення для відновлення України після війни.

Рекомендації містять чіткі вказівки щодо того, як завершити процес відкриття електроенергетичного сектору України за сприятливих умов, одночасно підтримуючи відновлення та відбудову країни.

Я хотів би висловити щиру подяку ОЕСР та усім експертам, які долучилися до цього проєкту. Представництво ЄС в Україні підтримувало цей проєкт від самого початку і готове допомагати Україні у впровадженні його рекомендацій.

Матті Маасікас

Посол Європейського Союзу в Україні

Передмова Антимонопольного комітету України

Чинна модель ринку електроенергії в Україні функціонує відносно недовго і все ще перебуває на стадії становлення. Разом з тим, вона втілює найважливіші принципи європейського законодавства, в тому числі принцип забезпечення економічної конкуренції на ринку електроенергії.

Таким чином, виробництво, продаж, купівля, а також постачання електроенергії в Україні відбуваються в конкурентному середовищі, а впроваджена модель сприяє подальшому відкриттю та інтеграції ринків України до ринків Європейського Союзу на основі спільних підходів та єдиної законодавчої бази.

Антимонопольний комітет України (АМКУ) займає активну позицію щодо реалізації конкурентної політики, в тому числі на ринку електроенергії, яка полягає не лише у своєчасному реагуванні на неконкурентні дії суб'єктів господарювання та органів влади, а й у спрямуванні регуляторних заходів на створення конкурентного середовища для розвитку ринку електроенергії, що дозволяє досягти мети його лібералізації в умовах здорової конкуренції.

Незважаючи на повномасштабне вторгнення російських військ в Україну, повноцінна інтеграція ринку електроенергії до внутрішнього ринку Європейського Союзу та, відповідно, виконання зобов'язань України залишається пріоритетом для держави.

У 2022 році важливою подією для України стало об'єднання національної енергосистеми з Європейською мережею системних операторів передачі електроенергії, як це передбачено Угодою про асоціацію між Україною та ЄС.

Вихід європейських виробників та постачальників електроенергії на український ринок сприятиме посиленню конкуренції та розвитку ринкових механізмів, а також підвищенню інвестиційної привабливості українського енергетичного сектору.

АМКУ вдячний за можливість долучитися до дослідження українського ринку електроенергії в рамках проєкту «Підтримка реформ в енергетичному секторі України», особливо, розуміючи складність проведення такого глобального та якісного дослідження Організацією економічного співробітництва та розвитку (ОЕСР) в умовах воєнного стану в Україні.

ОЕСР провела детальне дослідження ринку електроенергії, з точки зору конкуренції, від початку створення нової моделі ринку електроенергії та під час її функціонування в Україні.

В рамках дослідження експерти ОЕСР здійснили огляд сектору електроенергетики, проаналізували його нормативно-правову базу та оцінили стан конкуренції в ньому, зазначивши, що структура українського ринку дуже схожа на структуру ринку Європейського Союзу, хоча і містить низку недоліків.

АМКУ брав активну участь у робочих зустрічах та обговореннях під час дослідження ринку електроенергії щодо скасування цінових обмежень, стимулювання ліквідності на РДН, участі виробників ВДЕ у продажу електроенергії на конкурентних сегментах ринку. На завершальному етапі ми надали пропозиції до висновків та рекомендацій ОЕСР щодо особливостей застосування інструментів конкурентного права.

Крім того, АМКУ вважає, що подальша реалізація рекомендацій ОЕСР, викладених у дослідженні, сприятиме підвищенню рівня доброчесності та прозорості на оптових ринках електроенергії (зокрема через впровадження REMIT), підвищенню рівня ефективності ведення бізнесу для всіх учасників енергетичних ринків, що, в свою чергу, сприятиме ефективному функціонуванню економіки України та розвитку конкурентних відносин.

АМКУ висловлює щиру подяку експертам ОЕСР, а також усім сторонам, залученим до проєкту дослідження, за проведення детальної, глибокої та масштабної оцінки ринку електроенергії та діяльності його учасників.

Ольга Піщанська

Голова Антимонопольного комітету України

Передмова

Цей звіт має на меті допомогти українським політикам та органам влади, відповідальним за електроенергетичний сектор, покращити функціонування ринку електроенергії в Україні, визначивши та пропонуючи шляхи подолання бар'єрів на шляху до ефективної конкуренції. У дослідженні розглядається структура, нормативно-правова база та функціонування оптового й роздрібного ринків з точки зору конкуренції, а також питання використання відновлюваних джерел енергії та синхронізації з європейською енергосистемою.

Дослідження ринку було проведено Відділом з питань конкуренції ОЕСР за фінансової підтримки Європейського Союзу, в рамках Меморандуму про взаєморозуміння щодо поглиблення співробітництва з урядом України, а також за підтримки українських зацікавлених сторін. Рекомендації цього проєкту є своєрідною дорожньою картою для Уряду України щодо розширення та поглиблення проконкурентних реформ у секторі. Впровадження цих рекомендацій призведе до покращення конкуренції на оптовому й роздрібному рівнях, подальшої інтеграції відновлюваних джерел енергії в структуру виробництва електроенергії в Україні, підвищення ліквідності та залучення інвестицій в енергетичний сектор в цілому. Вони також сприятимуть кращій інтеграції з енергетичними ринками ЄС.

Цей звіт ґрунтується на попередніх дослідженнях ринку, проведених Відділом з питань конкуренції ОЕСР. У 2016 році дослідження ринків були обрані Комітетом з питань конкуренції ОЕСР як довгострокова тема для обговорення, а в період з 2016 до 2018 року ОЕСР провела круглі столи, засідання та семінари на різні теми, включаючи характеристики досліджень ринків, повноваження антимонопольних органів щодо збору інформації, процедурні гарантії для зацікавлених сторін, взаємодію щодо досліджень ринків між антимонопольними органами та іншими державними органами, а також оцінку досліджень ринків ex-post.

Подяки

Цей звіт було підготовлено ОЕСР за фінансової підтримки Представництва Європейського Союзу в Україні у тісній співпраці з Антимонопольним комітетом України, Національною комісією, що здійснює державне регулювання у сферах енергетики та комунальних послуг (НКРЕКП), Міністерством енергетики та Секретаріатом Кабінету Міністрів. Команда ОЕСР хотіла б подякувати їм за підтримку проєкту з самого початку, за надання своєчасної та якісної інформації, за готовність до обговорення та обміну думками, за рецензування проєкту та надання коментарів, а також за їхню постійну участь у проєкті, незважаючи на дуже складні для країни часи.

Команда ОЕСР вдячна за цінний внесок учасникам ринку, зокрема Укренерго, Оператору ринку, Українській енергетичній біржі, Групі ДТЕК, Укргідроенерго, Енергоатому, Центренерго, Гарантованому покупцю, Групі CWP, Українській асоціації відновлюваної енергетики, Асоціації сонячної енергетики України, Центру Разумкова та Громадській спілці «Енергетичний союз».

Звіт підготовлений з урахуванням досвіду та коментарів консалтингових компаній DiXi Group та Oxera. Голова Комітету Верховної Ради України з питань енергетики також ознайомився з проєктом та надав цінні коментарі. Міжнародні експерти з Секретаріату Енергетичного Співтовариства, Міжнародного енергетичного агентства, Європейського інвестиційного банку, Агентства з питань співпраці енергетичних регуляторів та Європейської Комісії надали цінну інформацію, коментарі та дані.

Цей звіт підготували Каролі Нагі, Кароліна Абате та Галина Руденко з Відділу з питань конкуренції ОЕСР. Річард Мей поділився своїм досвідом у сфері ринкових досліджень та рецензував звіт разом з Федерікою Майорано, обоє з Відділу з питань конкуренції. Марія Мельник та Педро Каро Де Соуза, які раніше працювали у Відділі з питань конкуренції ОЕСР, також надали свої коментарі. Орі Шварц, керівник Відділу з питань конкуренції ОЕСР, здійснював загальне керівництво проєктом. Олексій Михайленко, як зовнішній експерт з питань ринку електроенергії, підготував аналітичну роботу для звіту. Габріела Міранда з Директорату глобальних відносин та співробітництва ОЕСР координувала взаємодію команди з українськими зацікавленими сторонами та надала цінну інформацію. Падрайк Конвері відредагував звіт, а Еріка Агостіньо з Відділу з питань конкуренції ОЕСР підготувала його до публікації.

Зміст

МАЛЮНКИ

ТАБЛИЦІ

Скорочення та акроніми

АСЕР	Агентство зі співробітництва енергетичних регуляторів
долар	Американський долар
АМКУ	Антимонопольний комітет України
АЕС	Атомна електростанція
БР	Балансуючий ринок
БуОС	Бурштинський енергоострів
ВДЕ	Відновлювані джерела енергії
ВДР	Внутрішньодобовий ринок
ГП	Гарантований покупець
гВтгод	Гігават години
ЗАКОН	Закон про ринок електричної енергії
FiT	Зелений тариф
ENTSO-E	Європейська мережа операторів систем передачі електроенергії
ЄС	Європейський Союз
PSI	Індекс залишкового постачальника
PSI	Індекс основного постачальника
HHI	Індекс Херфіндаля-Хіршмана
КМУ	Кабінет Міністрів України
мВтгод	Мегават години
НКРЕ	Національна комісія, що здійснює державне регулювання у сфері енергетики
НКРЕКП	Національна комісія, що здійснює державне регулювання у сферах енергетики та комунальних послуг
НОР	Національні органи регулювання
ОЕС	Об'єднана енергетична система
ОР	Оператор ринку
ОСП	Оператор системи передачі
ОСР	Оператор системи розподілу
VoLL	Показник вартості втраченого навантаження
WACC	Показник середньозваженої вартості капіталу
PSO	ПСО
ПУП	Постачальник універсальних послуг
РЕМІТ	Регламент про доброчесність та прозорість на оптовому енергетичному ринку
РДД	Ринок двосторонніх договорів
РДН	Ринок «на добу наперед»
ТЕЦ	Теплоелектроцентраль
тВтгод	Терават години
грн	Українська гривня
УЕБ	Українська енергетична біржа

Резюме

Це дослідження конкурентного ринку описує та аналізує електроенергетичний сектор України з точки зору конкуренції.

Масштабна агресія Росії проти України перевернула життя українського народу та економіку країни, а також серйозно вплинула на її електроенергетику. Питання, пов'язані з конкурентним функціонуванням ринків електроенергії, були відсунуті на другий план нагальною потребою забезпечити постачання електроенергії державним установам, побутовим споживачам та бізнесу. Це не означає, що конкуренція та забезпечення її дотримання не відіграють жодної ролі під час війни. Багато видів економічної діяльності можуть і повинні розвиватися на ринкових засадах і з дотриманням принципів та законів, що регулюють конкуренцію.

Враховуючи те, що ситуація в Україні кардинально змінилася, обсяг і фокус цього дослідження були скориговані. Поглиблений аналіз динаміки ринку став недоцільним або неможливим через постійні зміни кон'юнктури ринку й відсутність достовірної та актуальної інформації, яку можна було б перевірити.

Дослідження містить детальний опис та оцінку нормативно-правової бази, в рамках якої функціонують ринки електроенергії в Україні. Тому основна увага приділяється питанням, які, ймовірно, залишаться актуальними, коли Україна почне відбудовуватися після війни.

Загальна структура ринку електроенергії в Україні дуже схожа на структуру ринків електроенергії в Європейському Союзі, де існує чітке розмежування між конкурентними та неконкурентними видами діяльності. Передача та розподіл електроенергії підпадають під останню категорію, що є виправданим з огляду на їхні характеристики природної монополії та відповідає міжнародній практиці. Законодавство, що регулює ринки електроенергії, визнає виробництво, оптове та роздрібне постачання електроенергії конкурентними видами діяльності. Однак, спеціальне законодавство та регуляторні втручання значно зменшують можливості для конкуренції на всіх сегментах ринку електроенергії.

В окремих сегментах оптового ринку ціни стримуються лімітами, які обмежують ринкове ціноутворення та спотворюють цінові сигнали. Ціни, які відображають попит і пропозицію, мають вирішальне значення для конкурентного виробництва електроенергії і є основним фактором, що впливає на інвестиційні рішення щодо нових генеруючих потужностей. Цінові обмеження також є перешкодою для глибшої інтеграції з ринком електроенергії ЄС, оскільки вони несумісні з об'єднанням ринків (ринків «на добу наперед» та внутрішньодобових ринків).

На роздрібному ринку регульовані ціни для побутових споживачів перешкоджають появі конкуренції для значної частини споживачів. Поетапна відмова від регульованих цін у поєднанні з підтримкою вразливих верств населення сприятиме розвитку конкуренції в цьому сегменті ринку та кращому використанню обмежених фінансових ресурсів. Це також забезпечить відповідні стимули для економного використання електроенергії.

Електроенергетична інфраструктура в Україні зазнала значної шкоди внаслідок повномасштабної агресії з боку Росії. Ремонт електромереж та електростанцій потребуватиме значних інвестицій. Швидше за все, знадобляться нові електростанції для заміни пошкоджених, які не підлягають відновленню, а в довгостроковій перспективі – для покриття очікуваного зростання споживання. Виробництво електроенергії з відновлюваних джерел енергії є сталою і все більш економічно ефективною альтернативою електростанціям, що працюють на викопному паливі. Хоча метою має бути мобілізація ринкових інвестицій, підтримка з боку держави та міжнародної спільноти буде необхідною – принаймні на початкових етапах реконструкції.

Зрештою, інтеграція з енергетичними ринками ЄС залишається політичним пріоритетом для України. Синхронізація з Континентальною європейською енергосистемою є важливим кроком у цьому напрямку. Збільшення потужності імпорту та експорту сприяє підвищенню безпеки постачання та має потенціал для значного посилення конкуренції на ринку електроенергії. Щоб скористатися усіма перевагами синхронізації, Україна має прийняти необхідні ринкові правила ЄС та працювати над об'єднанням ринків.

1 Контекст дослідження ринку та вступні зауваження

Неспровоковане повномасштабне вторгнення Росії у 2022 році вплинуло на всі аспекти життя в Україні. Воно мало руйнівний вплив на економіку та суспільство. Цілеспрямовані атаки на енергетичну інфраструктуру призвели до значних руйнувань, але Україні вдалося зберегти функціонуючу електроенергетичну систему. Їй також вдалося досягти тіснішої інтеграції з електроенергетичною системою ЄС. Стійкість електроенергетичного сектору України демонструє його потенціал. Після закінчення війни перед ним постануть виклики, пов'язані з підвищенням ефективності та конкурентоспроможності. Цей звіт має на меті сприяти успішному проходженню сектором цього переходу.

З моменту введення воєнного стану 24 лютого 2022 року електроенергетичний сектор України працює в умовах особливого режиму регулювання. Довоєнна модель ринку значною мірою залишилася незмінною, але зі значними корективами. Міністерство енергетики отримало широкі повноваження щодо прийняття рішень стосовно операційної діяльності компаній у секторі. Станом на початок 2023 року атаки на українську інфраструктуру тривають. Електроенергетичний сектор став однією із основних мішеней атак і зазнав величезних збитків. У цих несприятливих умовах він також довів свою стійкість.

Надзвичайні заходи, спрямовані на подолання безпосередніх наслідків війни, не є предметом цього дослідження. Вони є життєво важливими для підтримки функціонування енергосистеми за надзвичайних обставин, але мають тимчасовий характер і менше значення для довгострокового розвитку електроенергетичного сектору. Очікується, що післявоєнна система регулювання електроенергетичного сектору України буде дуже схожою на довоєнну систему, описану в цьому дослідженні. Дослідження ринку зазвичай ґрунтуються на великому фактичному матеріалі, наданому учасниками ринку, та на їхніх оцінках стану конкуренції. Для цього дослідження збір інформації від учасників ринку був суттєво обмежений війною. Відповіді на розгорнуту анкету, отримані незадовго до військової агресії Росії, неможливо було перевірити, тому вони можуть бути застарілими, що знижує їхню цінність. Учасники ринку та органи державної влади перебувають під величезним тиском, зважаючи на їхню відповідальність за збереження енергосистеми в цілості. З початком війни контакти із зацікавленими сторонами були обмежені, а обставини не дозволяли проводити поглиблені дискусії або розповсюджувати додаткові анкети.

Крім того, воєнний стан призвів до введення обмежень на публікацію та обмін інформацією про чутливі сфери економіки України, включаючи сектор електроенергетики. Навіть за відсутності таких обмежень, вплив війни неможливо оцінити детально через драматичну і постійну шкоду, яку вона завдала. Як наслідок, при проведенні дослідження довелося значною мірою покладатися на загальнодоступну інформацію, частина якої не є повністю актуальною. Звичайно, це має певні негативні наслідки для надійності аналізу. Тим не менш, дослідження повинно дати адекватний опис основних особливостей електроенергетичного сектору України та середовища, в якому він функціонує.

Метою цього дослідження конкурентного ринку є виявлення потенційних проблем конкуренції в електроенергетичному секторі та надання рекомендацій щодо підвищення рівня конкуренції в секторі. Ці рекомендації стануть основою для заходів, за допомогою яких українська влада зможе подолати перешкоди для ефективної конкуренції, що дозволить Україні повною мірою скористатися перевагами лібералізованого електроенергетичного сектору.

Більшість змін в електроенергетичному секторі під час війни були зумовлені факторами, що не залежать від конкуренції, і мають здебільшого тимчасовий характер, але деякі зміни заслуговують на увагу.

Прямим наслідком війни стало падіння попиту на електроенергію в Україні приблизно на третину. Бізнес та промислове споживання скоротилося через різке зниження економічної активності, а попит з боку побутових споживачів зменшився, оскільки майже 8,2 мільйона людей були змушені покинути країну (UNHCR, 2023[1]).

Спочатку зниження попиту призвело до значного падіння цін на короткострокових оптових ринках, що поставило під загрозу фінансову життєздатність виробників електроенергії. Це призвело до запровадження цінових обмежень. Згодом ціни відновилися, оскільки генеруючі потужності також ставали все більш обмеженими через фізичні пошкодження електростанцій та мережі.

У березні 2022 року Кабінет Міністрів України запровадив мораторій на відключення населення від електропостачання та інших комунальних послуг через несплату рахунків за електроенергію.[1]

Мораторій також поширюється на непобутових споживачів у районах проведення бойових дій та на окупованих територіях.

Крім того, у разі припинення постачання електроенергії попереднім постачальником, споживачі, постачальники яких були визнані «дефолтними учасниками ринку» або втратили ліцензію на постачання, були переведені на обслуговування до одного з постачальників універсальних послуг країни.[2] Це гарантувало, що споживачі не залишаться без електроенергії у разі припинення дії договору з попереднім постачальником.

Ще однією важливою подією, яка може трансформувати електроенергетичний сектор України, стала його синхронізація з Системою передачі електроенергії континентальної Європи. Синхронізація забезпечує роботу електричних мереж на одній частоті. Це підвищує стабільність підключених систем і дозволяє глибше інтегрувати ринки електроенергії. Україна прагне синхронізуватися з європейською системою з 1990-х років. Бурштинський енергетичний острів (БуОС), невелика частина енергосистеми України, на яку припадає близько 4% загального виробництва і споживання, був синхронізований з європейською системою з 1 липня 2003 року. Україна подала заявку на синхронізацію всієї своєї системи в 2006 році (Ukrenergo, 2023[2]). В екстреній процедурі українська енергосистема була успішно синхронізована з Континентально-європейською енергетичною системою 16 березня 2022 (ENTSO-E, 2022[3]). Водночас дві окремі українські торгові зони БуОС та Об'єднана енергосистема (ОЕС), були об'єднані таким чином, що тепер Україна має єдину торгову зону.

Інформаційне вікно 1.1. Пошкодження електроенергетичної інфраструктури в Україні

Київська школа економіки оцінює задокументований нанесений збиток українській інфраструктурі в 137,8 млрд доларів США (за відновлювальною вартістю) станом на грудень 2022 року, у тому числі 6,8 млрд доларів США – збитки нанесені енергетичній інфраструктурі. Через відсутність інформації про тимчасово окуповані території реальна цифра ймовірно більша.

Українська електроенергетична інфраструктура зазнала значних пошкоджень протягом перших тижнів і місяців російської військової агресії. Під час авіабомбардування 3 березня 2022 року було пошкоджено сім ТЕС та ГЕС та зруйновано Охтирську ТЕЦ. Ще три ТЕЦ у Кременчуці, Чернігові та Сєвєродонецьку отримали суттєві пошкодження. Російські війська також обстріляли та пошкодили понад 50 об'єктів електромереж у Київській, Чернігівській, Сумській, Миколаївській, Харківській та Херсонській областях. На момент написання звіту Запорізька атомна електростанція, яка забезпечує близько 25% виробництва електроенергії в Україні, залишається окупованою російськими військами.

Більшість сонячних і вітрових електростанцій України знаходяться в районах інтенсивних військових дій. Так, близько 60% встановлених потужностей сонячних електростанцій та 38 із 42 вітрових елетростанцій регіонально розташовані від Одеси до Луганська. До травня 2022 року розрахункові страхові збитки від пошкоджень вітрових електростанцій досягли щонайменше 800 мільйонів доларів США.

10 жовтня 2022 року російські війська посилили цілеспрямовані удари по енергетичній інфраструктурі. Того дня було пошкоджено 30% енергетичної інфраструктури України. Це призвело до аварійних відключень електроенергії по всій країні.

Найбільший обстріл енергосистеми України з початку війни стався 15 листопада 2022 року, коли російські військові випустили 100 ракет по об'єктах критичної інфраструктури. На той час було зруйновано близько 50% енергетичної інфраструктури України.

У міру того як атаки тривали, перебої з електроенергією ставали все більш масовими та тривалими. Прем'єр-міністр Денис Шмигаль заявив, що станом на 23 листопада 2022 року «в Україні немає жодної тепло- та гідроелектростанції, яка б не була обстріляна ворогом». Незважаючи на всі пошкодження, Україні вдалося запобігти системній аварії завдяки неймовірній роботі ремонтних бригад Укренерго (Оператор системи передачі) та інших електроенергетичних компаній.

Відповідно до заяви прем'єр-міністра, станом на кінець грудня 2022 року міжнародні партнери України виділили майже 1,5 млрд доларів США підтримки енергетичному сектору країни, включно з обладнанням для ремонту. Оскільки російські війська часто атакували високовольтні трансформаторні підстанції, щоб відключити електростанції від споживачів, трансформатори є одним з найбільш потрібних видів обладнання.

Незважаючи на постійні ремонти, спостерігається значний дефіцит електроенергії, що зумовило необхідність введення лімітів споживання для всіх регіонів. Заплановані стабілізаційні графіки відключень діють, але ризик аварійних відключень залишається високим. Наприклад, зниження температури 10 січня 2023 року призвело до значного збільшення споживання електроенергії, що призвело до аварійного відключення в деяких регіонах України.

Джерела: Київська школа економіки (2023[4]), Загальна сума збитків, завданих інфраструктурі України через війну, зросла майже до 138 млрд дол. США, https://kse.ua/about-the-school/news/the-total-amount-of-damage-caused-to-ukraine-s-infrastructure-due-to-the-war-has-increased-to-almost-138-billion/; Пришляк (2022[5]), Окупанти вже пошкодили близько 50% української енергетичної інфраструктури – Зеленський, https://www.unian.ua/economics/energetics/okupanti-poshkodili-vzhe-blizko-50-ukrajinskoji-energetichnoji-infrastrukturi-zelenskiy-12050670.html; Ковеленко (2022[6]), Щодня в Україну завозять понад 8 000 генераторів – Шмигаль – УНІАН, https://www.unian.ua/economics/energetics/shchodnya-v-ukrajinu-zavozyat-ponad-8-tisyach-generatoriv-shmigal-12051636.html; Саєнко (2022[7]), В Укренерго розповіли, як енергосистема України пережила вчорашню атаку, https://www.unian.ua/economics/energetics/v-ukrenergo-rozpovili-yak-energosistema-ukrajini-perezhila-vchorashnyu-ataku-12081552.html; Албул (2023[8]), В Україні збільшився дефіцит електроенергії, https://lb.ua/society/2023/01/10/542048_ukraini_zris_defitsit_potuzhnosti.html; Global Reinsurance (Global Reinsurance, 2022[9]), Відновлювані джерела енергії зазнають мільярдних збитків в Україні – PCS, https://www.globalreinsurance.com/home/renewables-face-billions-of-dollars-in-ukraine-losses-pcs/1441292.article; (Korogodskyi, 2022[10]), Майже 1,5 млрд доларів США: Шмигаль розповів про міжнародну допомогу Україні в енергетичному секторі, https://lb.ua/economics/2022/12/25/540343_mayzhe_15_mlrd_shmigal_rozpoviv_pro.html.

Посилання

Albul, S. (2023), *Electricity capacity shortage has increased in Ukraine*, LB.ua, https://lb.ua/society/2023/01/10/542048_ukraini_zris_defitsit_potuzhnosti.html (accessed on 15 February 2023). [8]

ENTSO-E (2022), *Continental Europe successful synchronisation with Ukraine and Moldova power systems*, https://www.entsoe.eu/news/2022/03/16/continental-europe-successful-synchronisation-with-ukraine-and-moldova-power-systems/. [3]

Global Reinsurance (2022), *Renewables face billions of dollars in Ukraine losses - PCS*, https://www.globalreinsurance.com/home/renewables-face-billions-of-dollars-in-ukraine-losses-pcs/1441292.article (accessed on 28 February 2023). [9]

Korogodskyi, Y. (2022), *Almost $1.5 billion: Shmygal talked about international aid to Ukraine in the energy sector*, LB.ua, https://lb.ua/economics/2022/12/25/540343_mayzhe_15_mlrd_shmigal_rozpoviv_pro.html (accessed on 7 March 2023). [10]

Kovalenko, O. (2022), *More than 8,000 generators are brought to Ukraine every day - Shmyhal - UNIAN*, Ukrainian Independent News Agency, https://www.unian.ua/economics/energetics/shchodnya-v-ukrajinu-zavozyat-ponad-8-tisyach-generatoriv-shmigal-12051636.html (accessed on 7 March 2023). [6]

Kyiv School of Economics (2023), *The total amount of damage caused to Ukraine's infrastructure due to the war has increased to almost $138 billion*, Kyiv School of Economics, https://kse.ua/about-the-school/news/the-total-amount-of-damage-caused-to-ukraine-s-infrastructure-due-to-the-war-has-increased-to-almost-138-billion/ (accessed on 7 March 2023). [4]

Pryshlyak, N. (2022), *The occupiers have already damaged about 50% of the Ukrainian energy infrastructure - Zelenskyi*, Ukrainian Independent News Agency, https://www.unian.ua/economics/energetics/okupanti-poshkodili-vzhe-blizko-50-ukrajinskoji-energetichnoji-infrastrukturi-zelenskiy-12050670.html (accessed on 7 March 2023). [5]

Sayenko, V. (2022), *Ukrenergo told how Ukraine's energy system survived yesterday's attack*, Ukrainian Independent News Agency, https://www.unian.ua/economics/energetics/v-ukrenergo-rozpovili-yak-energosistema-ukrajini-perezhila-vchorashnyu-ataku-12081552.html (accessed on 7 March 2023). [7]

Ukrenergo (2023), *Integration with ENTSO-E*, https://ua.energy/european-integration/integration-entso-e/ (accessed on 8 March 2023). [2]

UNHCR (2023), *Ukraine situation Flash Update #44*, United Nations High Commissioner for Refugees, https://data.unhcr.org/en/documents/details/100004 (accessed on 13 April 2023). [1]

Примітки

[1] Постанова КМУ № 206, «Деякі питання оплати житлово-комунальних послуг в період воєнного стану», 5 березня 2022 р., https://zakon.rada.gov.ua/laws/show/206-2022-%D0%BF#Text.

[2] Наказ Міністерства енергетики №148, «Про врегулювання питань щодо постачання електричної енергії споживачам та розрахунків між учасниками роздрібного ринку електричної енергії у період дії воєнного стану в Україні», 13 квітня 2022 р., https://zakon.rada.gov.ua/laws/show/z0441-22#Text.

2 Основні особливості ринку

Цей розділ описує основні особливості електроенергетичного сектору України. Він починається з короткого огляду історії сектору. Далі йде опис ланцюга постачання електроенергії від виробництва до споживання, який включає огляд основних учасників ринку, аналіз змін у виробничих потужностях та енергетичному балансі країни, стислий виклад заходів ринкової підтримки виробництва електроенергії з використанням відновлюваних джерел енергії та загальний огляд планів розвитку мережі, включаючи інтеграцію ринку електроенергії України з ринками ЄС.

Електрична енергія є одним із найпоширеніших видів енергії та невід'ємною частиною сучасного життя. У розвинутих економіках домогосподарства та підприємства покладаються на безперебійне постачання електроенергії. Виробництво майже всіх товарів вимагає використання електроенергії в тій чи іншій формі.

Важливою і унікальною особливістю електроенергії є те, що в даний час її неможливо економічно зберігати у великих масштабах.[1] Це означає, що виробництво та споживання електроенергії мають бути постійно збалансованими. Будь-який дисбаланс може призвести до втрати електроенергії або знеструмлення із серйозними негативними економічними та соціальними наслідками. Підтримання балансу в енергосистемі ускладнюється постійними змінами як у виробництві, так і в споживанні.

У більшості країн електроенергетичний сектор, як правило, сильно регулюється з міркувань безпеки та з метою мінімізації ризику перебоїв у постачанні електроенергії споживачам. Регулювання також використовується з метою захиститу споживачів від високих цін, особливо сегменті операційної діяльності природних монополій. Незважаючи на це, обсяг регулювання цін різниться в різних країнах, часто виходячи далеко за межі діяльності природних монополій.

Основними учасниками ринку електроенергії є виробники/генераторуючі компанії, постачальники/роздрібні продавці, трейдери, споживачі та оператори мереж. Вони взаємодіють один з одним на різних сегментах ринку, основними з яких є оптовий і роздрібний.

Виробники або генеруючі компанії зазвичай є великими підприємствами, які експлуатують кілька електростанцій і продають свою продукцію на оптовому ринку. Маломасштабне виробництво окремими компаніями, малими підприємствами та громадами зростає в усьому світі, але в більшості країн воно охоплює лише незначний відсоток загального виробництва. Виробники можуть відрізнятися за гнучкістю; електростанції, що використовують різні види палива, мають суттєво різні можливості для швидкого регулювання виробництва. Наприклад, атомні електростанції, як правило, не можуть суттєво скоригувати обсяги виробництва за короткий термін, тоді як газові та гідроелектростанції є одними з найбільш гнучких. Гнучкі електростанції необхідні для балансування енергосистеми в режимі реального часу.

Постачальники або роздрібні продавці купують електроенергію у виробників на оптовому ринку та продають її на роздрібному ринку кінцевим споживачам. Постачальники закуповують фіксовані обсяги електроенергії на оптовому ринку, але забезпечують повністю гнучке постачання (в межах технічних обмежень приєднання) своїм споживачам.

Споживачі електроенергії варіюються від великих промислових споживачів до інших підприємств та державних установ і приватних домогосподарств. На роздрібному ринку споживачі та постачальники укладають договори постачання. Промислові споживачі з достатньо великим попитом на електроенергію можуть купувати і часто роблять це безпосередньо на оптовому ринку, але для цього потрібен певний рівень ринкових знань.

Оператори мереж забезпечують транспортування електроенергії від генерації до споживачів. Існує два типи електричних мереж: передача та розподіл. Мережі передачі передають електроенергію на великі відстані під високою напругою. Розподільні мережі працюють на нижчій напрузі та розподіляють електроенергію передану з системи передачі в будинки та підприємства. Електричні мережі зазвичай вважаються природною монополією і управляються окремими компаніями на певній території. Таким чином, тарифи на передачу та розподіл зазвичай регулюються.

Розуміння сучасного стану конкуренції в Україні вимагає певного знання історичного контексту. У цьому розділі подано короткий історичний огляд реформ електроенергетики України з моменту здобуття країною незалежності в 1991 році, а також огляд основних елементів сектору електроенергетики: споживання, генерація, передача, розподіл, постачання та транскордонні потоки.

2.1. Реформи в електроенергетичному секторі

Україна почала будувати незалежний енергетичний сектор у 1991 році на тлі розпаду Радянського Союзу, частиною якого вона була. На той час Міністерство енергетики та електрифікації запропонувало реформи в секторі, метою яких стала реструктуризація галузі та створення оптового ринку електроенергії, шляхом запровадження британської моделі ринку електроенергії.

Слідуючи цим пропозиціям у травні 1994 року тодішній президент Леонід Кучма видав указ про розукрупнення вертикально інтегрованої державної монополії, яка контролювала весь ланцюжок постачання, та запровадження конкуренції у виробництві електроенергії шляхом створення національного оптового ринку (Lovei, 1998[1]). У 1994 році було створено незалежного енергетичного регулятора – Національну комісію регулювання енергетики (НКРЕ)[2]. Комісія відповідала за видачу та моніторинг ліцензій на виробництво електроенергії, передачу мережами високої та низької напруги, діяльність оптового ринку, а також встановлення роздрібних цін і мережевих тарифів (Lovei, 1998[1]). Після створення оптового ринку в 1996 році виробництво, передача, розподіл та регульоване постачання електроенергії були операційно відокремлені.

Відповідно до нової моделі ринку, Україна створила державну компанію «Енергоринок», яка виступала єдиним покупцем на оптовому ринку. Ця компанія купувала електроенергію у виробників за регульованими цінами і продавала її постачальникам електроенергії за нерегульованими цінами та регіональним компаніям з постачання та розподілу електроенергії за регульованими цінами, відомим як *обленерго* (OECD, 2019[2]) (OECD, 2019[2]). *Обленерго* продавали електроенергію споживачам за регульованими роздрібними цінами, виходячи з витрат на виробництво, передачу, розподіл та інших витрат.

Ця реформа заклала основу для конкуренції у виробництві та постачанні електроенергії: (i) існувала низка виробників та постачальників, які мали ліцензію на виробництво та продаж електроенергії; (ii) оптовий ринок довів свою спроможність оцінювати погодинні заявки, відповідним чином здійснювати диспетчеризацію електроенергії, визначати фінансові вимоги та зобов'язання, та здійснювати фінансові операції з метою врегулювання вимог між учасниками ринку; (iii) НКРЕ встановила тариф на доступ до високовольтних та низьковольтних мереж. Незважаючи на нову структуру, головні обіцянки реформи – залучення інвестицій та деполітизація встановлення цін на електроенергію – здебільшого не були виконані (Lovei, 1998[1]). Ключовим фактором у цьому, ймовірно, була економічна нестабільність, з якою країна зіткнулася після розпаду Радянського Союзу.

Очікувалося, що лібералізація сектору електроенергетики в 1990-х роках супроводжуватиметься приватизацією, але цей останній етап не відбувся. Першу приватизацію вугільних шахт уряд розпочав у 1996 році, а *обленерго* – у 1998 році (IEA, 2006[3]). Проте лише шість із 27 *обленерго* були повністю приватизовані до 2001 року, а решта 21 – лише частково. Труднощі виникли через відсутність згоди щодо процесу приватизації в уряді, наприклад щодо кількості акцій, які залишатимуться в руках держави (Lovei, 1998[1]).

Друга спроба реформувати сектор відбулася в 2002 році. Зокрема, Кабінет Міністрів України (КМУ) видав постанову, яка окреслила нову модель ринку, засновану на трьох типах транзакцій: двосторонні договори, стандартизовані біржові угоди та балансуючий ринок.[3] Однак впровадження цієї моделі ринку було відкладено через необхідність внесення змін до законодавства. Хоча і здійснювалися спроби прийняти необхідне законодавство, вони зрештою були безрезультатними, поки Україна не приєдналася до Енергетичного Співтовариства в 2011 році і не почала впроваджувати реформи.

У 2004 році уряд вирішив посилити державний контроль над енергетичним сектором з метою вдосконалення управління підприємствами енергетичного сектору. Він повторно консолідував електроенергетичну та вугільну промисловість у великі вертикально інтегровані компанії. Було створено два нових підприємства: «Енергетична компанія України», яка повернула операційний контроль над компаніями роздрібної торгівлі електроенергією з частками від 25% до 100%, і «Вугілля України», яке консолідувало державні вугільні шахти (IEA, 2006[3]). Невдовзі останнє було ліквідовано, а його майно передано Міністерству вугільної промисловості.

У 2011 році новий уряд, сформований за президента Віктора Януковича, зробив другу спробу приватизувати *обленерго*. КМУ прийняв постанову, яка дозволила продаж 13 *обленерго*, і ще 10 обленерго були продані у 2012 році (Baker McKenzie, 2021[4]). Масштабний продаж акцій *обленерго* був запланований на листопад 2014 року. Проте було продано лише 25% акцій Закарпаттяобленерго, Вінницяобленерго та Чернівціобленерго. У серпні та вересні 2017 року Фонд державного майна продав ще міноритарні пакети акцій (25%) *генеруючих компаній* Дніпроенерго, Дніпрообленерго, Київенерго (які також займалися дистрибуцією), Західенерго та Донецькобленерго (Baker McKenzie, 2021[4]). Загалом продаж *обленерго* виявився ускладненим, оскільки держава часто була не в змозі продати їхні акції, і навіть якщо деякі акції були продані, *обленерго* зазвичай залишалися під контролем уряду.

Ця друга спроба приватизації *обленерго* відбулася в тандемі з новою реформою енергетичного сектора України. У лютому 2011 року Україна офіційно приєдналася до Енергетичного Співтовариства (European Commission, 2010[5]), з метою реформування свого енергетичного сектору відповідно до загальноєвропейської моделі ринку. Після вступу України до цієї організації пропозиція щодо реформування оптового ринку, раніше ініційована Кабінетом Міністрів, була закріплена в новому законі про ринок. У 2013 році український уряд зробив перший крок до лібералізації ринку електроенергії та прийняв закон «Про засади функціонування ринку[4] електроенергії України», який окреслив основні риси майбутнього ринку. Наступного року Україна підписала Угоду про асоціацію з ЄС[5], що передбачало дотримання вимог Третього енергетичного пакету та інтеграцію своєї електроенергетичної системи з Європейською мережею операторів систем передачі електроенергії (ENTSO-E). З цією метою у 2017 році уряд прийняв Закон «Про ринок електричної енергії» (Закон про ринок)[6], який передбачав заміну моделі ринку єдиного покупця на елементи конкурентного ринку. Після набрання чинності Закону основні установи та організації, відповідальні за його виконання (Кабінет Міністрів, НКРЕКП, Міненерго, Оператор системи передачі та Оператор ринку) розпочали підготовку підзаконних актів для нової моделі ринку. Було розроблено низку документів, що регулюють новий ринок, у тому числі Правила ринку[7], Правила ринку «на добу наперед» та внутрішньодобового ринку (Правила РДН/ВДР), Правила роздрібного ринку, Кодекс системи передачі, Кодекс системи розподілу, Кодекс комерційного обліку, ліцензійні умови тощо.

Нова система набула чинності у два етапи у 2019 році. Першим було відкриття роздрібного ринку для конкуренції з 1 січня. Другим – запровадження оптового ринку з 1 липня. На практиці це означало перехід від моделі єдиного покупця до конкурентної ринкової структури з двосторонніми договорами, ринком на добу наперед та внутрішньодобовим ринком, балансуючим ринком. На «Енергоринок» - оператора ринку за попередньою моделлю було покладено відповідальність за погашення заборгованості, що накопичилася за дії моделі єдиного покупця. На його основі також було створено дві нові компанії: «Гарантований покупець» (ГП) і «Оператор ринку» (МО). «Оператор ринку» став відповідальним за роботу РДН та ВДР, тоді як на «Гарантованого покупця» було покладено зобов'язання приймати та сплачувати за отриману електроенергію від виробників з відновлюваних джерел енергії за механізмом зелених тарифів (FiT). На оператора системи передачі («Укренерго») також було покладено нові завдання, зокрема щодо, здійснення операційної діяльності на балансуючому ринку та ринку допоміжних послуг, реєстрації двосторонніх договорів, виконання функцій адміністратора розрахунків та комерційного обліку. Енергетичний регулятор став відповідальним за прийняття ринкових правил, правил для ринків РДН, ВДР та роздрібного ринку, розробку кодексів передачі, розподілу та комерційного обліку, а також ліцензійних умов (OECD, 2019[2]). Структура електроенергетичного сектору України детально описана в розділі 3.

2.2. Огляд сектору електроенергетики

Як детально описано в попередньому розділі, електроенергетичний сектор України зазнав значних структурних реформ з моменту свого створення. У цьому розділі представлено огляд основних елементів сектору: споживання, виробництво, передача, розподіл, діяльність з постачання та транскордонні потоки.

Інформаційне вікно 2.1. Основні учасники ринку електроенергії

Укргідроенерго – це державна гідроенергетична компанія, що перебуває в управлінні Кабінету Міністрів України. Компанія експлуатує 10 гідроелектростанцій, розташованих на річках Дністер та Дніпро, які виробляють близько 6,7% від загального обсягу виробництва електроенергії в Україні.

Енергоатом – це державна компанія під управлінням Кабінету Міністрів України, яка експлуатує чотири АЕС, що виробляють близько половини електроенергії в країні.

Група компаній ДТЕК, заснована в 2005 році, є найбільшою вертикально інтегрованою приватною холдинговою компанією в Україні. Вона займається виробництвом, постачанням і розподілом природного газу та електроенергії, а також видобутком вугілля.

Центренерго – одна з найбільших теплогенеруючих компаній в Україні, до складу якої входять три ТЕС. Центренерго перебуває у державній власності та управляється Фондом державного майна України (ФДМУ).

Укренерго – єдиний оператор системи передачі (ОСП) в Україні. Він відповідає за передачу та диспетчеризацію електроенергії мережами високої напруги. Згідно з новою ринковою моделлю Укренерго здійснює управління балансуючим ринком та ринком допоміжних послуг, реєструє двосторонні договори, виконує функції адміністратора комерційного обліку та розрахунків. Укренерго було сертифіковано Національною комісією, що здійснює державне регулювання у сферах енергетики та комунальних послуг (НКРЕКП) згідно із моделлю відокремлення (ISO).

Оператори систем розподілу (ОСР) відповідають за розподіл та диспетчеризацію електроенергії кінцевим споживачам. В Україні 32 ОСР, 8 з яких контролюються ФДМУ.

Постачальники (за вільними цінами) – це суб'єкти господарювання, які купують електроенергію на ринку та продають її споживачам за вільними (нерегульованими) цінами.

Постачальники універсальних послуг (ПУП) – це постачальники електроенергії, які із вимогами Закону про ринок зобов'язані постачати електроенергію побутовим та малим непобутовим споживачам за регульованими цінами. Налічується 25 регіональних ПУП, з них 6 належать державі.

Укрінтеренерго (постачальник «останньої надії») є державним постачальником, який надає послуги постачання споживачам у виняткових обставинах, таких як припинення договору постачання споживачу або у разі не обрання споживачем постачальника. Він може постачати електроенергію не більше 90 днів за регульованими цінами.

Гарантований покупець є державною компанією, відповідальною за забезпечення суспільних інтересів у збільшенні частки виробництва електроенергії з відновлюваних джерел енергії шляхом купівлі/продажу електроенергії у виробників, які мають право на отримання «зеленого» тарифу.

Оператор ринку є акціонерним товариством, акції якого на 100% належать державі, що здійснює операційну діяльність на ринку на добу наперед та внутрішньодобовому ринку.

Трейдери – суб'єкти господарювання, які купують електричну енергію з метою перепродажу на оптовому ринку.

У 2022 році в українському законодавстві запроваджено **операторів систем накопичення енергії**, які продаватимуть електроенергію, вивільнену з систем накопичення енергії, для надання допоміжних та балансуючих послуг. Станом на березень 2023 року не було видано жодної ліцензії на експлуатацію систем накопичення енергії.

Джерела: НКРЕКП (2021[6]), Регулятор оприлюднив результати моніторингу функціонування роздрібного ринку електричної енергії у І кварталі 2021 року, https://www.nerc.gov.ua/?news=11683; НКРЕКП (2021[7]), Регулятор оприлюднив результати моніторингу функціонування оптового ринку електричної енергії у ІІ кварталі 2021 року, https://www.nerc.gov.ua/?news=12053; OECP (2019[2]) Короткий огляд енергетичного сектору України: Інституції, управління та рамки політики, https://www.oecd.org/eurasia/competitiveness-programme/eastern-partners/Snapshot-of-Ukraines-Energy-Sector-EN.pdf; Верховна Рада (2017[8]), Закон України «Про ринок електричної енергії», № 2019-VIII, https://zakon.rada.gov.ua/laws/show/2019-19.

2.2.1. Споживання електроенергії

За часів Радянського Союзу електроенергетична система України була здебільшого побудована з метою задоволення потреб великих енергоємних виробництв. Після здобуття Україною незалежності в 1991 році споживання електроенергії значно скоротилося внаслідок різкого падіння промислового виробництва. Споживання стабілізувалося на початку 2000-х років, коли Україна увійшла в період економічного зростання. Глобальна економічна криза 2008-2009 років вдарила по українській економіці та призвела до чергового, хоч і більш короткострокового падіння споживання. Економічне зростання було знову порушено у 2014 році після окупації Криму, Донецької та Луганської областей.

У 2020 році під час пандемії Covid-19 попит на електроенергію досяг історичного мінімуму в 128 ТВт-год, що становить приблизно половину рівня 1990 року. У 2021 році споживання відновилося, але різко знизилося після повномасштабного вторгнення Росії в 2022 році.

Малюнок 2.1. Валове споживання електроенергії в Україні, 1990-2021 рр.

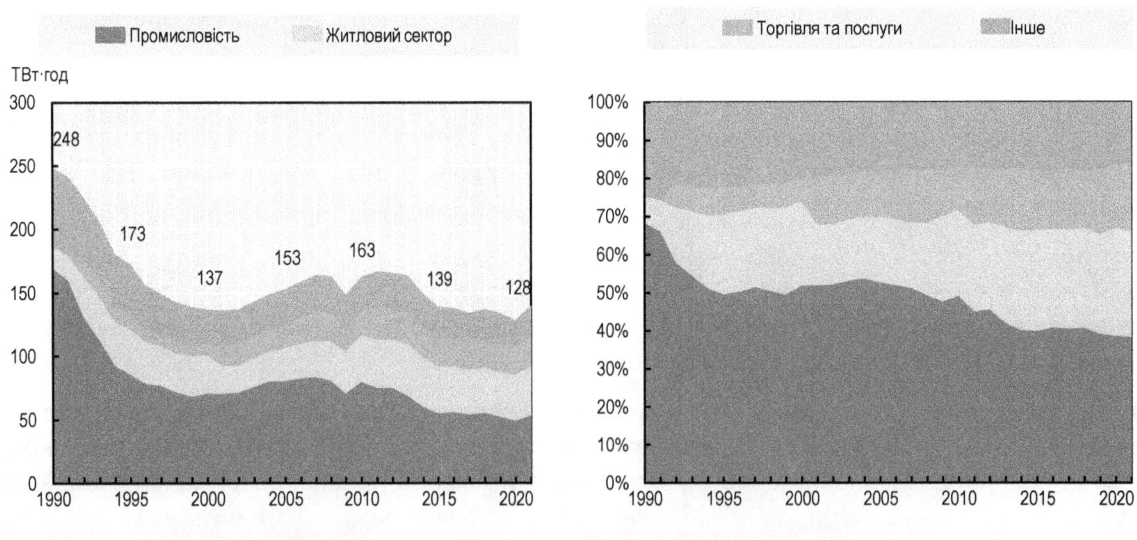

Примітка: Інші включають транспорт, сільське господарство та власне використання електростанцій.
Джерело: Укренерго (2022[9]), Споживання електроенергії за групами споживачів, https://map.ua-energy.org/en/resources/742384e9-83c7-44f4-8c0b-0cd74b56561b/ .

Структура споживання також різко змінилася з 1990-х років. Наприклад, частка промислового споживання зменшилася з 68% у 1990 році до 38% у 2021 році, тоді як частка побутового споживання зросла з 7% до 28%. Крім того, відбулося значне зростання споживання в секторі торгівлі та послуг, яке становило 18% від загального обсягу в 2021 році, тоді як споживання в сільськогосподарському секторі впало з 11% до 3%.

Крім загального споживання, варто враховувати мінімальний і максимальний рівні споживання за годину (часто називають навантаженням). Чим більша різниця, тим економічно складніше забезпечити відповідний рівень встановленої потужності та виробництва. Малюнок 2.2 показує, що різниця між мінімальним і максимальним навантаженням зменшилася з 17,7 ГВт-год у 2014 році до 13,4 ГВт-год у 2021 році. Це пов'язано зі значним зменшенням максимального навантаження з роками.

Малюнок 2.2. Мінімальне, максимальне та погодинне навантаження (ОЕС), 2014-21 рр.

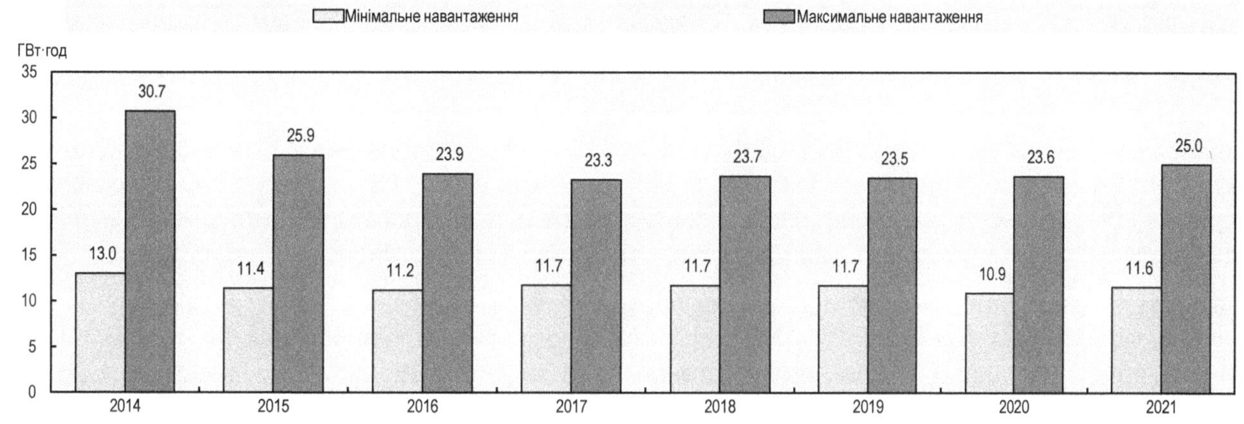

Джерело: Укренерго (2023[10]), Погодинний баланс електроенергії ОЕС України, https://map.ua-energy.org/en/resources/8998f2ed-379f-4fa9-9076-88782b32ee4f/.

2.2.2. *Генеруючі потужності*

Як зазначалося вище, навряд чи можливо оцінити та перевірити поточний стан генеруючого обладнвння України через триваючі атаки на енергетичну інфраструктуру. До повномасштабного вторгнення Росії у 2022 році генеруючі потужності України здебільшого складалися з електростанцій, побудованих за часів Радянського Союзу, і не зазнали кардинальних змін з часів незалежності України, окрім збільшення потужності генерації з відновлюваних джерел енергії (ВДЕ).

Атомні електростанції (встановлена потужність 13,8 ГВт) слугують базовими електростанціями, які працюють безперервно для задоволення мінімального базового попиту. Попит вище цього базового навантаження в основному покривається тепловими електростанціями (21,8 ГВт). Річкові гідроелектростанції (4,8 ГВт) і гідроакумулюючі гідроелектростанції (1,5 ГВт) зазвичай забезпечують покриття підвищення попиту, пов'язане з піковими періодами навантаження. Виробництво електроенергії на комбінованих теплоелектростанціях (6,1 ГВт) здебільшого залежить від попиту на опалення. Потужності відновлюваної енергетики (за винятком великої гідроенергетики) в основному представляють собою сонячні та вітрові електростанції.

Розвиток встановленої потужності за 12 років між 2010 та 2021 роками показано на Малюнок 2.3. Вона була в основному стабільною, за винятком помітного падіння теплової потужності, яке було більш ніж компенсоване зростанням потужності ВДЕ.

Малюнок 2.3. Встановлені генеруючі потужності за технологіями, 2010-21 рр.

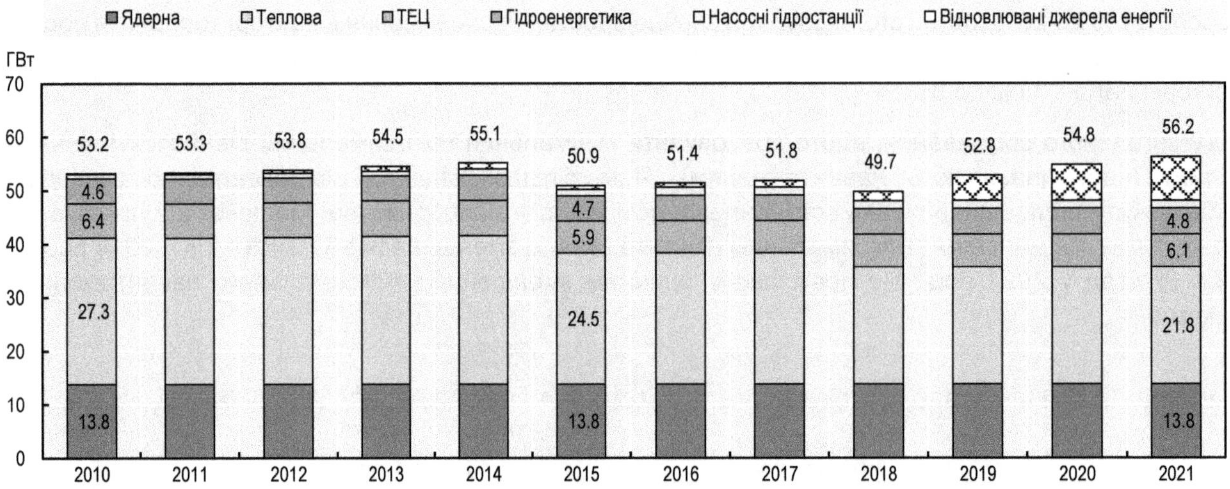

Джерело: Укренерго (2022[11]), Встановлена потужність виробництва електроенергії за типами електростанцій (Укренерго) – Енергетична карта, https://map.ua-energy.org/en/resources/c51a16bc-e990-40db-b790-63624d823daa/.

Перше зниження теплової потужності відбулося через Російське вторгнення у 2014 році та подальшу окупацію українських територій. Україна втратила близько 4,2 ГВт генеруючих потужностей, переважно вугільних ТЕС, а також ТЕЦ, сонячних і вітрових електростанцій. Друге зниження, у 2018 році, відбулося через класифікацію деяких теплових генеруючих установок як «недоступних».

Більшість нових потужностей, доданих протягом останнього десятиліття, базуються на відновлюваних джерелах енергії (ВДЕ). Головним чином розвивалася сонячна (фотоелектрична) генерація, за нею йшли вітрові електростанції. Інвестиції у ВДЕ були зумовлені щедрою, за міжнародними стандартами, схемою підтримки зелених тарифів (FiT), запровадженою в 2009-2010 роках. Падіння капітальних витрат на сонячні та вітрові установки зробило FiT ще більш привабливим для інвесторів у наступні роки.

Річні зміни встановленої потужності показано нижче.

Малюнок 2.4. Зміна встановленої потужності, 2010-21 рр.

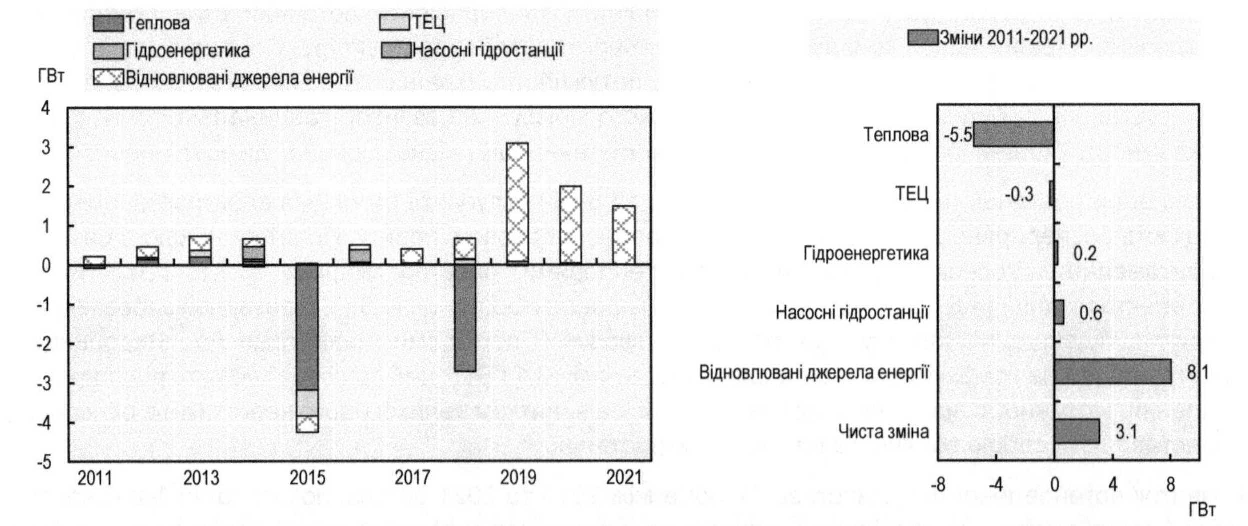

Примітка: Ядерна потужність не показана, оскільки вона залишалася незмінною протягом цього періоду.
Джерело: Укренерго (2022[11]), Встановлена потужність виробництва електроенергії за типами електростанцій (Укренерго) – Енергетична карта, https://map.ua-energy.org/en/resources/c51a16bc-e990-40db-b790-63624d823daa/.

Атомна енергетика

Україна є однією з країн світу, що суттєво залежить від атомної енергетики. У 2021 році 55% електроенергії було вироблено на АЕС (Economichna Pravda, 2022[12]). Атомна генерація України слугує джерелом базового навантаження, виробляючи відносно стабільні обсяги електроенергії протягом року. Це також пов'язано з обмеженою технічною гнучкістю українських АЕС щодо зміни потужності та їх високою ефективністю при повному навантаженні.

У лютому 2022 року виробництво здійснювали 15 енергоблоків чотирьох атомних електростанцій, що належать і управляються НАЕК «Енергоатом». Дванадцять із них були введені в експлуатацію між 1980 і 1989 роками, один блок у 1995 році та два блоки у 2004 році. Старіші енергоблоки вже досягли свого проектного терміну експлуатації – 30 років. Завдяки значним інвестиціям та модернізації, Енергоатому вдалося продовжити термін експлуатації 11 енергоблоків на 10-20 років (Ukrenergo, 2019[13]). У 2020 році Енергоатом прийняв стратегію розвитку, яка передбачає модернізацію потужностей та подальше продовження терміну експлуатації електростанцій (Energoatom, 2020[14]).

На Хмельницькій АЕС знаходяться два недобудовані реактори, роботи на яких зупинилися у 1990 році, коли будівництво було завершено на 75% та 28% відповідно. У вересні 2021 року Енергоатом та американська атомна енергетична компанія Westinghouse домовилися про спільну добудову одного з цих реакторів та про будівництво чотирьох нових реакторів AP1000 на визначених майданчиках в країні (World Nuclear Association, 2023[15]). У червні 2022 року обсяг угоди було розширено, збільшивши кількість запланованих реакторів до дев'яти (World Nuclear Association, 2023[15]).

Інформаційне вікно 2.2. Уран

Україна багата на родовища урану, і в останні роки внутрішній видобуток покривав близько 40% її потреб в урановій руді. Наприкінці 2021 року уряд України затвердив програму, яка має забезпечити самодостатність країни в урані до 2027 року.

Уран видобувається державним підприємством «Східний гірничо-збагачувальний комбінат» (Комбінат) – одним із найбільших підприємств з видобутку та переробки уранової руди в Європі. Підприємство видобуває уранову руду та виробляє природний урановий концентрат. У минулому підприємство стикалося зі значними фінансовими проблемами через неплатежі з боку Енергоатому. У грудні 2020 року комбінат зупинив виробництво через страйки, пов'язані із заборгованістю по заробітній платі (LigaNews, 2020[16]). У відповідь уряд запропонував об'єднати Комбінат і Енергоатом, щоб полегшити врегулювання боргів (Government Portal, 2021[17]). Цю ідею підтримало Міністерство енергетики, але, як повідомляється, керівництво НАЕК «Енергоатом» виступило проти через фінансові проблеми Комбінату (OilPoint, 2021[18]).

Україна покладається на інші країни щодо збагачення ядерного палива, оскільки не має власних збагачувальних потужностей. Тому всі ядерні паливні елементи виробляються та імпортуються із-за кордону. Раніше Україна покладалася на постачання ядерного палива на російський ТВЕЛ, підрозділ Росатома. З 2005 року Україна почала впроваджувати стратегію диверсифікації поставок ядерного палива для атомних електростанцій шляхом ліцензування виробництва ядерного палива американсько-шведської компанії Westinghouse Electric.

До 2021 року Україна також покладалася на Російську Федерацію щодо зберігання ядерних відходів. Після добудови влсного довгострокового сховища ядерних відходів – Централізованого сховища відпрацьованого ядерного палива – в Україні зберігається відпрацьоване ядерне паливо з Хмельницької, Рівненської та Південно-Української АЕС. (Запорізька АЕС має власне «сухе» сховище для відпрацьованого ядерного палива). Це сприяє енергетичній незалежності України в атомному секторі та, як очікується, заощадить НАЕК «Енергоатом» 150-200 мільйонів доларів США щорічно на витратах із зберігання відпрацьованого ядерного палива.

Джерела: World Nuclear News (2022[19]), Україна наполягає на внутрішньому постачанні урану, https://www.world-nuclear-news.org/Articles/Ukraine-pushes-for-domestic-uranium-supply; OECP (2019[2]), Короткий огляд енергетичного сектору України: Інституції, управління та рамки політики, https://www.oecd.org/eurasia/competitiveness-programme/eastern-partners/Snapshot-of-Ukraines-Energy-Sector-EN.pdf; Економічна Правда (2021[20]), До Центрального сховища вивезено першу партію ядерного палива, https://www.epravda.com.ua/news/2021/11/25/680135/.

Теплова енергетика

Теплові електростанції України виробляють електроенергію з вугілля, нафти та газу. Біомаса та біогаз класифікуються як відновлювані джерела, а не як термічні.

У лютому 2022 року працювало дванадцять теплових електростанцій (без ТЕЦ) одиничною потужністю від 150 МВт до 800 МВт (The Accounting Chamber, 2021[21]).[8] Електростанції радянської конструкції були введені в експлуатацію між 1958 і 1977 роками. Більшість блоків були модернізовані після 2000 року. Деякі електростанції спроектовані так, щоб вони могли працювати як на вугіллі, так і на природному газі, причому вугілля є основним паливом. Електростанції, що працюють лише на природному газі (потужністю 4,6 ГВт), протягом останнього десятиліття використовуються рідко. Близько 2,5 ГВт встановленої потужності знаходиться на консервації, що означає, що вона не є доступною для виробництва електроенергії. Загалом із 21,8 ГВт встановленої потужності станом на 2021 рік активно використовувалося 15,4 ГВт.

В Україні також є три великі ТЕЦ з чотирма блоками потужністю 100-120 МВт і п'ятьма потужністю 250-300 МВт.

Інформаційне вікно 2.3. Вугілля

Історично Україна покладалася на власний видобуток вугілля для своєї металургійної промисловості, а також виробництва електроенергії та тепла. Металургійна промисловість і електростанції використовують різні види вугілля, які не є взаємозамінними.

Вугільні електростанції України використовують два види вугілля: марки А (антрацит) і марки Г (газоподібне). Частка встановленої потужності між А та Г становила 65% та 35% відповідно у 2021 році.

У 2014 році Україна втратила контроль над 95 вугільними шахтами в багатих вугіллям Донецькій та Луганській областях, включаючи всі антрацитові шахти. Видобуток енергетичного вугілля скоротився з 45 млн тонн у 2013 році до 24 млн тонн у 2015 році, тобто на 46%, але попит на вугілля з боку електростанцій знизився лише на 20-25%, що вимагало імпорту для заповнення прогалини.

У 2020 році Україна покривала 80% потреби в енергетичному вугіллі за рахунок внутрішнього видобутку. Тоді більшість імпорту вугілля надходило з Російської Федерації, включно з імпортом ДТЕК з його тамтешніх шахт. У листопаді 2021 року РФ припинила експорт вугілля в Україну.

Внутрішнє виробництво газового енергетичного вугілля розподілено між ДТЕК (75%) і державними шахтами (25%). Ціна вугілля внутрішнього видобутку ДТЕК нижча за вартість імпортного. Витрати ДТЕК також значно нижчі, ніж у державних шахт, які історично покладаються на державні субсидії, щоб залишатися в робочому стані.

Малюнок 2.5. Видобуток вугілля та чистий імпорт для виробництва енергії, 1990-2020 рр.

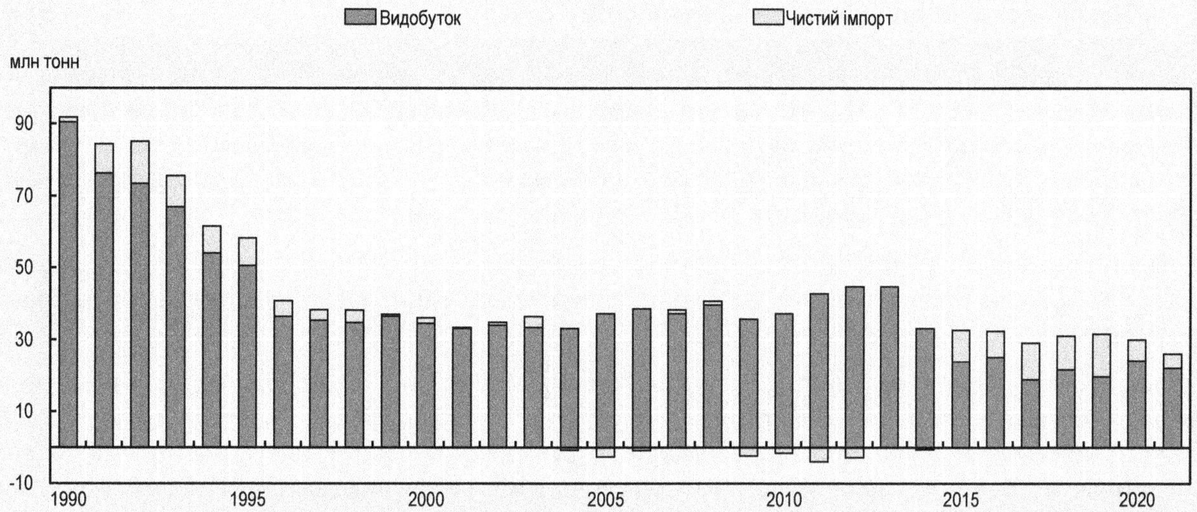

Джерела: АМКУ (2016[22]), Звіт про результати комплексного дослідження ринків електричної енергії та енергетичного вугілля, http://reform.energy/media/120/81404676e3df44fcb1d2c0c437906798.pdf; Слово і Діло (2021[23]), Росія призупинила постачання енергетичного вугілля в Україну, https://www.slovoidilo.ua/2021/10/29/novyna/ekonomika/rf-prypynyaye-postavky-enerhetychnoho-vuhillya-ukrayiny-nardep; Державна служба статистики України, дані за 2021 рік, https://www.ukrstat.gov.ua/operativ/operativ2021/energ/drpeb/EBTS_2021_en.xls

Відновлювані джерела енергії

Відновлювані генеруючі потужності України складаються переважно з гідроелектростанцій, сонячних і вітрових електростанцій.

Більшість великих гідроелектростанцій зосереджено вздовж річок Дніпро та Дністер. Усі великі гідроелектростанції належать і управляються Укргідроенерго (Ukrenergo, 2019[13]). Станом на лютий 2022 року в Україні працювало 7 великих річкових (4,6 ГВт) і 2 ГЕС (1,2 ГВт). В основному вони були побудовані за радянських часів, але були значно модернізовані в 2000-х роках.

В Україні нараховується понад 160 малих ГЕС загальною встановленою потужністю понад 150 МВт. Багато з них створено ще за радянських часів.

Більшість сонячних і вітрових електростанцій введені в експлуатацію в 2019-2021 роках і розташовані на півдні України. Існує понад 1100 сонячних установок, починаючи від невеликих генеруючих установок на даху домогосподарств (потужністю 25 кВт) та закінчуючи великими генеруючими установками потужністю до 240 МВт. Загальна встановлена потужність сонячної генерації становить 6,4 ГВт. ДТЕК ВДЕ, один з найбільших виробників, що управляє трьома сонячними парками: Трифонівським (10 МВт), Нікопольським (200 МВт) і Покровським (240 МВт).

Порівняно з сонячною, потужність вітрової енергії розвивалася повільніше. У 2021 році загальна встановлена потужність становила приблизно 1,5 ГВт. ДТЕК ВДЕ також є лідером у цьому сегменті, володіючи та управляючи Ботієвською, Приморською та Орлівською ВЕС зі встановленою потужністю 200 МВт, 200 МВт та 100 МВт відповідно. Декілька іноземних інвесторів також експлуатують вітрові електростанції різної потужності, серед яких Ukraine Power Resources, Güriş, EuroCape New Energy, Elementum Energy та СивашЕнергоПром.

Електроенергія, вироблена з біопалива, відіграє в Україні незначну роль, загальна потужність становить лише близько 0,3 ГВт.

Підтримка відновлюваних джерел енергії

З 2009 року виробництво електроенергії з відновлюваних джерел енергії (ВДЕ) підтримується через систему зелених тарифів (FiT) (також звану «зеленим» тарифом). Зелений тариф був доступний для сонячних та вітрових електростанцій, а також малих, міні- та мікро-ГЕС, геотермальних електростанцій, електростанцій, що працюють на біомасі та біогазі. Великі гідроелектростанції з генеруючою потужністю що перевищує 10 МВт не мають права на підтримку.

«Зелений» тариф сплачує Гарантований покупець (ГП), який купує продукцію відповідних виробників ВДЕ та продає її на оптовому ринку. Надлишок електроенергії від домашніх фотоелектричних установок купують ПУП.

Початковий «зелений» тариф для ВДЕ був одним з найщедріших в Європі. Наприклад, наземні сонячні панелі потужністю до 12 МВт отримали 0,0612 євро/кВт-год у Франції (PV Magazine, n.d.[24])), тоді як аналогічна сонячна панель в Україні отримувала від 0,14 євро/кВт-год (введена в експлуатацію в 2015 році) до 0,04 євро/кВт-год (введена в експлуатацію між 2024 і 2029 роками) (Baker McKenzie, 2021[4]).

Фіксований тариф було встановлено до 2029 року, але не як фіксовану величину, а з вбудованим зменшенням та валютним коригуванням.[9] У 2020 році уряд прийняв новий закон, який набув чинності 1 серпня 2020 року, знизивши «зелений» тариф на 2,5% – 60%, залежно від типу виробленої відновлюваної енергії, розміру станції та дати її введення в експлуатацію.[10] Зниження на 60% стосувалося наземних сонячних електростанцій потужністю понад 1 МВт, введених в експлуатацію в період з 2021 по 2029 рік. Для малих (до 1 МВт) сонячних і вітрових електростанцій, введених в експлуатацію в цей же період, зниження тарифу становило 2,5% (Baker McKenzie, 2021[4]).

Нижче наведено «зелений» тариф, включно з коригуванням, запровадженим у 2020 році.

Малюнок 2.6. «Зелені» тарифи для відновлюваних джерел енергії

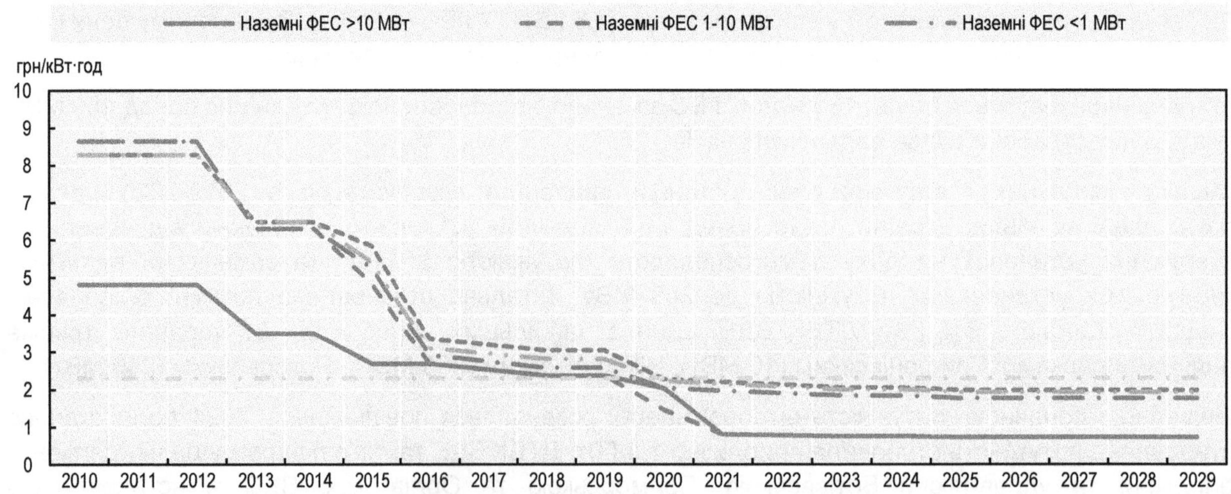

Джерело: https://zakon.rada.gov.ua/laws/show/555-15#Text.

Подальші зміни були запропоновані в серпні 2021 року, коли Міністерство енергетики опублікувало проект закону, який запроваджує нову модель підтримки feed-in-premium (FiP) замість «зеленого» тарифу. Згідно із законопроектом, відповідні виробники ВДЕ продаватимуть свою електроенергію на ринку, а державний бюджет безпосередньо покриватиме різницю між ринковою ціною та FiP. Запропонована зміна державного фінансування спрямована на вирішення боргової проблеми ГП та ОСП (СМС, 2021[25]). Ринкова ціна визначатиметься НКРЕКП і базуватиметься або на погодинній ціні на РДН, або на середньомісячній, або на середньорічній ціні на РДН. Існуючі виробники ВДЕ із «зеленим» тарифом зможуть обрати перехід на новий FiP або залишитися за старою схемою FiT до 2029 року. Аукціони з ВДЕ та схема «зеленого» тарифу ще не набули практичного застосування.

Україна має намір і надалі збільшувати частку ВДЕ у структурі генерації. Відповідно до проєкту Національного плану дій розвитку відновлюваної енергетики на період до 2030 року[11] та Національної енергетичної стратегії України на період до 2035 року[12], частка виробництва електроенергії з ВДЕ у 2035 році має становити 25%, що вдвічі більше, ніж у 2021 році. На додаток до питання про те, як досягти поставленої мети, це піднімає питання про технічну спроможність енергосистеми в частині операційного забезпечення роботи збільшеної частки виробництва ВДЕ (USAID, 2021[26]) та алізу сценаріїв економічно ефективної інтеграції нестабільних або швидко змінних ВДЕ (вітру та сонця) в існуючий баланс генерації. На період до 2025 року проактивне обмеження ВДЕ буде найменш витратним і найбільш здійсненним варіантом забезбечення гнучкості.

2.2.3. Передача і розподіл

Транспортування електроенергії забезпечується системами передачі та розподілу. Система передачі складається з ліній електропередач високої напруги, що з'єднують електростанції або електростанції з різними підстанціями, звідки розподільна мережа з'єднується зі споживачами. Протяжність системи передачі електроенергії в Україні становить понад 24 тис. км (Ukenergo, 2020[27]), а протяжність розподільчих мереж становить 818 тис. км (NEURC, 2022[28]).

Системою передачі електроенергії управляє Укренерго, державний оператор системи передачі (ОСП). До функцій Укренерго входить оперативно-технологічне управління енергосистемою України, передача електроенергії від пунктів генерації до розподільчих мереж.

Раніше мережу електропередачі поділяли на дві зони – Об'єднану енергетичну систему (ОЕС) та Бурштинський енергетичний острів (БуОС). 24 лютого 2022 року відбулося об'єднання двох торгових зон.[13] Це було задумано як тимчасовий захід у контексті підготовки до синхронізації мережі України з системою ENTSO-E, але стало постійним із впровадженням технічної або аварійної синхронізації, яка відбулася 16 березня 2022 року (ENTSO-E, 2022[29]).

17 грудня 2021 року Укренерго пройшло сертифікацію НКРЕКП як оператора системи передачі за моделлю Незалежний системний оператор.[14] При цьому НКРЕКП врахувала оцінку Енергетичного співтовариства щодо відповідності Укренерго європейським правилам і нормам.[15] Сертифікація підтверджує, що Укренерго є повністю незалежним від інтересів постачання та виробництва.

Інформаційне вікно 2.4. Третій енергетичний пакет

Третій енергетичний пакет набув чинності у вересні 2009 року, спрямований на завершення переходу Європейського Союзу до Єдиного європейського енергетичного ринку. Законодавство охоплює п'ять сфер: відокремлення (анбандлінг), незалежні регулятори, створення Агентства з питань співробітництва регуляторів енергетики, транскордонне співробітництво, а також відкриті та справедливі роздрібні ринки.

Україна взяла на себе зобов'язання імплементувати *acquis communautaire ЄС* 1 лютого 2011 року після підписання Договору про Енергетичне Співтовариство та, як наслідок, ставши членом Енергетичного Співтовариства. Енергетичне Співтовариство має на меті створення інтегрованого загальноєвропейського енергетичного ринку між Європейським Союзом та його сусідами. Договірні сторони погодилися прийняти Третій енергетичний пакет у визначені терміни.

З моменту підписання Договору Україна доклала значних зусиль для його виконання. За даними Секретаріату Енергетичного Співтовариства, станом на 2022 рік Україною транспоновано 64% відповідного законодавства ЄС у національне законодавство. Що стосується електроенергетики, то в Україні імплементовано 68% необхідного законодавства. Серед невирішених питань Секретаріат Енергетичного Співтовариства визначив імплементацію Регламенту про доброчесність та прозорість оптового енергетичного ринку та не сумісність правил транскордоного розподілу потужностей. Також рекомендовано продовжувати зусилля щодо ринкової інтеграції з сусідніми країнами-членами ЄС та Молдовою.

Джерела: Європейська Комісія (2009[30]), Третій енергетичний пакет, https://energy.ec.europa.eu/topics/markets-and-consumers/market-legislation/third-energy-package_en; Секретаріат Енергетичного Співтовариства (2022[31]), Річний звіт про імплементацію в Україні, https://www.energy-community.org/dam/jcr:1731cc05-e414-47a8-95f8-4fb793fe0abd/IR2021_Ukraine.pdf.

Укренерго несе відповідальність за інвестиції в нові інфраструктурні потужності (наприклад, підстанції та лінії електропередач), підвищення ефективності та надійності електромереж, забезпечення інтеграції ВДЕ в енергосистему, а також відповідальність за технічну відповідність стандартам і вимогам ENTSO-E. Щорічні інвестиції в таку інфраструктуру в Україні складають до 163 млн євро (Ukrenergo, 2021[32]).

Після лібералізації ринку в липні 2019 року Укренерго також стало відповідальним за функціонування балансуючого ринку та ринку допоміжних послуг, реєстрацію двосторонніх договорів, а також виконання функцій адміністратора розрахунків та комерційного обліку.

Укренерго координує імпортно-експортну діяльність із сусідніми країнами, визначає чисту пропускну спроможність для транскордонної торгівлі та спільно із сусідніми ОСП – механізм її розподілу. Інтеграція енергосистеми України з системою ENTSO-E є однією з ключових стратегічних цілей Укренерго, метою якої є підвищення надійності та стійкості української системи, розширення можливостей торгівлі електроенергією, посилення конкуренції на внутрішньому ринку, а також створення можливостей для роботи в рамках європейського енергетичного ринку (Ukrenergo, 2023[33]).

Інформаційне вікно 2.5. План розвитку мережі на 2021-2030 роки

Україна має відносно високу щільність мереж, а рівень електрифікації становить майже 100%. Проте більша частина мереж була побудована в 1960-1970-х роках і потребує модернізації. Згідно з дослідженням 2018 року, 64% енергетичного обладнання було старше 40 років, а 22% – від 30 до 40 років. Як наслідок, мережі передачі та розподілу мають значні фізичні втрати, які за оцінками становлять понад 14% протранспортованої електроенергії.

Щоб вирішити проблему старіння обладнання, у січні 2021 року НКРЕКП затвердила амбітний план розвитку мережі на 2022-2031 роки. Він передбачав 2,5 мільярда євро інвестицій[1] для підвищення надійності та безпеки роботи мереж передачі та просування до повної інтеграції з системою ENTSO-E. Відповідно до цього плану «Укренерго» планував збільшити потужність підстанцій (шляхом реконструкції існуючих та будівництва нових), реконструювати понад 1,5 тис. км ліній електропередачі напругою 220-330 кВ та побудувати понад 3,2 тис. км ліній напругою 220-750 кВ. Крім того, заплановано заходи, що сприяють інтеграції відновлюваних джерел енергії шляхом будівництва 750 км нових ліній 330-750 кВ, нової підстанції 750 кВ і систем накопичення енергії 220 МВт.

Примітка: 1. Окрім 10-річного плану розвитку мережі, Регулятор також затверджує річну інвестиційну програму Укренерго. На 2020 рік затверджена інвестиція склала 3,2 млн грн (без ПДВ). Він значною мірою фінансується за рахунок кредитів (60%) і лише меншою мірою за рахунок загальних доходів від тарифів (33%) та доходів від розподілу потужності (4%).

Джерела: Укренерго (2021[34]) Мережа, https://ua.energy/transmission-and-dispatching/networks/; Фландрія (2018[35]), український енергетичний ринок: Огляд сектору та майбутніх проектів, https://www.flandersinvestmentandtrade.com/export/sites/trade/files/market_studies/Ukrainian%20Energy%20Market_0.pdf; Укренерго (Ukrenergo, 2021[36]), План розвитку системи передачі на 2021-2030 роки, https://ua.energy/peredacha-i-dyspetcheryzatsiya/plan-rozvytku-oes-ukrayiny/; НКРЕКП (2020[37]), Річний звіт, https://www.nerc.gov.ua/pro-nkrekp/richni-zviti.

Законом про ринок запроваджено нормативно-правову базу, яка є подібною системі, що використовується в ЄС. Важливим елементом переходу до європейської ринкової моделі стало відокремлення виробництва та постачання електроенергії від розподілу, яке набуло чинності 1 січня 2019 року. У результаті кожне *обленерго* було розділено на дві окремі організації – постачальника електроенергії (роздрібного торговця) та оператора системи розподілу (ОСР) (OECD, 2019[2]). Держава продовжує володіти акціями восьми з 32 ОСР країни через Міністерство енергетики.[16]

ОСР відповідають за доставку (розподіл) електроенергії кінцевим споживачам, а постачальники купують електроенергію у виробників, трейдерів або інших постачальників та продають її кінцевим споживачам. Відповідно до міжнародної практики, ОСР в Україні вважаються природними монополіями, тому їхні тарифи регулюються НКРЕКП. Розподіл електричної енергії споживачам здійснюється за умови отримання відповідної ліцензії, яка видається НКРЕКП.

2.2.4. Постачальники електроенергії

В Україні існують три типи постачальників: постачальники за вільними цінами, постачальники універсальних послуг (ПУП) і постачальник останньої надії (ПОН). Останні два обслуговують приблизно 44% усіх споживачів (OECD, 2019[2]).

Постачальники за вільними цінами купують електроенергію на оптовому ринку та продають її промисловим і бізнес-споживачам за вільно узгодженими цінами. На кінець 2021 року налічувалося 955 ліцензованих постачальників електроенергії, з яких лише 30% (287) були активними постачальниками електроенергії споживачам (NEURC, 2022[38]). Найбільшими за клієнтською базою є «ДТЕК Київські енергетичні послуги», «Львівенергозбут», «ДТЕК Дніпровські енергетичні послуги», група «Енера»[17] та «Харківенергозбут».

ПУП постачають електроенергію домогосподарствам за регульованими цінами, встановленими КМУ, а малим підприємствам – за цінами, затвердженими НКРЕКП. На кожну область припадає по одному постачальнику універсальних послуг, загалом їх 25. ПУП також можуть виступати постачальниками за вільними цінами і постачати електроенергію непобутовим споживачам за вільно встановленими цінами по всій території України. Деякі з найбільших постачальників за вільними цінами фактично також є постачальниками універсальних послуг.

На державну компанію «Укрінтеренерго» покладено зобов'язання ПОН, вона постачає електроенергію споживачам в особливих ситуаціях, таких як відмова від послуг постачальника або неможливість вибору постачальника, і може робити це не більше 90 днів за регульованою ціною (OECD, 2020[39]).

2.2.5. Транскордонна торгівля

Україна традиційно є нетто-експортером електроенергії. Загальний обсяг експорту електроенергії з України у 2021 році перевищив імпорт вдвічі – 3 495 ГВт-год та 1 694 ГВт-год відповідно (Ukrenergo, 2022[40]) З травня 2021 року імпорт електроенергії з Російської Федерації та Білорусі заборонено з міркувань національної безпеки.

Укренерго проводить аукціони з розподілу міждержавної пропускної спроможності в односторонньому порядку, але перебуває в процесі переговорів з ОСП ЄС щодо початку спільного розподілу пропускної спроможності відповідно до правил ЄС.

Малюнок 2.7. Експорт та імпорт електроенергії в Україні, 2021 рік

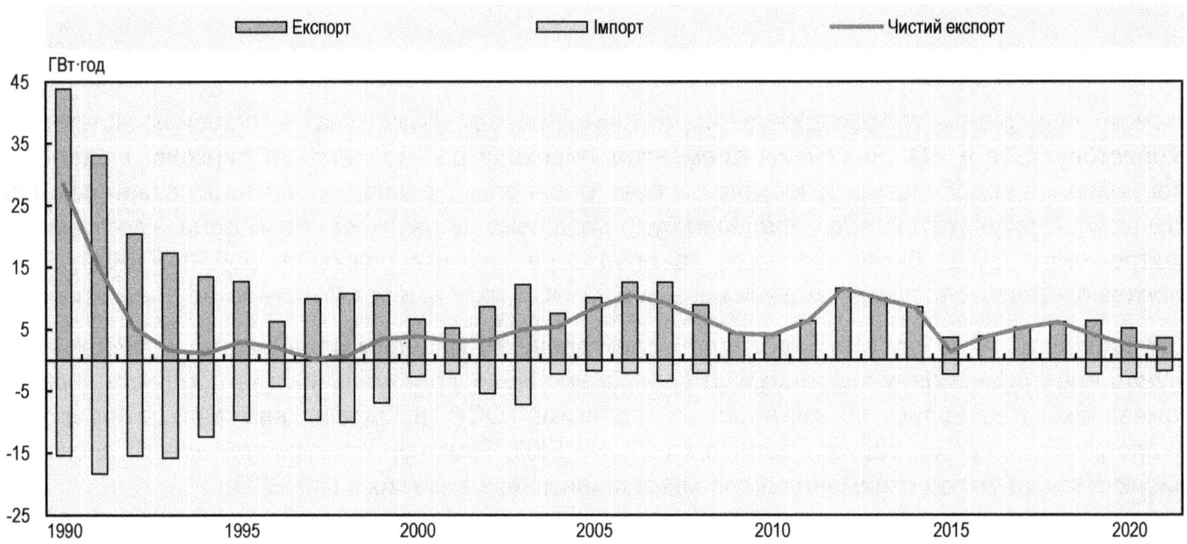

Джерела: Укренерго (2022[41]), Обсяги експорту/імпорту електроенергії з/в ОЕС України, https://map.ua-energy.org/en/resources/8462ca14-63b1-4686-b613-b5f056d32d69/; Укренерго та НКРЕКП (2022[42]), Погодинний імпорт та експорт електроенергії, https://map.ua-energy.org/en/resources/56df70b0-6bc1-4c7d-a82f-284cf723438d/.

24 лютого 2022 року ОЕС була від'єднана від енергосистем Росії та Білорусі. 27 лютого 2022 року «Укренерго» (Український ОСП) та Moldelectrica (Молдовський ОСП) надіслали запит до ОСП континентальної Європи на аварійну синхронізацію з енергосистемою Континентальної Європи (система ENTSO-E). За підтримки Європейської Комісії, держав-членів ЄС та їх регуляторних органів, європейські оператори передач та ENTSO-E запровадили аварійну синхронізацію 16 березня 2022 року. На початковому етапі об'єднання мало технічний характер і не дозволяло здійснювати транскордонну торгівлю. 7 червня 2022 року, після виконання ключових умов, континентальні ОСП погодили запит Укренерго на поступове відкриття комерційних перетоків на відповідних міждержавних напрямках обміну з Україною (ENTSO-E, 2022[43]).

Перші комерційні перетоки розпочалися в середині літа 2022 року через кордони України зі Словаччиною та Румунією. Станом на лютий 2023 року пропускна спроможність з енергосистеми України-Молдови в енергосистему континентальної Європи досягла 400 МВт та 700 МВт у зворотному напрямку (ENTSO-E, 2023[44]).

Україна розпочала проєкт синхронізації з європейською мережею системних операторів передачі електроенергії ENTSO-E ще у 2017 році, підписавши «Угоду про умови майбутнього об'єднання енергосистеми України та Молдови з енергосистемою континентальної Європи». Відтоді синхронізація з різних причин є одним із головних пріоритетів української енергетичної політики.

Технічна синхронізація дозволяє українській енергосистемі припинити залежність від російського мережевого оператора щодо підтримки частоти, покращуючи енергетичну безпеку в країні. Крім того, повна синхронізація створить додаткові комерційні можливості для імпорту та експорту, що потенційно посилить конкуренцію. Напрямок торгівлі може змінюватися сезонно, і в довгостроковій перспективі він сильно залежатиме від наявних надлишкових потужностей і структури витрат на генерацію в Україні. У базовому сценарії, проаналізованому в роботі (Zachmann and Feldhaus,

2021[45]), транскордонна передача збільшить надлишок споживачів на 0,9 мільярда євро на рік, плату за управління перевантаженнями в системі на 300 млн. євро. Однак для досягнення цих результатів потрібен функціонуючий внутрішній ринок. На додаток до технічних складнощів і практичних проблем, таких як розбудова нових ліній електропередачі та підтримка стабільності мережі, (див. також (Feldhaus, Westphal and Zachmann, (2021[46]) і Zachmann and Feldhaus (2021[45]), успішна повна синхронізація також потребуватиме масштабних реформ у секторі електроенергетики.

Екстрена синхронізація призвела до важливих змін у структурі ринку електроенергії, об'єднавши дві торгові зони, ОЕС та БуОС, в єдину торгову зону. Це має потенціал для посилення конкуренції шляхом зменшення концентрації ринку та ринкової влади. Це особливо важливо для колишньої торгової зони БуОС, де був лише один виробник електроенергії і дуже мало постачальників значного розміру.

Потенційні позитивні ефекти від синхронізації мають широкий спектр: від енергетичної безпеки, ринкової інтеграції та енергоефективності до декарбонізації та підвищення конкурентоспроможності. Однак лише функціонуючий і конкурентоспроможний ринок електроенергії може бути ефективно інтегрований та повністю скористатися перевагами синхронізації. Отже, успішна синхронізація не тільки може сприяти конкуренції, але й є передумовою для неї, роблячи перспективу конкуренції ключовим елементом будь-якої оцінки ринку за поточних обставин.

Ці питання обговорюються далі в цьому звіті, включаючи можливі впливи на конкуренцію та на ширше функціонування ринку при синхронізації.

Посилання

AMCU (2016), *Report on the results of a comprehensive study of the electric energy and thermal coal markets.*, http://reform.energy/media/120/81404676e3df44fcb1d2c0c437906798.pdf (accessed on 25 January 2023). [22]

Baker McKenzie (2021), *Conducting Business in Ukraine*, https://www.bakermckenzie.com/en//-/media/files/insight/guides/2021/conducting-business-in-ukraine-2021.pdf (accessed on 14 February 2023). [4]

CMC (2021), *Ukraine considers feed-in-premiums to further support renewable energy projects*, https://www.cms-lawnow.com/ealerts/2021/09/ukraine-considers-feed-in-premiums-to-further-support-renewable-energy-projects (accessed on 14 October 2021). [25]

Economichna Pravda (2022), *Electricity production in Ukraine increased by 5% over the year*, https://www.epravda.com.ua/news/2022/01/11/681292/. [12]

Economichna Pravda (2021), *The first batch of nuclear fuel was taken to the Central Storage Facility*, https://www.epravda.com.ua/news/2021/11/25/680135/. [20]

Energoatom (2020), *STRATEGIC DEVELOPMENT PLAN OF ENERGOATOM FOR 2020-2024*, http://www.energoatom.com.ua/uploads/2020/sp_2020_2024.pdf. [14]

Energy Community Secretariat (2022), *Ukraine Annual Implementation Report*, https://www.energy-community.org/dam/jcr:1731cc05-e414-47a8-95f8-4fb793fe0abd/IR2021_Ukraine.pdf. [31]

ENTSO-E (2023), *Further increase in the trade capacity with the Ukraine/Moldova power system*, ENTSO-E News, https://www.entsoe.eu/news/2023/02/16/further-increase-in-the-trade-capacity-with-the-ukraine-moldova-power-system/ (accessed on 2 April 2023). [44]

ENTSO-E (2022), *Continental Europe successful synchronisation with Ukraine and Moldova power systems*, https://www.entsoe.eu/news/2022/03/16/continental-europe-successful-synchronisation-with-ukraine-and-moldova-power-systems/. [29]

ENTSO-E (2022), *Continental Europe successful synchronisation with Ukraine and Moldova power systems*, ENTSO-E News, https://www.entsoe.eu/news/2022/03/16/continental-europe-successful-synchronisation-with-ukraine-and-moldova-power-systems/ (accessed on 5 April 2022). [43]

European Commission (2010), *Commission welcomes Ukraine in Energy Community*, https://ec.europa.eu/commission/presscorner/detail/en/IP_10_1173. [5]

European Commission (2009), *Third energy package*, https://energy.ec.europa.eu/topics/markets-and-consumers/market-legislation/third-energy-package_en. [30]

Feldhaus, Westphal and Zachmann (2021), "Connecting Ukraine to Europe's Electricity Grid", *SWP Comment*, https://www.swp-berlin.org/publications/products/comments/2021C57_ConnectingUkraine.pdf. [46]

Flanders (2018), *Ukrainian energy market, overview of the sector and future projects*, https://www.flandersinvestmentandtrade.com/export/sites/trade/files/market_studies/Ukrainian%20Energy%20Market_0.pdf. [35]

Government Portal (2021), *The Ministry of Energy supports the proposal to merge EMPP to Energoatom*, https://www.kmu.gov.ua/news/minenergo-pidtrimuye-propoziciyu-shchodo-peredachi-dp-shidgzk-v-upravlinnya-naek-energoatom. [17]

IEA (2006), *Energy Policy Review: Ukraine 2006 Review*, International Energy Agency, Paris, https://www.iea.org/reports/energy-policy-review-ukraine-2006-review (accessed on 28 February 2023). [3]

LigaNews (2020), *The only uranium producer in Ukraine goes into "idle" mode.* [16]

Lovei, L. (1998), "Electricity reform in Ukraine : the impact of weak goverance and budget crises", *Public policy for the private sector*, Vol. Note no. 168, https://documents1.worldbank.org/curated/en/246101468760558042/pdf/18941-Replacement-file-168LOVEI.pdf (accessed on 28 February 2023). [1]

NEURC (2022), *Bulletin to the Annual Report of NEURC*, NEURC, https://www.nerc.gov.ua/storage/app/sites/1/Docs/Byuleten_do_richnogo_zvitu/byuleten_do_richnogo_zvitu_nkrekp-2021.pdf (accessed on 23 February 2023). [38]

NEURC (2022), *Comments to draft OECD Competition Market Study.* [28]

NEURC (2021), *The regulator publishes the results of monitoring the functioning of the retail electricity market in the first quarter of 2021*, https://www.nerc.gov.ua/?news=11683. [6]

NEURC (2021), *The regulator publishes the results of monitoring the functioning of the wholesale electricity market in the second quarter of 2021*, https://www.nerc.gov.ua/?news=12053. [7]

NEURC (2020), *Annual Report*, https://www.nerc.gov.ua/pro-nkrekp/richni-zviti (accessed on 1 January 2022). [37]

OECD (2020), *State-Owned Enterprise Reform in the Electricity Sector in Ukraine*, http://www.oecd.org/corporate/soe-reform-electricity-sector-ukraine.htm (accessed on 28 February 2023). [39]

OECD (2019), *Snapshot of Ukraine's Energy Sector: Institutions, Governance and Policy Framework*, https://www.oecd.org/eurasia/competitiveness-programme/eastern-partners/Snapshot-of-Ukraines-Energy-Sector-EN.pdf (accessed on 28 February 2023). [2]

OilPoint (2021), *The merger of Energoatom and EMPP is impossible - the head of Energoatom*, https://oilpoint.com.ua/zlyttya-energoatomu-i-shidgzk-nemozhlyvo-glava-naek/?lang=uk. [18]

PV Magazine (n.d.), *Feed-in tariffs (FITs) in Europe*, https://www.pv-magazine.com/features/archive/solar-incentives-and-fits/feed-in-tariffs-in-europe/#france (accessed on 14 October 2021). [24]

Slovo i Dilo (2021), *Russia suspends supplies of thermal coal to Ukraine*, https://www.slovoidilo.ua/2021/10/29/novyna/ekonomika/rf-prypynyaye-postavky-enerhetychnoho-vuhillya-ukrayiny-nardep. [23]

The Accounting Chamber (2021), *Report on the results of the audit of the efficiency of the use of state budget funds allocated to the State Inspectorate for Energy Supervision of Ukraine*, https://rp.gov.ua/upload-files/Activity/Collegium/2021/5-3_2021/Zvit_5-3_2021.pdf (accessed on 8 March 2023). [21]

Ukenergo (2020), *Generation Adequacy Report*, https://ua.energy/wp-content/uploads/2021/11/ERAA-UA-2021-v6.pdf. [27]

Ukrenergo (2023), *European integration*, https://ua.energy/european-integration/ (accessed on 8 March 2023). [33]

Ukrenergo (2023), *Hourly electricity balance of the IPS of Ukraine*, Energy Map, https://map.ua-energy.org/en/resources/8998f2ed-379f-4fa9-9076-88782b32ee4f/ (accessed on 3 April 2023). [10]

Ukrenergo (2022), *Electricity consumption by consumer groups*, Energy Map, https://map.ua-energy.org/en/resources/742384e9-83c7-44f4-8c0b-0cd74b56561b/ (accessed on 17 March 2023). [9]

Ukrenergo (2022), *In 2021, electricity imports made up 1.1% of total electricity consumption NEC "UKRENERGO"*, https://ua.energy/zagalni-novyny/u-2021-rotsi-import-elektroenergiyi-sklav-1-1-vid-zagalnogo-elektrospozhyvannya/ (accessed on 4 April 2023). [40]

Ukrenergo (2022), *Installed electricity production capacity by power plant types (Ukrenergo) - Energy Map*, Energy Map, https://map.ua-energy.org/en/resources/c51a16bc-e990-40db-b790-63624d823daa/ (accessed on 27 March 2023). [11]

Ukrenergo (2022), *Volume of electricity exported/imported from/to the IPS of Ukraine*, Energy Map, https://map.ua-energy.org/en/resources/8462ca14-63b1-4686-b613-b5f056d32d69/ (accessed on 17 March 2023). [41]

Ukrenergo (2021), *About the company*, https://ua.energy/about_us/. [32]

Ukrenergo (2021), *Grid*, https://ua.energy/transmission-and-dispatching/networks/. [34]

Ukrenergo (2021), *Transmission system development plan for 2021-2030*, https://ua.energy/peredacha-i-dyspetcheryzatsiya/plan-rozvytku-oes-ukrayiny/. [36]

Ukrenergo (2019), *Report on conformity assessment of generating capacities*, https://ua.energy/wp-content/uploads/2019/04/ZvitAdekvatnostiGenPotuzhnostej_31_03_2019.pdf. [13]

Ukrenergo and NEURC (2022), *Hourly electricity imports and exports*, Energy Map, https://map.ua-energy.org/en/resources/56df70b0-6bc1-4c7d-a82f-284cf723438d/ (accessed on 17 March 2023). [42]

USAID (2021), *Flexibility Assessment Study for different RES penetration scenarios*, https://energysecurityua.org/wp-content/uploads/2021/03/usaid_esp_flexstudy_summary_eng_131020.pdf (accessed on 22 March 2023). [26]

Verkhovna Rada (2017), *Law of Ukraine about the Electricity Market, No. 2019-VIII*, https://zakon.rada.gov.ua/laws/show/2019-19. [8]

World Nuclear Association (2023), *Nuclear Power in Ukraine*, https://world-nuclear.org/information-library/country-profiles/countries-t-z/ukraine.aspx (accessed on 8 March 2023). [15]

World Nuclear News (2022), *Ukraine pushes for domestic uranium supply*, https://www.world-nuclear-news.org/Articles/Ukraine-pushes-for-domestic-uranium-supply (accessed on 8 March 2023). [19]

Zachmann, G. and L. Feldhaus (2021), *Synchronising Ukraine's and Europe's electricity grids*, Low Carbon Ukraine, https://www.lowcarbonukraine.com/wp-content/uploads/Synchronising-Ukraine%C2%B4s-and-Europe%C2%B4s-electricity-grids.pdf (accessed on 28 February 2023). [45]

Примітки

[1] Гідроакумулюючі електростанції можуть зберігати електроенергію опосередковано, але їх можна будувати лише в місцях зі специфічним рельєфом. Існує також кілька нових технологій для зберігання енергї у великих масштабах, але вони наразі дорогі та/або ще не повністю перевірені в комерційному застосуванні.

[2] У серпні 2014 року Указом Президента України № 694/2014 НКРЕ було замінено на НКРЕКП.

[3] Постанова КМУ № 1789 «Про схвалення Концепції функціонування та розвитку оптового ринку електричної енергії України», 16 листопада 2002 р. https://zakon.rada.gov.ua/laws/show/1789-2002-%D0%BF#Text.

[4] Закон України № 663_VII «Про засади функціонування ринку електричної енергії України» від 24 жовтня 2013 року (втратив чинність), https://zakon.rada.gov.ua/laws/show/663-18#Text.

[5] «Угода про асоціацію між Україною, з однієї сторони, та Європейським Союзом, Європейським співтовариством з атомної енергії і їхніми державами-членами, з іншої сторони», ратифікована Законом № 1678-VII від 16 вересня 2014 р., https://zakon.rada.gov.ua/laws/show/984_011#Text.

[6] Закон України № 2019-VIII «Про ринок електричної енергії» від 13 квітня 2017 р., https://zakon.rada.gov.ua/laws/show/2019-19#Text.

[7] Постанова НКРЕКП № 307 «Про затвердження Правил ринку» від 14 березня 2018 р., https://zakon.rada.gov.ua/laws/show/v0307874-18#Text.

[8] Без урахування активів на тимчасово непідконтрольних Україні територіях (включаючи Донецьку і Луганську області та Автономну Республіку Крим).

[9] Для зменшення валютних ризиків для інвесторів «зелений» тариф прив'язаний до курсу євро/гривня та оновлюється щоквартально.

[10] Закон України № 810-IX «Про внесення змін до деяких законів України щодо удосконалення умов підтримки виробництва електроенергії з альтернативних джерел енергії», 21 липня 2020 р., https://zakon.rada.gov.ua/laws/show/810-IX#Text.

[11] Проект розпорядження Кабінету Міністрів України «Про Національний план дій з розвитку відновлюваної енергетики на період до 2030 року» від 20 січня 2022 р., https://saee.gov.ua/sites/default/files/blocks/02_Proekt_NPDVE-10.01.2022.docx.

[12] Розпорядження КМУ № 605-р «Про схвалення Енергетичної стратегії України на період до 2035 року «Безпека, енергоефективність, конкурентоспроможність», 18 серпня 2017 р., https://zakon.rada.gov.ua/laws/show/605-2017-%D1%80#Text.

[13] Постанова НКРЕКП № 333 «Про внесення змін до деяких постанов НКРЕКП», 27 лютого 2022 р., https://www.nerc.gov.ua/acts/pro-vnesennya-zmin-do-deyakih-postanov-nkrekp.

[14] Постанова НКРЕКП № 2589 «Про прийняття остаточного рішення щодо сертифікації оператора системи передачі», 17 грудня 2021 р., https://zakon.rada.gov.ua/rada/show/v2589874-21#Text.

[15] Висновок Секретаріату Енергетичного Співтовариства 4/21, 25 листопада 2021 р., https://www.energy-community.org/dam/jcr:8329300c-f30a-41f9-9a63-e8b07ff4b94c/ECS_Opinion_421_Ukrenergo.pdf.

[16] Серед них «Запоріжжяобленерго» (60%), «Одесаобленерго» (25%), «Харківобленерго» (65%), «Черкасиобленерго» (46%), «Миколаївобленерго» (70%), «Хмельницькобленерго» (70%), АТ «Сумиобленерго» (25%) та АТ «Тернопільобленерго» (51%). Див. Розпорядження КМУ № 1222-р від 15 вересня 2021 р., https://zakon.rada.gov.ua/laws/show/1222-2021-%D1%80#Text.

[17] Група «Енера» об'єднує чотири регіональні компанії-постачальники електроенергії: «Енера Суми», «Енера Чернігів», «Енера Вінниця» та «Енера Схід».

3 Функціонування ринку та нормативно-правова база

У цьому розділі описується оптовий ринок електроенергії України, визначаються різні оптові субринки та описується їх функціонування. Далі описується український роздрібний ринок електроенергії, який можна поділити на декілька сегментів. У звіті розглянуто два важливих суспільних зобов'язання, одне з яких призначене для захисту домогосподарств від високих цін на електроенергію, а друге – підтримує виробництво електроенергії з відновлюваних джерел енергії. Ці суспільні зобов'язання мають значний вплив на ринок електроенергії в Україні.

В загальному розумінні, лібералізований ринок електроенергії дає можливість виробникам продавати електроенергію на оптовому ринку постачальникам, які укладають договори постачання зі споживачами на роздрібному ринку. Насправді в цій діяльності задіяно набагато більше учасників, а ринки електроенергії складніші. Імпорт та експорт доповнюють внутрішнє виробництво. Трейдери купують і продають електроенергію, а великі споживачі можуть закуповувати електроенергію безпосередньо на оптовому ринку. Оптовий ринок складається з кількох субринків, а роздрібний ринок часто сегментований.

Загальна структура ринку електроенергії в Україні показана на Малюнок 3.1.

Малюнок 3.1. Структура ринку електроенергії в Україні

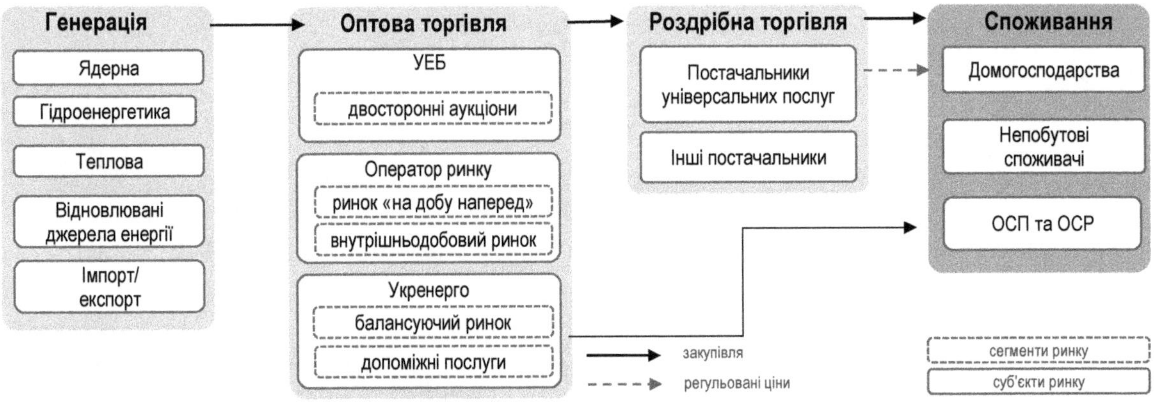

Існує декілька варіантів загальної структури ринку електроенергії. Структура ринку України є подібною до структури ринків країн ЄС. Це важливо, враховуючи амбіції України та ЄС щодо посилення інтеграції своїх ринків електроенергії. Основною платформою, що стимулює ці зусилля, є Енергетичне співтовариство. З набуттям Україною статусу кандидата на членство в ЄС тісне узгодження з правилами ЄС стало ще більш актуальним.[1]

3.1. Оптові ринки

На оптових ринках здійснюється торгівля великими обсягами електроенергії (купівля/продаж) перед тим, як вони транспортуються споживачам (домогосподарствам, підприємствам та державним установам) через мережі передачі та розподілу. Оптові ринки електроенергії відіграють центральну роль у роботі будь-якої конкурентної енергетичної системи, оскільки оптові ціни є основою для роздрібних цін.

Загалом оптові ринки електроенергії складаються з різних сегментів ринку, які виконують різні, але пов'язані ролі. Основною відмінною характеристикою є час здійснення ринкових обмінів щодо постачання та споживання електроенергії Ключовими короткостроковими ринками є ринок на добу наперед (РДН), внутрішньодобовий ринок (ВДР) і балансуючий ринок (БР). На цих ринках торгівля відбувається від одного дня до майже реального часу до моменту поставки. Довгострокові ринки, так звані форвардні ринки, призначені для постачання електроенергії в майбутньому. В Україні ринок двосторонніх угод (РДД) пропонує можливість для форвардної торгівлі.

Окрім часу, існує також відмінність між енергетичними ринками та ринками потужності. Енергетичний ринок узгоджує попит і пропозицію електроенергії в певний час (наприклад, на наступний день у випадку РДН). Ринок потужності, з іншого боку, не охоплює фактичне постачання електроенергії, а натомість узгоджує попит і пропозицію щодо готовності або наявності потужностей із виробництва електроенергії, за потреби. По суті, ринки потужності забезпечують гарантованість виробництва. Ринки потужності часто описуються як ринки допоміжних послуг.

На Малюнок 3.2 представлено послідовність функціонування оптового ринку електроенергії в Україні та його сегментів.

Малюнок 3.2. Послідовність функціонування оптового ринку електроенергії в Україні

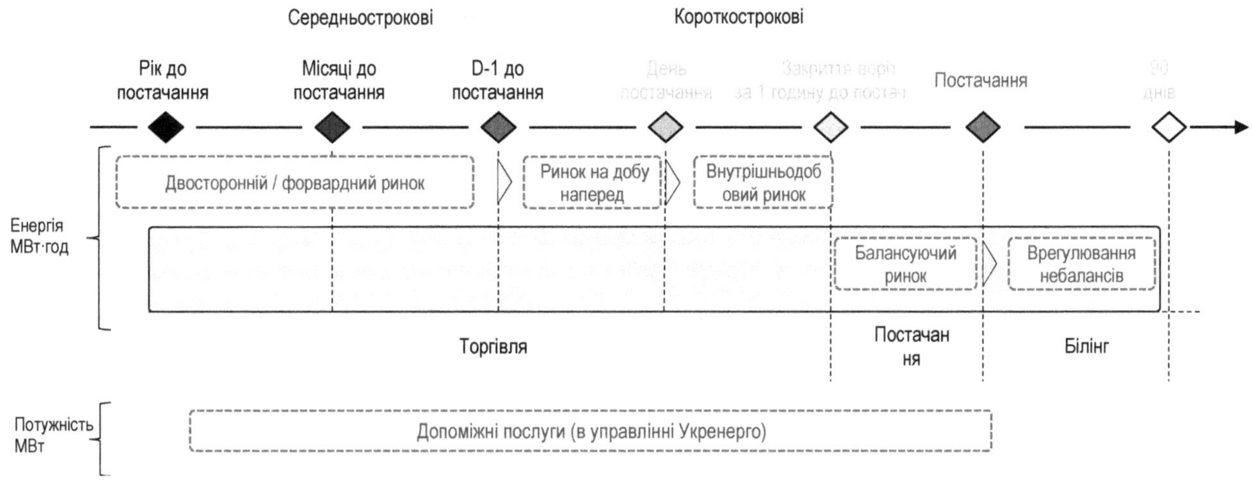

3.1.1. Ринок двосторонніх договорів

Торгівля електроенергією може відбуватися шляхом укладання двосторонніх договорів між двома сторонами. Як правило, продавець є виробником, а покупець – постачальником, але сторонами також можуть бути й інші учасники ринку, наприклад трейдери та великі промислові споживачі електроенергії. Двосторонні договори можуть визначати будь-який час і тривалість поставки в майбутньому. Вони можуть бути укладені на суто двосторонній основі або за сприяння брокерів. Через виконання в майбутньому вони представляють собою форвардні контракти.

У багатьох країнах форвардні контракти є домінуючою формою торгівлі електроенергією. Наприклад, у Франції приблизно в сім разів більше електроенергії продається на форвардному ринку, ніж на РДН (CRE, 2021[1]). Основна причина полягає в тому, що форвардні контракти дозволяють продавцям і покупцям зменшити свій ризик щодо нестабільних короткострокових коливань цін. Це має вирішальне значення для фінансового планування діяльності як виробників, так і постачальників. Двосторонні договори також пропонують сторонам конфіденційність, якщо вони бажають не розголошувати умови своєї угоди.

В Україні Закон про ринок передбачає, що учасники ринку мають право укладати двосторонні угоди на вільно обумовлених умовах, але з певними винятками.[2] Існує непряме обмеження на двосторонні продажі, оскільки виробники та імпортери повинні продавати певні обсяги на РДН. Державні виробники можуть продавати двосторонні договори лише на електронних аукціонах. Крім того, існує максимальний ліміт у 50% двосторонніх продажів між вертикально інтегрованими компаніями.[3]

Більшість двосторонніх угод укладається на платформі Української енергетичної біржі (УЕБ). Двосторонні угоди за межами УЕБ відіграють відносно незначну роль. Двосторонній ринок на УЕБ є найбільшим оптовим ринком електроенергії в Україні за обсягом, на який припадає 78% загального обсягу продажів у 2021 році порівняно з 75% у 2020 році.[4]

Вимоги до організації та проведення електронних аукціонів через УЕБ викладені в «Порядку проведення електронних аукціонів з продажу електричної енергії за двосторонніми договорами»

(Порядок проведення аукціонів) та подальших змінах до нього.[5] Детальні правила торгівлі регулюють взаємодію між УЕБ та учасниками ринку.

УЕБ пропонує два типи аукціонів: односторонні аукціони та двосторонні безперервні аукціони. В односторонньому аукціоні, ініціатором аукціону є один продавець або покупець, а контрагентів може бути необмежена кількість за умови дотримання ними вимог регламенту аукціону. У двосторонньому безперервному аукціоні немає єдиного ініціатора, і одночасно може брати участь необмежена кількість продавців і покупців, знову ж таки відповідно до додаткових вимог регламенту аукціону. Платформа двосторонніх безперервних аукціонів була створена УЕБ у серпні 2022 року, але на момент написання звіту не використовувалася.

Односторонні аукціони поділяються на спеціальні, комерційні та експортні секції, які мають власні правила та цілі. Спеціальні секції призначені для продажу електроенергії під конкретні зобов'язання щодо надання суспільних послуг (PSO). Комерційна секція відкрита для всіх учасників ринку. Участь у комерційному розділі була добровільною, але завдяки поправкам до Закону про ринок внесеним у липні 2021 року, вона стала обов'язковою для всіх виробників. Секція по експорту була створена в липні 2022 року як тимчасове рішення. Проте торгів на цій секції аукціонів ще не відбувалось.

Закон про ринок надає НКРЕКП повноваження щодо обмеження максимальної тривалості дії двосторонніх договорів до шести місяців. НКРЕКП не встановила загальний термін дії договорів, але постанова КМУ № 499 обмежує тривалість дії двосторонніх договорів у спеціальній секції аукціону до 12 місяців.[6] Ця вимога також застосовувалась із строком до 36 місяців для договорів певного розміру.[7] У комерційних секціях тривалість дії договорів явно не обмежена.

Таблиця 3.1 надає розбивку продажів на УЕБ у 4 кварталі 2021 року. Найбільше аукціонів відбулося у спецсекціях, їх обсяг відповідно склав 83% від загального обсягу. Що стосується продавців, то спецсекція складається з невеликої кількості компаній.

Таблиця 3.1. Двосторонні аукціони по секціях, 4 квартал 2021 року

Опис	Спеціальна секція	Комерційна секція	Всього
Кількість аукціонів	274	107	381
Кількість ініціаторів/продавців	19	52	71
Обсяг продажів (ГВт·год)	26 658	5 570	32 228

Джерело: УЕБ (2022[2]) Звіт УЕБ за 4-ий квартал 2021 року, https://www.ueex.com.ua/files/ueex_electricity_q4_2021.pdf.

Частки учасників ринку по секціях суттєво відрізняються. Наприклад, у комерційній секції домінують виробники теплової енергії (включаючи виробників з комбінованим виробництвом тепла та електроенергії), зокрема ДТЕК займає велику частку як продавець, тоді як у спеціальній секції найбільшим продавцем є Енергоатом.

Спеціальна секція

Спеціальна секція призначена для учасників ринку на яких покладено особливі зобов'язання щодо забезпечення суспільних інтересів у процесі функціонування ринку електричної енергії, визначені «Порядком проведення електронних аукціонів з продажу електричної енергії за двосторонніми договорами». Продавцями є виключно виробники електроенергії, на яких покладено зобов'язання та Гарантований покупець (ГП)[8].

Правила торгів на спеціальних секціях визначені «Положенням про організацію та проведення електронного аукціону з продажу електричної енергії на товарній біржі»[9]. Вони визначають взаємодію між УЕБ та учасниками ринку.

Згідно з останньою редакцією ПСО для домогосподарств, Енергоатом має продавати частину виробленої продукції ПУП через електронні аукціони на УЕБ. До 1 жовтня 2021 року це мало робити й «Укргідроенерго». На цих аукціонах максимальна ціна не може перевищувати ціну, визначену відповідно до Положення про ПСО.

ГП повинен продавати частину електроенергії, яку він купує за «зеленим» тарифом (див. Розділ 3.3.2), у спеціальній секції УЕБ.[10] Будь-які учасники ринку можуть брати участь як торгах на аукціонах, ініційованих ГП, на добровільних засадах. Для ініціювання аукціону ГП має вказати стартову ціну та обсяг запропонованої електроенергії, а також період постачання. Короткий час у 2020 році стартова ціна не могла перевищувати ціну, визначену за конкретною формулою.[11] Формула в основному базувалася на продажних цінах ГП на РДН та ВДР. У жовтні 2020 року мінімальну цінову вимогу було скасовано.[12] Відтоді ГП може вільно встановлювати стартову ціну. Однак тривалість контрактів на поставку залишається обмеженою максимум 12 місяцями.[13]

Комерційна секція

У комерційній частині учасники ринку електроенергії можуть укладати двосторонні договори на вільно узгоджених умовах. Ціна, обсяг, термін поставки та інші умови (наприклад, порядок розрахунків) узгоджуються між продавцем і покупцем. Приймати участь може будь-який учасник ринку, не обмежений законодавством. ОСП, ОСР та ГП виключені з торгів у комерційних секціях.

В попередніх роках участь в торгах на комерційних секціях була добровільною, але в липні 2021 року Закон № 1639-IX запровадив тимчасову вимогу для всіх виробників (крім виробників ВДЕ із «зеленим» тарифом) укладати двосторонні продажі виключно через УЕБ.[14] Заявленою метою цієї зміни було забезпечення прозорих та рівних умов для всіх виробників незалежно від форми власності (підконтрольні державі виробники вже мали такий обов'язок). З останньою поправкою до статті 66 Закону «Про ринок електричної енергії» ця вимога стала постійною.[15]

Правила торгів комерційної секції визначені «Положенням про організацію та проведення електронних аукціонів купівлі-продажу електричної енергії за двосторонніми договорами в комерційних секціях на товарній біржі».[16]

Товари, що продаються в комерційному розділі, не стандартизовані, хоча ініціатор кожного аукціону встановлює кілька ключових параметрів для транзакції. До них входять початкова ціна, розмір партії (кількість МВт-год, що має бути поставлена), кількість партій, гарантійний внесок і період постачання.

УЕБ публікує місячні та квартальні індекси цін на базове навантаження. Ця інформація сприяє прозорості цін на оптовому ринку та є єдиним джерелом регулярних цінових звітів за межами короткострокового ринку (РДН, ВДР). УТаблиця 3.2 наведено квартальний індекс цін за 4 квартал 2021 року та 1 квартал 2022 року.

Таблиця 3.2. Квартальний індекс цін базового навантаження УЕБ (торгова зона ОЕС), 2021-2022 рр.

Термін поставки	Ціна (грн/МВт · год)	Обсяг (МВт · год)	Значення (млн грн)
2021 Q4	2 038.8	3 359 889	6 850
2022 Q1	2 330.2	811 784	1 892
2022 Q4	2 705.6	1 435 850	3 885
2023 Q1	2 993.8	485 775	1 454

Джерело: УЕБ (2022[3]) Квартальні індекси РДД, https://www.ueex.com.ua/eng/exchange-quotations/electric-power/indexes/.

Місячні та квартальні індекси цін показують середньозважену ціну на електроенергію базового навантаження в торговій зоні ОЕС. Вони розраховується шляхом ділення загальної вартості продажів протягом місяця/кварталу (без ПДВ) на загальний обсяг електроенергії базового навантаження. До розрахунку включаються лише договори в комерційній частині. Слід зазначити, що комерційні договори, середньозважена ціна яких перевищує середньозважену ціну більш ніж на 10%, виключаються з розрахунку (UEEX, 2023[4]).

Двосторонні безперервні аукціони

Торговий майданчик для двосторонніх безперервних аукціонів існує з 10 серпня 2022 року. УЕБ розробив його за пропозицією Міністерства енергетики та учасників ринку.

Він пропонує торгівлю стандартизованими продуктами. Таким чином, графіки продажів (базовий, піковий, непіковий), період доставки (місяць) та інші умови (умови оплати, гарантійний внесок) – усі заздалегідь визначені.

Як повідомляється, учасники ринку загалом позитивно сприйняли цю нову модель торгівлі, але аукціони так і не відбулися через відсутність заявок від виробників. На УЕБ це пов'язують з:

- непослідовною та непрогнозованою політикою регулятора щодо встановлення граничних цін (учасники ринку очікують перегляду граничних цін, що не мотивує укладати договори на довші терміни);
- великою часткою регульованого обсягу ринку (недоступна конкурентному сегменту);
- наявністю альтернативних сегментів (спеціалізованих і комерційних секцій) для продажу електричної енергії виробниками;
- відсутністю підтримки стандартизації продукції з боку регулятора[17].

НКРЕКП не погоджується з оцінкою УЕБ і наголошує, що запропонувала свої пропозиції щодо вдосконалення правил та функціональних можливостей нової платформи проведення аукціонів.

Правила аукціону

Учасники аукціону зобов'язані перерахувати гарантійний внесок до УЕБ. Це забезпечує певну фінансову безпеку для ефективного укладання двосторонньої угоди. Розмір плати встановлюється ініціатором аукціону, але не може перевищувати 25% вартості запропонованої електроенергії (з урахуванням початкової ціни). Учасники торгів можуть подавати свої пропозиції/зустрічні пропозиції лише в межах гарантії.

В рамках аукціону позиція може бути ініційована продавцем або покупцем. Якщо ініціатором є продавець, зацікавлені покупці подають пропозиції про купівлю лота (або пакета лотів) на умовах продавця. Якщо ініціатором є покупець, зацікавлені продавці подають пропозиції продати лот.

Залежно від типу ініціатора (продавець чи покупець) торги бувають на підвищення або пониження ціни.

Під час аукціону ініціаторам дозволяється коригувати певні параметри своєї позиції, якщо вони не торгуються на момент коригування. Зокрема, вони можуть коригувати ціну, об'єднувати лоти[18] в пакети, регулювати кількість лотів в пакеті[19], і відкликати всі або частину лотів. Ініціатори також можуть виключити будь-якого контрагента з участі в торгах на свої позиції.[20] Це необхідно зробити до початку аукціону та повідомити про це адміністратора аукціону.

Протягом періоду торгів учасники аукціону можуть подавати пропозиції щодо запропонованого лоту (або пакету лотів). Якщо пропозиція не прийнята, може бути зроблена покращена ставка (мінімальне збільшення/зменшення 1 грн/МВт·год). Програмне забезпечення автоматично ранжує зустрічні пропозиції відповідно до їх ціни.[21] Ініціатор може прийняти або відхилити найкращу зустрічну пропозицію, вибрану програмним забезпеченням. Якщо зустрічну пропозицію прийнято, інші покупці мають вікно можливостей, протягом якого вони можуть підвищити свою цінову пропозицію.

Наприкінці аукціону УЕБ складає аукціонні сертифікати для кожної угоди, які містять узгоджені умови. Після цього етапу відбувається укладання двостороннього договору між продавцем і покупцем, що робить умови остаточними.

Існують певні правила та обмеження, спрямовані на забезпечення чесної конкуренції відповідно до Закону України «Про захист економічної конкуренції».[22] Зокрема, обмежено кількість лотів, які можна об'єднати в один пакет, а також кількість електроенергії для кожного з предметів аукціону.

У червні 2019 року Міненерго створило аукціонний комітет для контролю за дотриманням правил аукціону.[23] Комітет має право встановлювати вимоги до організації та проведення аукціонів, змінювати правила аукціону. Аукціонний комітет затверджує положення про аукціон та зміни до нього. Також він здійснює контроль за проведенням аукціонів щодо дотримання учасниками аукціону та організатором аукціону регламенту аукціону, розробляє та надає організаторам аукціону рекомендації щодо заходів, спрямованих на підтримку добросовісної конкуренції, встановлює процедурні вимоги до організації та проведення двостороннього безперервного аукціону та до порядку розрахунків (у разі потреби), затверджує примірну форму двосторонніх договорів купівлі-продажу електричної енергії, річний розклад аукціонів. До складу комітету в основному входять представники органів державної влади, включаючи представника від АМКУ, але лише з правом дорадчого голосу. Кожен продавець має одного представника з правом дорадчого голосу в комітеті.

3.1.2. Ринок на добу наперед та внутрішньодобовий ринок

Спотові ринки електроенергії використовуються для купівлі та продажу електроенергії за короткий проміжок часу перед поставкою. Спотовий ринок складається з ринку на добу наперед (РДН) і внутрішньодобового ринку (ВДР). Обидва є невід'ємними частинами оптового ринку електроенергії.

На РДН електроенергія торгується з поставкою на наступний день. Його організовують через «сліпий» онлайн-аукціон. Один раз на добу учасники ринку подають заявки, в яких вказують бажання купувати та/або продавати електроенергію на наступний день. Кожна заявка на купівлю/продаж визначає обсяг, ціну та години доставки.

На основі отриманих заявок оператор РДН визначає криву попиту та пропозиції на кожну годину наступного дня. Перетин двох кривих визначає ціну та обсяг. Ціна рівноваги називається кліринговою ціною. На Малюнок 3.3 нижче показано реальний приклад відповідності пропозиції та попиту протягом однієї години (6-7 вечора) на французькому ринку «на добу наперед».

Малюнок 3.3. Приклад попиту та пропозиції на ринку на добу наперед, 3 березня 2022 р.

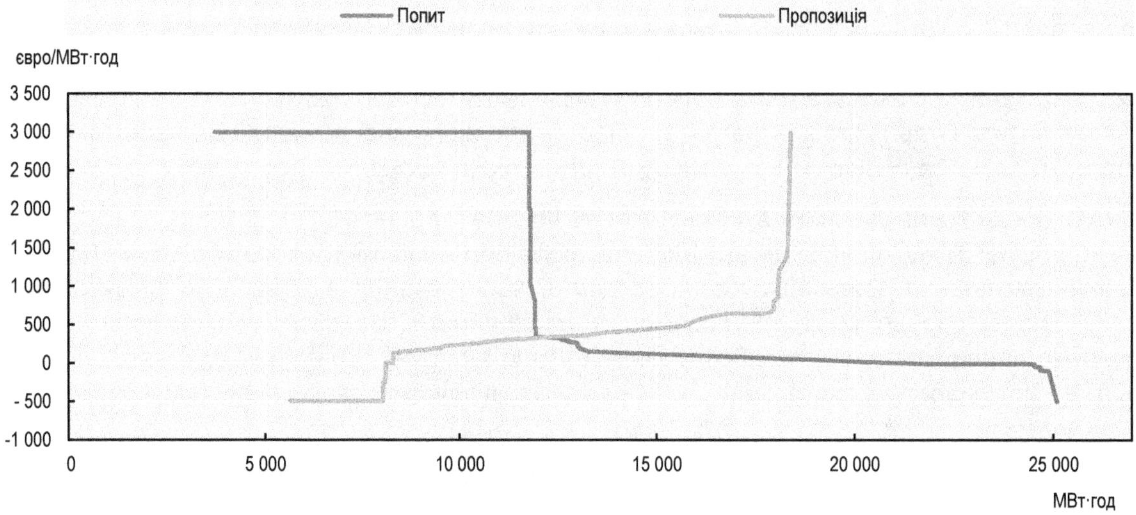

Джерело: OECP на основі даних, наданих EPEX.

Приймаються всі заявки на продаж, що дорівнюють кліринговій ціні або ціні, що є меньшою за клірінгову, а також усі заявки на купівлю, що дорівнюють або перевищують клірінгову ціну. Усі прийняті замовлення отримують/сплачують однакову клирингову ціну. Такий метод ціноутворення називається «граничною ціною», «єдиною ціною» або «оплатою за клірінговою ціною». Погодинні клирингові ціни є орієнтиром для двостороннього ринку, що робить РДН важливим сегментом для функціонування всього оптового ринку електроенергії.

РДН дозволяє торгувати електроенергією близько до часу поставки, водночас пропонуючи певний рівень захисту від волатильності цін у реальному часі. Ціни РДН можуть сигналізувати про необхідність забезпечення гнучкості системи протягом певних періодів часу, таким чином стимулюючи довгострокові інвестиції (Schittekatte, Reif and Meeus, 2019[5]).

ВДР дозволяє виробникам і споживачам коригувати свої позиції після закриття РДН. ВДР зазвичай організований як безперервний ринок, тобто торгівля електроенергією здійснюється цілодобово. У деяких країнах безперервна торгівля доповнюється або іноді замінюється окремими аукціонами.

Хоча структура РДН схожа у країнах OECP і значною мірою гармонізована в ЄС, цього не можна сказати про ВДР. У деяких країнах (наприклад, Бельгія, Франція та Нідерланди) незабаром після аукціону РДН можлива безперервна торгівля з погодинними продуктами. В інших країнах (наприклад, в Іспанії) проводяться багатоденні аукціони. У Німеччині діє поєднання безперервних торгів і аукціонів (Schittekatte, Reif and Meeus, 2019[5]).

У разі безперервних торгів учасники ринку можуть подавати заявки на покупку та продаж електроенергії з поставкою протягом доби. Торги завершуються, коли заявки на купівлю та продаж збігаються. Щоб полегшити торгівлю, період постачання, так званий розрахунковий період, стандартизований, як правило, одна година, півгодини або 15 хвилин. Ціни визначаються окремо для кожного розрахункового періоду та кожної угоди. Цей механізм встановлення ціни називається «оплата за заявкою».

ВДР пропонує учасникам ринку високий рівень гнучкості, оскільки вони можуть коригувати свої позиції в дуже короткий термін і близько до реального часу. Внутрішньодобовий ринок дозволяє оптимізувати виробництво та постачання електроенергії та зменшує витрати небалансу у системі.

РДН та ВДР в Україні були створені в рамках нової моделі оптового ринку в липні 2019 року після лібералізації сектору електроенергетики.

Основні правові положення щодо РДН та ВДР викладені в ст. 67 Закону про ринок.[24] У ньому зазначено, що ціни на РДН та ВДР формуються за ринковими принципами. Принципом ціноутворення для РДН є гранична ціна, заснована на балансі загального попиту та пропозиції. Для ВДР діє принцип ціноутворення «оплата за заявкою».

Закон про ринок призначив оператора ринку, що здійснює управління РДН та ВДР - державну компанію АТ «Оператор ринку» (Оператор ринку або МО).

Базуючись на Законі про ринок, НКРЕКП у 2018 році встановила детальні правила функціонування РДН та ВДР.[25] У 2020 році, в умовах пандемії Covid-19, НКРЕКП створила нові редакції деяких положень спеціальною постановою щодо Covid-19.[26] Через виняткові обставини це відбулося без консультацій з ринком або громадських слухань. Зміни були обмежені періодом карантину плюс один місяць після нього.

Як керівний принцип Закон про ринок встановлює, що правила, які стосуються РДН та ВДР «мають створити умови для забезпечення об'єктивних цінових сигналів для виробників та споживачів електроенергії» задля підтримання балансу між попитом та пропозицією на електроенергію.[27]

У разі значних коливань цін НКРЕКП має право встановлювати граничні ціни (тимчасові мінімальні та/або максимальні ліміти ціни) на РДН, ВДР, а також на балансуючому ринку.[28] Перед встановленням граничних цін НКРЕКП має проконсультуватися з Антимонопольним комітетом України. У разі встановлення граничних цін НКРЕКП має переконатися, що вони не впливають надмірно на формування ціни, і переглядати їх щонайменше протягом шести місяців.

Крім того, для забезпечення достатнього рівня ліквідності на РДН, Закон про ринок уповноважує НКРЕКП зобов'язати виробників (крім виробників ВДЕ із «зеленим» тарифом) та імпортерів продавати до 30% своїх місячних продажів на РДН. НКРЕКП також може вимагати від ОСП, ОСР та ГАЕС купувати електроенергію для покриття своїх технологічних втрат і потреб.[29]

Послідовність торгівлі

На РДН учасники можуть подати замовлення за 7 днів до дня доставки та змінити або скасувати їх до 12:00 дня, що передує дню доставки (час закриття воріт РДН). За півгодини до «закриття воріт» ОР перевіряє відповідність учасників торгів фінансовим вимогам (тобто достатній депозит на депозитному рахунку).

Опівдні відкривається основна сесія, під час якої алгоритм РДН визначає клірингову ціну за кожну годину (розрахунковий період), виходячи з балансу сукупного попиту та пропозиції. Якщо є хоча б один розрахунковий період, для якого неможливо визначити клірингову ціну, ОР негайно оголошує додаткову торгову сесію. В іншому випадку ОР повідомляє учасників про детальні результати до 13:00. Учасники можуть подати вмотивовані заперечення протягом 30 хвилин після отримання результатів. Повний звіт про торгівлю, включаючи ціни, обсяги та учасників, публікується протягом наступних трьох годин. Крім того, ОР повідомляє відповідну інформацію про результати РДН до ОСП та НКРЕКП.

ВДР відкривається для заявок о 15:00 за день до дня поставки та закривається в «час закриття воріт ВДР», тобто за 60 хвилин до початку розрахункового періоду.[30] Отримавши заявки на ВДР, ОР перевіряє їх і, якщо вони відповідають усім необхідним умовам, реєструє їх як дійсні пропозиції. Поки заявка не акцептована іншим учасником ринку, вона може бути змінена або скасована. У момент закриття воріт ВДР усі заявки, які були неприйняті автоматично скасовуються. Учасник ринку може не тільки приймати зареєстровані заявки, а й подавати зустрічні пропозиції (наприклад, пропонувати менший обсяг).

ОР повідомляє ОСП про обсяги та ціни угод ВДР за 30 хвилин до початку розрахункового періоду. Крім того, він надає повний торговий звіт учасникам ринку до 13:00 наступного дня після поставки. Як і на РДН, учасники можуть письмово заперечити протягом 30 хвилин. Нарешті, ОР повідомляє детальні дані про торгівлю ВДР до НКРЕКП до 15:00 наступного дня після поставки.

Обмеження ціни та обсягу

На момент відкриття ринку 1 липня 2019 року НКРЕКП встановила тимчасові цінові обмеження до березня 2020 року на РДН та ВДР.[31] Початкові цінові межі розраховувалися на основі середніх оптових цін до відкриття ринку (період березень-травень 2019 року). Заявки, що виходять за межі зазначеного діапазону, відхиляються ОР. Існують різні цінові обмеження для двох торгових зон і для періодів мінімального навантаження (непікові години) і максимального навантаження (пікові години). Мінімальне навантаження визначається як години з 00:00 до 07:00 та з 23:00 до 24:00. Інші години – це періоди максимального навантаження або пікового попиту.

У лютому 2020 року дію цінових обмежень продовжили на невизначений час.[32] Відтоді НКРЕКП кілька разів змінювала цінові обмеження, як показано в таблиці 3.3 нижче.

Таблиця 3.3. Цінові обмеження на РДН за торговими зонами (грн/МВт·год, без ПДВ), 2019-2022 рр.

Торгова зона	Вид навантаження	Тип ліміту	1 липня 2019	29 липня 2020 р.	16 червня 2021 р.	5 липня 2021 р.	13 липня 2021 р.	1 серпня 2021 р.	7 жовтня 2021 р.	2 січня 2022 р.
ОЕС	максимальне	максимальне	2 048,23	2 048,23	2 655,99	2 048,23	2 048,23	4 000,00	2 048,23	2 048,23
		мінімальне	10,00	10,00	10,00	734,85	10,00	10,00	10,00	10,00
	мінімальне	максимальне	959,12	1 228,94	1 243,70	1 243,70	1 243,70	2 000,00	1 243,70	1 243,70
		мінімальне	10,00	10,00	10,00	734,85	10,00	10,00	10,00	10,00
БуОС	максимальне	максимальне	2 048,23	2 048,23	2 048,23	2 048,23	2 048,23	2 048,23	2 500,00	3 000,00
		мінімальне	10,00	10,00	10,00	10,00	10,00	10,00	10,00	10,00
	мінімальне	максимальне	959,12	959,12	959,12	959,12	959,12	959,12	1 500,00	1 650,00
		мінімальне	10,00	10,00	10,00	10,00	10,00	10,00	10,00	10,00

Примітки: Для ВДР мінімальна межа встановлюється у відсотках від відображених значень.
Джерело: OECP на основі даних, наданих NEURC.

Після об'єднання двох торгових зон НКРЕКП встановила такі мінімальні граничні ціни на РДН з 28 лютого 2022 року:

- 2 646,25 грн/МВт·год у години максимального навантаження
- 1 378,97 грн/МВт·год у години мінімального навантаження.[33]

У 2022 році мінімальне цінове обмеження для ВДР було встановлено по-новому, а саме відносно ціни РДН. З 6 лютого 2022 року мінімальне цінове обмеження для ВДР було встановлено на рівні 105% від ціни РДН.[34] За короткий період цей показник збільшився до 115%, а потім до 150%[35]. Потім її було знижено до 110%, а з 1 червня 2022 року – до 102% від ціни РДН.[36]

На додаток до загальних цінових обмежень, НКРЕКП встановила спеціальне обмеження для продажу електроенергії з відновлюваних джерел Гарантованим покупцем (ГП). Зокрема, 4 квітня 2020 року Регулятор затвердив постанову №791, згідно з якою ГП зобов'язаний продавати електроенергію з ВДЕ на РДН за ціною не вищою за середньозважену ціну на атомну енергію протягом квітня-травня 2019 року.[37] Невдовзі, 30 квітня 2020 року, НКРЕКП змінила це обмеження та встановила його на рівні 75% від максимального обмеження ціни на РДН протягом годин максимального навантаження.[38] Це рішення було скасовано у квітні 2022 року, відповідно обмеження ціни для ГП було також скасовано.[39]

Зміни до Закону про ринок у липні 2020 року встановили мінімальний обов'язковий щомісячний продаж на РДН для виробників (крім виробників ВДЕ) та імпортерів у розмірі 10%.[40] На тимчасовій основі інші зміни до Закону про ринок встановили максимальне обмеження на продажі на РДН. З липня до листопада 2021 року місячні продажі постачальників і трейдерів були обмежені максимум 10% електроенергії, закупленої за двосторонніми договорами від виробників, Гарантованого покупця та/або імпортерів.[41]

Основні учасники ринку

За обсягом РДН є другим за величиною сегментом ринку в Україні. У 2021 році частка електроенергії, що торгується на РДН, становила 12% (35,8 ТВт-год) і 2% (5 ТВт-год) на ВДР (Market Operator, 2022[6]).

Таблиця 3.4. Середньомісячні продажі на РДН (торгова зона ОЕС), 2020-2022 рр.

Продавець	2020 рік		2021		2022	
	МВт·год	%	МВт·год	%	МВт·год	%
Виробники	2 007 762	72	1 819 057	70	1 196 282	84
Постачальники	743 189	27	658 976	25	206 863	14
Трейдери	37 191	1	133 093	5	22 753	2
Оператори мереж	0	0	2 352	0	2 641	0
Всього	**2 788 142**	**100**	**2 613 478**	**100**	**1 428 539**	**100**

Примітка: Продажі від ГП включені в продажі від виробників.
Джерело: Оператор ринку (2023[7]), Аналіз РДН/РДВ, https://www.oree.com.ua/index.php/web_monitoring_dtorg_year/index_year_dam.

Таблиця 3.5. Середньомісячні продажі на ВДР (торгова зона ОЕС), 2020-2022 рр.

Продавець	2020 рік		2021		2022	
	МВт·год	%	МВт·год	%	МВт·год	%
Виробники	416 772	85	360 274	86	204 002	91
Постачальники	62 794	13	42 541	10	17 655	8
Трейдери	10 933	2	14 927	4	1 651	1
Оператори мереж	24	0	117	0	742	0
Всього	**490 523**	**100**	**417 859**	**100**	**224 050**	**100**

Примітка: Продажі від ГП включені в продажі від виробників.
Джерело: Оператор ринку (2023[7]), Аналіз РДН/РДВ, https://www.oree.com.ua/index.php/web_monitoring_dtorg_year/index_year_dam.

Учасники РДН та ВДР повинні зареєструватися в ОР. У 2021 році зареєстрованими учасниками були 36 виробників, 455 постачальників, 27 трейдерів, 5 бізнес-клієнтів, ОСП, 32 ОСР та ГП (Market Operator, 2022[8]).

Як на РДН, так і на ВДР виробники є найбільшою групою продавців з великим відривом, за ними йдуть постачальники. Продажі трейдерами становили не більше 5% на РДН та 4% на ВДР у 2020-2022 роках.

В Таблиця 3.6 наведено основних учасників РДН та їхні відповідні частки продажів та закупівель.

Таблиця 3.6. Учасники ринку на РДН, 2020-2021 рр.

Торгова зона	Учасник ринку	Частка у 2020 р.	Учасник ринку	Частка у 2021 р.
Продавці				
ОЕС	Гарантований покупець	27%	Енергоатом	20,9%
	Енергоатом	22%	Гарантований покупець	18,3%
	Energyx	9%	Укргідроенерго	9,2%
	Центренерго	5%	Energyx	4%
	Укргідроенерго	4%	Центренерго	3,4%
	Інше	*33%*	*Інше*	*44,2%*
БуОС	ДТЕК Західенерго	32%	ДТЕК Західенерго	72,1%
	Гарантований покупець	12%	Гарантований покупець	12,1%
	Gen-I Київ	10%	Д.Трейдінг	5,9%
	Калуська ТЕЦ – Нова	9%	Калуська ТЕЦ – Нова	5,1%
	Д.Трейдінг	8%	*Інше*	*4,8%*
	ЕРУ Трендінг	8%		
	Інше	*21%*		
Покупці				
ОЕС	Д.Трейдінг	24%	Д.Трейдінг	36,5%
	United Energy	10%	United Energy	24,6%
	Укренерго	7%	Укренерго	5,1%
	Харківенергозбут	3%	*Інше*	*33,8%*
	Нова енергетична компанія	3%		
	Інше	*53%*		
БуОС	Гарантований покупець	36%	Гарантований покупець	28,5%
	Д.Трейдінг	16%	Закарпаттяенергозбут	11,5%
	Закарпаттяобленерго	9%	Львівенергозбут	9,4%
	Львівенергозбут	6%	Д.Трейдінг	9%
	Нова енергетична компанія	5%	*Інше*	*41,6%*
	Інше	*28%*		

Джерела: ОЕСР на основі даних, отриманих від АМКУ та НКРЕКП; НКРЕКП (2020[9]), Звіт про результати діяльності Національної комісії, що здійснює державне регулювання у сферах енергетики та комунальних послуг.

У торговій зоні ОЕС двома найбільшими продавцями на РДН є «Гарантований покупець» і «Енергоатом». Їхня сукупна частка становила 49% у 2020 році та 39,2% у 2021 році. Виробники «Укргідроенерго» та «Центренерго», а також трейдер Energyx разом склали 16,6% продажів у 2021 році та таку ж частку в попередньому році. Кумулятивна частка менших продавців (частка яких окремо була меншою за 3%) становила 33% у 2020 році та 44,2% у 2021 році.

У торговій зоні БуОС трьома основними продавцями на РДН у 2021 році були ДТЕК Західенерго, Гарантований покупець і Д.Трейдінг. Дві компанії, що входять до Групи ДТЕК (ДТЕК Західенерго та Д.Трейдінг), мали загальну частку 78%. Слід зазначити, що частки суттєво змінилися з 2020 та 2021 років. Частка двох компаній ДТЕК зросла майже вдвічі, тоді як частка ERU Trading і дрібніших продавців різко скоротилася.

У торговій зоні ОЕС двома основними покупцями є Д.Трейдінг і United Energy. Їхня сукупна частка становила 61,1% у 2021 році, що значно збільшилося порівняно з попереднім роком (34%). Третім за величиною покупцем в обидва роки було Укренерго, оператор ОСП. Значні зрушення відбулися і серед покупців торгової зони БуОС. Частка Гарантованого покупця зменшилася з 36% до 28,5%, а сукупна частка менших покупців зросла з 28% до майже 42%.

В Таблиця 3.7 наведено основних учасників ВДР та їхні відповідні частки продажів та закупівель.

Таблиця 3.7. Учасники ринку на ВДР, 2020-2021 рр.

Тип	Торгова зона	Учасник ринку	Частка у 2020 р.	Учасник ринку2	Частка у 2021 р.
Продавці	**ОЕС**	Укргідроенерго	25%	Укргідроенерго	43%
		Центренерго	25%	Енергоатом	21%
		Енергоатом	19%	Гарантований покупець	5%
		Гарантований покупець	5%	Харківська ТЕЦ-5	4%
		Харківська ТЕЦ-5	4%	ДТЕК Західенерго	4%
		Інше	22%	Інше	24%
	БуОС	ДТЕК Західенерго	50%	ДТЕК Західенерго	85%
		Д.Трейдінг	9%	Гарантований покупець	8%
		De Trading	8%	Д.Трейдінг	3%
		Нова енергетична компанія	5%	Закарпаттяенергозбут	2%
		Gen-I Київ	4%	Інше	3%
		Інше	24%		
Покупці	**ОЕС**	Нова енергетична компанія	16%	Д.Трейдінг	9%
		United Energy	9%	United Energy	8%
		Енергозахід	6%	Нова енергетична компанія	7%
		Енерго Збут Транс	4%	De Trading	6%
		ТЕС	4%	Південь Енерго Збут	5%
		Інше	61%	Інше	65%
	БуОС	Гарантований покупець	29%	Закарпаттяенергозбут	21%
		Д.Трейдінг	14%	Львівенергозбут	16%
		Закарпаттяобленерго	11%	Гарантований покупець	14%
		Нова енергетична компанія	10%	United Energy	8%
		Львівенергозбут	7%	Закарпаттяобленерго	8%
		Інше	29%	Інше	33%

Джерела: ОЕСР на основі даних, отриманих від АМКУ та НКРЕКП; НКРЕКП (2020[9]), Звіт про результати діяльності Національної комісії, що здійснює державне регулювання у сферах енергетики та комунальних послуг.

У зоні торгівлі ОЕС Енергоатом і Укргідроенерго разом відповідали за близько 63% усіх продажів на ВДР у 2021 році. Основна зміна порівняно з попереднім роком стосується Центренерго, частка якого впала з майже 25% до близько 2%. Зовсім інша ситуація в торговій зоні БуОС. Там найбільшим постачальником є ДТЕК Західенерго, частка ринку якого зросла з 50% до 84,5% протягом 2020-2021 років. Наступним найбільшим продавцем у 2021 році був ГП з 7,6%, за ним Д.Трейдінг з 2,7%.

Найбільшим покупцем у торговій зоні ОЕС була компанія «Нова Енергія» у 2020 році (16%). Її частка впала до 7% у 2021 році, оскільки її випередив Д.Трейдінг з часткою 8,9%. Менші покупці мали дуже значну сукупну частку понад 60% в обидва роки.

У торговій зоні БуОС найбільшим покупцем на ВДР у 2020 році був ГП з часткою 29%. Наступного року його частка зменшилася до 13,8%. У 2021 році найбільшими покупцями були два постачальники універсальних послуг «Закарпаттяенергозбут» (20,9%) та «Львівенергозбут» (16,3%).

3.1.3. Балансуючий ринок і допоміжні послуги

Балансуючий ринок (БР) є останнім етапом торгівлі електроенергією. Він дозволяє учасникам ринку коригувати різницю між прогнозованими та фактичними рівнями попиту та пропозиції ближче до моменту поставки.

БР управляється ОСП, відповідальним за балансування енергосистеми. ОСП діє як єдиний покупець БР. З боку постачання постачальники послуг балансування (ППБ) пропонують послуги балансування оператору ОСП. Сторони, відповідальні за баланс (СВБ) – це учасники ринку, які несуть фінансову відповідальність за свої індивідуальні небаланси. Таким чином, небаланси – це відхилення між виробництвом, споживанням і комерційними операціями СВБ протягом певного періоду розрахунку небалансу.

Виходячи з потреб у балансуванні, ОСП закуповує балансуючу потужність у ППБ. Залежно від напряму небалансу системи активує потужність і отримує балансуючу енергію (Schittekatte, Reif and Meeus, 2019[5]). У разі негативного небалансу (тобто дефіциту електроенергії) оператор ОСП ззвертається з вимогою до ППБ щодо збільшення обсягів виробництва. У разі позитивного дисбалансу (тобто надлишку потужності) оператор ОСП звертається з вимогою до ППБ щодо зменшення обсягів виробництва. Великі промислові споживачі та менші споживачі через агрегаторів можуть запропонувати еквівалентні послуги шляхом відповідного реагування на попит,скориговуючи самостійноспоживання.

Останнім етапом торгівлі на БР є етап врегулювання небалансу. ППБ отримують винагороду за надані послуги балансування, тоді як СВБ несуть витрати згідно із своїми небалансами (див. також (Veen and Hakvoort, 2016[10])). БР може мати єдину ціну або подвійну систему цін небалансу для розрахунків. В системі єдиної ціни відхилення врегульовуються за єдиною ціною, незалежно від характеру дисбалансів (тобто надлишкове чи недостатнє виробництво). Як правило, балансуюча ціна є вищою за ціну «на добу наперед», якщо в системі є дефіцит, і нижчою, якщо є надлишок. Таке цінове врегулювання відкриває арбітражні можливості для виробників, оскільки вони можуть бути винагороджені за відхилення (Mazzi and Pinson, 2017[11]). Таких арбітражних можливостей немає в системі подвійних цін, в якій позитивні та негативні відхилення передбачають різні ціни.

Балансуючий ринок

Український балансуючий ринок розпочав роботу 1 липня 2019 року одночасно з РДН та ВДР. Він організовується Укренерго і функціонує як щоденний аукціон, на якому учасники ринку пропонують ОСП балансуючу енергію на основі своїх граничних витрат.

В загальному випадку, фактичне виробництво та споживання електроенергії учасниками ринку має дорівнювати їх запланованому виробництву та споживанню (так званий графік). У разі виявлення відхилень учасники ринку несуть фінансову відповідальність за свої небаланси перед Укренерго. Для цього кожен учасник ринку повинен або стати стороною відповідальною за баланс (СВБ), або приєднатися до балансуючої групи. В останньому випадку фінансову відповідальність за сукупний небаланс групи несе СВБ групи.[42] Для виробників ВДЕ із «зеленим» тарифом Гарантований покупець (ГП) формує балансуючу групу та бере на себе відповідальність за балансування всього портфеля.

Для генерації обов'язковим є надання балансуючої енергії до рівня їхньої залишкової доступної потужності. Для споживачів участь є добровільною.[43]

ППБ зобов'язані пропонувати Укренерго позитивну та негативну енергію для кожного розрахункового періоду торгового дня (починаючи з 00:00 за Києвом). Розрахунковий період, основна одиниця часу балансуючого ринку, складається з блоку тривалістю 15 хвилин. Пропозиції на кожен розрахунковий період можна подати не пізніше ніж за 45 хвилин до його початку (закриття воріт БР).

Для кожного розрахункового періоду Укренерго визначає загальний (позитивний або негативний) баланс системи та встановлює ринкову ціну на основі пропозицій, отриманих від ППБ. У разі дефіциту в системі найвища прийнята пропозиція (для висхідної балансуючої енергії) визначає ринкову ціну. У разі надлишку ринкову ціну визначає найнижча прийнята пропозиція (для знижуючої балансуючої енергії). Ціни на балансуючу енергію встановлюються в гривнях/МВт·год і мають бути більше нуля.

Після визначення ціни на балансуючу енергію Укренерго розраховує плату, що належить кожному СВБ за їхні небаланси. Як ціна балансуючої енергії, так і ціна небалансу обмежені регулюванням.

Спочатку обмеження цін на балансуючу енергію були встановлені у вигляді діапазону, розрахованого від верхньої межі ціни РДН (мінімум 85% і максимум 115%). Через кілька місяців фіксований діапазон цін був замінений на динамічний. Обмеження як для балансуючої енергії, так і для цін на небаланси були пов'язані з ціною РДН замість обмежень РДН. 1 березня 2020 року максимальну ціну на балансуючу енергію знову прив'язали до граничних цінових обмежень на РДН, але мінімальна ціна залишилася прив'язаною до ціни РДН. Одночасно єдину ціну небалансу було замінено на ціну подвійного небалансу з максимальною ціною, встановленою на рівні 115% ціни РДН у разі позитивного небалансу та мінімальною ціною 70% ціни РДН у разі негативного небалансу.Таблиця 3.8 надає огляд змін граничних цін на балансуючу енергію.

Таблиця 3.8. Граничні ціни на балансуючу енергію, 2019-2021 рр.

Дата	Пік (макс. навантаження)		Непіковий (мін. навантаження)	
	Максимум	Мінімум	Максимум	Мінімум
1 липня 2019 р.	115% обмеження РДН (2355,47 грн/МВт·год)	85% обмеження РДН (1741 грн/МВт·год)	115% обмеження РДН (1102,99 грн/МВт·год)	85% обмеження РДН (815,25 МВт·год)
30 листопада 2019 р.	115% від ціни РДН	70% від ціни РДН	115% від ціни РДН	70% від ціни РДН
1 березня 2020 р.	115% обмеження РДН (2355,47 грн/МВт·год)	55% від ціни РДН	115% обмеження РДН (1102,99 грн/МВт·год)	55% від ціни РДН
8 квітня 2020 р.	105% обмеження РДН (2150,64 грн/МВт·год)	55% від ціни РДН	105% обмеження РДН (1007,08 грн/МВт·год)	55% від ціни РДН
27 травня 2020 р.	105% обмеження РДН (2150,64 грн/МВт·год)	65% від ціни РДН	105% обмеження РДН (1007,08 грн/МВт·год)	65% від ціни РДН
10 червня 2020 р.	105% обмеження РДН (2150,64 грн/МВт·год)	80% від ціни РДН	105% обмеження РДН (1007,08 грн/МВт·год)	80% від ціни РДН
29 липня 2020 р.	105% обмеження РДН (2150,64 грн/МВт·год)	80% від ціни РДН	105% обмеження РДН (1290,39 грн/МВт·год)	80% від ціни РДН
1 березня 2021 р.	115% обмеження РДН (2355,47 грн/МВт·год)		115% обмеження РДН (1413,3 грн/МВт·год)	
16 червня 2021 р.	115% обмеження РДН (3054,39 грн/МВт·год)		115% обмеження РДН (1430,26 грн/МВт·год)	
1 серпня 2021 р.	115% обмеження РДН (4600 грн/МВт·год)		115% обмеження РДН (2300 грн/МВт·год)	
10 серпня 2021 р.	100% обмеження РДН (4000 грн/МВт·год)		100% обмеження РДН (2000 грн/МВт·год)	

Джерело: OECP на основі даних, отриманих від НКРЕКП.

Кількість змін є симптомом проблем із функціонуванням БР. Також протягом певних періодів існували звинувачення в маніпулюванні ринком, пов'язаному із взаємодією РДН і балансуючого ринку (DTEK, 2020[12]).

Важливий постачальник балансуючої енергії також прокоментував ОЕСР, що прив'язка цін небалансу до ринкових цін РДН не заохочує учасників ринку зменшувати свій небаланс. Крім того, стверджувалося, що система дозволяє учасникам ринку маніпулювати різними сегментами ринку.

Допоміжні послуги

Окрім закупівлі балансуючої енергії, Укренерго також закуповує допоміжні послуги з регулювання системи. Це більш технічна частина роботи енергосистеми, яка гарантує, що частота залишається на рівні 50 Гц і систему можна перезапустити у разі часткового збою або повного відключення. Найважливішими допоміжними послугами є оперативні резерви. Укренерго закуповує такі види операційних резервів:

- Резерви регулювання частоти (FCR): використовуються з метою стабілізації частоти роботи системи.
- Резерви відновлення частоти (FRR): резерви активної потужності, що активовуються для відновлення частоти роботи системи до рівня номінальної частоти роботи.
- Резерви заміни (RR): використовуються для відновлення/підтримки необхідного рівня FRR та для підготовки до реагування на виникнення додаткових небалансів системи.

Кожен тип цих резервів повинен відповідати певним технічним вимогам. З цієї причини лише одиниці, сертифіковані ОСП, можуть надавати ці допоміжні послуги. Є лише кілька компаній, які відповідають технічним вимогам і мають сертифікати Укренерго. Як показано в Таблиця 3.9, в торговельній зоні ОЕС працює лише чотири постачальники допоміжних послуг.

Таблиця 3.9. Сертифіковані резерви (торгова зона ОЕС, МВт), 2021 р.

Назва	РПЧ	Автоматичний FRR	Ручний FRR	РЗ
Укргідроенерго		1 219	3 193	3 340
Група ДТЕК	± 224	465	868	420
Харківська ТЕЦ-5	± 27	90	90	180
Енергоатом	± 140			
Всього	**± 391**	**1 774**	**4 151**	**3 940**

Джерело: ОЕСР на основі даних, отриманих від Укренерго.

Для кожного типу резерву є лише три постачальники. Частка найбільшого постачальника за типом резерву коливається від 57% (FCR) до 85% (RR). Очевидно, що існує дуже висока концентрація в постачанні допоміжних послуг через особливі технічні характеристики послуг. Сторона попиту представлена однією компанією, а саме Укренерго.

3.2. Роздрібний ринок

Після продажу великих обсягів електроенергії на оптовому ринку електроенергія продається кінцевим споживачам на роздрібному ринку. Роздрібний ринок обслуговує домашні господарства, підприємства та державні установи (наприклад, лікарні, школи). На роздрібному ринку споживачі в основному приєднанні до розподільної мережі, і лише невелика кількість великих промислових споживачів безпосередньо приєднана до високовольтних мереж ОСП.

Для укладення договору про постачання електричної енергії клієнтам спочатку необхідно укласти договір з оператором системи розподілу (ОСР). Договір з ОСР визначає певні технічні умови доставки (розподілу) електроенергії, такі як процедури обліку та припинення розподілу, надійність та безперервність. У договорі постачання визначаються комерційні умови, зокрема ціна (або спосіб ціноутворення) та умови оплати. Станом на 31 грудня 2020 року з ОСР було укладено 17 602 832[44] договори про приєднання споживачів електроенергії, більшість з них укладено побутовими споживачами (97,1%) (NEURC, 2020[9]). За обсягом споживання електроенергії частка домогосподарств була значно меншою (31%).

Роздрібний ринок регулюється Законом про ринок, Правилами роздрібного ринку[45], Кодексом системи передачі, Кодексом системи розподілу, а також Кодексом комерційного обліку. Закон про ринок забезпечує загальну правову базу, тоді як Правила роздрібного ринку та кодекси містять детальні правила щодо прав учасників та їх взаємодії один з одним. Певні ринкові правила та кодекси розробляє та адмініструє ОСП, а затверджує НКРЕКП.

Закон про ринок передбачає, що з 1 січня 2019 року постачання електричної енергії споживачам здійснюється за вільними договірними цінами, крім випадків, встановлених законодавством. Таким чином, в принципі, ринок роздрібної торгівлі в Україні законодавчо повністю лібералізований і всі споживачі мають право вибору постачальника за нерегульованими цінами. На практиці роздрібний ринок розділений на різні сегменти. Хоча існують певні відмінності в пропозиції для різних типів споживачів з точки зору обсягу та гнучкості пропозиції, основною причиною сегментації в Україні є регулювання роздрібних цін. Цінове регулювання має два рівні: ціни на універсальні послуги та фіксовані, регульовані ціни в рамках ПСО.

3.2.1. Регульований ціновий сегмент

Відповідно до Закону про ринок побутові споживачі та малі непобутові споживачі (потужністю до 50 кВт) мають право на укладання договору постачання із постачальником універсальних послуг (ПУП) «за економічно обґрунтованими, прозорими та недискримінаційними цінами, розрахованими згідно із затвердженою Регулятором методикою». У перехідний період на 2019 та 2020 роки універсальні послуги також мали право отримувати бюджетні установи та непобутові споживачі з договірною потужністю до 150 кВт.

Закон про ринок дозволяє НКРЕКП встановлювати граничні ціни на універсальні послуги, але вони мають бути обґрунтованими і відображати витрати постачальників. Якщо НКРЕКП встановлює такі ціни, вона має щорічно переглядати їх і передбачати терміни їх поступового скасування.

У 2018 році НКРЕКП прийняла методологію ціноутворення для поставок у рамках зобов'язань щодо надання універсальних послуг, яка базується на ціні РДН (базового навантаження).

Для домогосподарств уряд запровадив додаткове регулювання цін у Положенні про ПСО. Таке регулювання передбачає, що домогосподарства (індивідуальні та колективні) повинні мати право на постачання за фіксованими цінами від ПУП. Фіксовані ціни, встановлені Положенням про ПСО (див. розділ 3.3.1), були значно нижчими, ніж ціни, визначені НКРЕКП на основі методології ПУП, та нижчими за ринкові ціни. Таким чином, домогосподарства не мають стимулів шукати постачання за цінами ПУП або за нерегульованими цінами. Насправді комерційні постачальники не пропонують договори постачання побутовим споживачам за вільним цінами, оскільки на них немає попиту. Побутові споживачі становлять близько 35-40% від загального обсягу пропозиції в Україні.[46]

Єдиним іншим постачальником, який працює в регульованому роздрібному сегменті, є постачальник останньої надії (ПОН), але він відіграє особливу та дуже обмежену роль.[47] Він надає електроенергією до 90 днів споживачам без постачальника (наприклад, якщо попередній постачальник припинив роботу).

Важливо зазначити, що статус ПУП або ПОН не виключає можливості постачати електроенергію за вільно обговореними цінами в нерегульованому сегменті. Обсяги постачання ПУП в основному залежать від кількості домогосподарств на закріпленій території їх ліцензійної діяльності. Оскільки населення зосереджено поблизу промислових споживачів у східних та центральних регіонах України, найбільшу частку мають ПУП, які працюють у цих регіонах.

Таблиця 3.10. Частки постачання електроенергії на регульованому сегменті (10 найбільших за обсягом ПУП), 2021 р.

Компанія	Поширення
Дніпровські енергетичні послуги (Група ДТЕК)	9,9%
Київські енергетичні послуги (Група ДТЕК)	9,5%
Київська обласна енергопостачальна компанія	8,5%
Одеська обласна енергопостачальна компанія	8,2%
Харківенергозбут	6,7%
Львівенергозбут	5,6%
Запоріжжяелектропостачання	4,6%
Донецькі енергетичні послуги (Група ДТЕК)	4,2%
Енера Вінниця	3,3%
Закарпаттяенергозбут	3,2%
Всього	**63,7%**

Джерело: OECP на основі даних, наданих NEURC.

Шість із 25 ПУП контролюються державою. Разом контрольовані державою ПУП постачають електроенергію 21% усіх домогосподарств (3,5 млн із 16,5 млн). (Vinnichuk, 2021[13]) Інші ПУП є приватними компаніями. Приватна енергетична група ДТЕК контролює три ПУП, які забезпечують електроенергією 24% усіх побутових споживачів. Група Енера (компанія із закордонним інвестиціями) контролює чотири ПУП, які забезпечують електроенергією 13% усіх побутових споживачів в Україні (Vinnichuk, 2021[13]).

3.2.2. Нерегульований ціновий сегмент

На роздрібному ринку непобутові споживачі потужністю понад 50 кВт повинні купувати електроенергію за вільними цінами на конкурентному сегменті, оскільки не мають права на постачання універсальної послуги. Згідно з останніми доступними даними НКРЕКП, поставки в цьому сегменті склали 69% від загального обсягу пропозиції у 2021 році (NEURC, 2022[14]).

Постачання електричної енергії за вільнимии цінами здійснюється на підставі договору, який укладається постачальником на основі примірного договору, визначеного Правилами роздрібного ринку. Кілька аспектів договору можуть вільно узгоджуватися між постачальником і замовником, зокрема ціни, способи оплати та процедури розірвання/припинення договору.

Для постачання електроенергії потрібна ліцензія. Така ліцензія дозволяє здійснювати торговельну діяльність та постачання електроенергії споживачам. На думку учасників ринку, отримання ліцензії не є значним тягарем. Велика кількість постачальників і постійне зростання їх кількості також свідчать, що ліцензування не є перешкодою для входу.

Малюнок 3.4. Кількість ліцензованих постачальників електроенергії, грудень 2019 р. – грудень 2021 р.

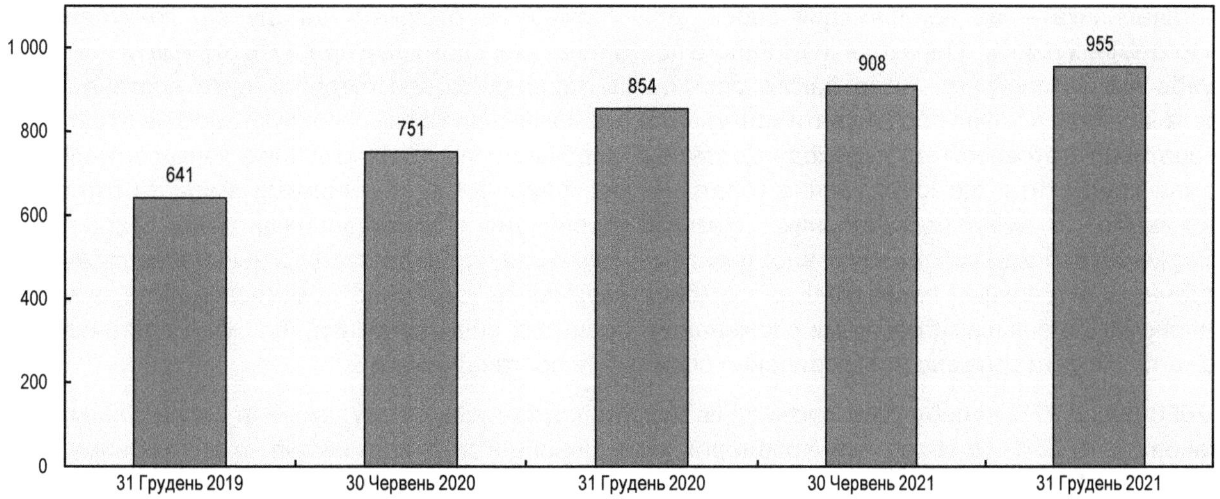

Джерело: НКРЕКП (2021[15]), Моніторинг функціонування роздрібного ринку електричної енергії у 3 кварталі 2021 р., https://gas.ua/Content/Entities/LegalBasis/239/document.

Більшість компаній, які мають ліцензію на постачання, не працюють на роздрібному ринку, а багато активних компаній мають мало клієнтів. У 2020 році 81,2% з 38 291 договору на постачання електроенергії за нерегульованими цінами було укладено з одним із ПУП, а 10 найбільших постачальників поставили майже 60% всієї електроенергії в цьому сегменті (NEURC, 2020[16]).

Таблиця 3.11. Частки постачання у конкурентному сегменті (10 найбільших постачальників за обсягом), 2020 р.

Компанія	Поширення
Д.Трендінг (Група ДТЕК)	26,7%
Енерго Збут Транс	6,4%
Київські енергетичні послуги (Група ДТЕК)	5,2%
Дніпровські енергетичні послуги (Група ДТЕК)	4,0%
Київська обласна енергопостачальна компанія	3,1%
Одеська обласна енергопостачальна компанія	3,0%
Торгова електрична компанія	2,8%
Львівенергозбут	2,6%
Харківенергозбут	2,5%
Полтаваенергозбут	2,1%
Всього	**58,4%**

Джерело: OECP на основі даних, наданих NEURC.

Відповідно до Таблиця 3.11 Група ДТЕК у 2020 році мала частку конкурентного сегмента 36%. П'ятірка провідних постачальників у цьому сегменті практично залишилася незмінною після лібералізації роздрібного ринку в 2019 році.

Одним із показників інтенсивності конкуренції на ринку роздрібної торгівлі є швидкість зміни постачальника клієнтами. Це зазвичай розрахунковий показник відсотку споживачів, які змінили постачальника електроенергії протягом певного періоду (як правило, протягом року). Зміна постачальника – це найпряміший спосіб для споживачів отримати вигоду від конкуренції на енергетичних ринках. Переходячи до іншого постачальника, споживачі прагнуть отримати нижчі ціни та/або якісніші послуги. Якщо багато споживачів переходять або готові змінити постачальника, постачальники повинні пропонувати конкурентоспроможні ціни та якісні послуги, щоб не втратити їх. Теоретично, готовності до переходу достатньо, щоб мати на постачальників конкурентний тиск, можна припустити, що існує значна кореляція між фактичними показниками зміни та готовністю споживачів до зміни постачальника. Низький рівень зміни постачальника може свідчити про обмежений вибір для споживачів, високу вартість переходу або недостатню залученість споживачів. Останнє є актуальним переважно для дрібних споживачів, особливо домогосподарств, а не для підприємств з більшими обсягами споживання. Зрештою, слід зазначити, що зміна постачальника може також бути ознакою незадоволення споживачів постачальниками.

У 2020 році 9,27% непобутових споживачів України (за точками обліку) змінили постачальника, що становить 16,05% від обсягу електроенергії, відпущеної цій групі споживачів на роздрібному ринку (ECRB, 2021[17]). Різниця між цими двома значеннями показує, що споживачі з рівнем споживання вище середнього змінюють постачальників частіше, ніж споживачі з рівнем споживання нижче середнього. Це свідчить про те, що основним стимулом для переходу є, ймовірно, нижча ціна, а не краща якість обслуговування; потенційна економія зростає зі збільшенням обсягів споживання, тоді як покращення якості обслуговування не залежить від рівня споживання.

Порівняно з іншими європейськими країнами, Україна знаходиться в середньому діапазоні.

Малюнок 3.5. Коефіцієнт переходу непобутових споживачів (за обсягом), 2021 р.

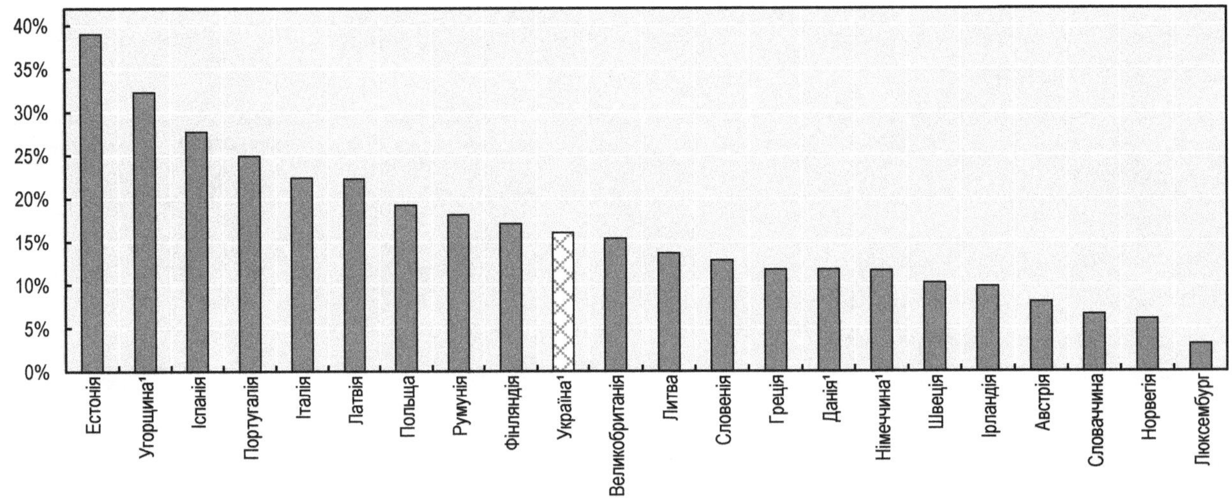

Примітка: Останні доступні дані – за 2020 рік.
Джерела: ACER/CEER (2021[18]), Щорічний звіт за результатами моніторингу внутрішніх ринків електроенергії та природного газу у 2020 році – Роздрібні ринки енергії та захист прав споживачів, https://documents.acer.europa.eu/en/Electricity/Market%20monitoring/Documents/MMR%202020%20Summary%20-%20Final.pdf ; ECRB (2021[17]), Звіт Ради органів регулювання Енергетичного Співтовариства про моніторинг ринку: Роздрібні ринки газу та електроенергії в Енергетичному Співтоваристві, https://www.energy-community.org/dam/jcr:5bd1fa33-679b-4bfa-8cfe-566d22413cf8/ECRB_MM_retail_2020.pdf.

3.3. ПСО

ПСО – це регулятивні заходи/вимоги щодо гарантування мінімальних рівнів якості, стандартів обслуговування та прав споживачів для досягнення конкретних галузевих цілей в ім'я загальних економічних інтересів. Для енергетичного сектору ПСО обгрунтовується тим фактом, що електроенергія та газ є товарами першої необхідності, постачання яких має бути безперервним і недискримінаційним.

В Україні Закон про ринок електроенергії перераховує такі загальні суспільні інтереси, на які можна посилатися для прийняття ПСО для ринку електроенергії:

- національна безпека та надійність постачання;
- стабільність, якість та доступність енергії, в тому числі для незахищених споживачів;
- захист навколишнього середовища, включаючи енергоефективність, збільшення частки енергії з альтернативних джерел та зменшення викидів парникових газів;
- захист життя, здоров'я та майна громадян.

Відповідно до статті 62 Закону про ринок, для забезпечення цих широких суспільних інтересів регулятор повинен створити механізми реалізації таких спеціальних зобов'язань для учасників ринку, що здійснюють:

- купівлю електроенергії за «зеленим» тарифом;
- надання універсальних послуг;
- виконання функцій постачальника «останньої надії»;
- надання послуг із забезпечення розвитку генеруючих потужностей;
- підвищення ефективності комбінованого виробництва електричної та теплової енергії.

Крім того, Закон про ринок уповноважує Кабінет Міністрів України (КМУ) покладати й інші додаткові спеціальні зобов'язання на учасників ринку (крім споживачів) для досягнення цілей суспільного інтересу. Пропозиції щодо додаткових спеціальних зобов'язань готуються НКРЕКП та підлягають консультаціям із Секретаріатом Енергетичного Співтовариства перед їх поданням до КМУ.

5 червня 2019 року постанова КМУ № 483 (Постанова про ПСО) встановила детальні правила виконання ПСО із забезпечення постачання електроенергії за доступною ціною побутовим споживачам.[48] Спочатку ПСО була задумана як тимчасовий захід, дійсний до 31 грудня 2020 року. З того часу до Постанови про ПСО вносилися зміни 16 разів, і його чинність подовжувалась. Остання редакція Постанови про ПСО була прийнята 25 квітня 2023 року і діє наразі до 31 травня 2023 року.[49]

Варто зазначити, що механізми ПСО не виключно характерні для України, а є широко використовуваною практикою для забезпечення суспільних економічних інтересів. В ЄС Директива 2019/944[50] визнає можливість для держав-членів накладати ПСО на підприємства, що працюють в секторі електроенергії в загальних економічних інтересах, але вимагає, щоб «такі зобов'язання були чітко визначеними, прозорими, недискримінаційними та такими, що підлягають перевірці».[51] Подібним чином Закон про ринок вимагає, щоб ПСО, які вводить КМУ, були прозорими, тимчасовими та недискримінаційними. Однак, як буде зазначено далі, в українській практиці ці вимоги не дотримані.

У цьому розділі розглядаються два ПСО, які мали значний вплив на функціонування ринку електроенергії в Україні. Перший – ПСО, призначений для забезпечення постачання електроенергії за доступною ціною побутовим споживачам.[52] Другий спрямований на підтримку виробництва з відновлюваних джерел енергії.

3.3.1. ПСО для домогосподарств

Щоб захистити побутових споживачів від високих цін на електроенергію на нещодавно лібералізованому ринку, Уряд поклав зобов'язання на постачальників універсальних послуг (ПУП) постачати електроенергію побутовим споживачам за регульованою ціною. Важливо зазначити, що всі домогосподарства мають право на електроенергію за регульованою ціною, а не лише вразливі споживачі, як це часто буває в інших юрисдикціях.

Регульована ціна змінювалася залежно від споживання домогосподарства, причому початкова сума встановлювалася за низькою ціною, а додаткові обсяги – за вищою.

Таблиця 3.12. Регульовані ціни на електроенергію для населення з 1 липня 2019 року

Планка споживання	Ціна Ціна в грн за кВт/год (з ПДВ)
До 100 кВт/год на місяць	0,366
Від 100 кВт/год до 600 кВт/год на місяць	0,63
Понад 600 кВт/год на місяць	1,407

Джерело: OECP на основі даних, наданих NEURC.

При запровадженні нової моделі ринку у 2019 році регульована ціна поширювалася лише на споживання електроенергії домогосподарствами. У 2021 році додаткова категорія споживачів, а саме колективні домогосподарства, отримали право на отримання електроенергії за регульованою ціною. До складу колективних домогосподарств входять такі категорії споживачів:

- багатоквартирні будинки (наприклад, електрика для ліфтів, освітлення місць загального користування);
- гуртожитки;
- релігійні організації;
- об'днання співвласників, такі як дачно-будівельні кооперативи, садові товариства.

Оскільки регульована ціна для домогосподарств була значно нижчою за оптову ринкову ціну, ПСО для домогосподарств встановило механізм надання дешевшої електроенергії ПУП для постачання домогосподарствам за регульованими цінами. З цією метою Положення про ПСО зобов'язало Енергоатом та Укргідроенерго продавати відповідно до 60% та 20% виробленої продукції Гарантованому покупцю.[53] ГП перепродавав цю електроенергію ПУП через електронні двосторонні аукціони за середньозваженою ціною електроенергії, проданої обома генеруючими компаніями протягом останніх трьох календарних місяців до дати роботи нового ринку електроенергії (квітень-травень 2019 року).[54] 20 серпня 2020 року метод середньозваженої ціни було замінено на фіксовану ціну 10 грн/МВт-год.[55] У грудні 2020 року, ціна для Енергоатому була підвищена до 150 грн/МВт-год, але ціна для Укргідроенерго залишилася без змін.

Ціни, встановлені Законом про ПСО для НАЕК «Енергоатом» і «Укргідроенерго», ймовірно, не повністю покривали їхні витрати, що призвело до значних фінансових проблем.[56] Станом на вересень 2021 року накопичений борг за ПСО для домогосподарств становив 153 млн євро (NEURC, 2021[19]). У відповідь на це 1 жовтня 2021 року запрацювала нова модель ПСО для домогосподарств, яка мала на меті замінити фізичний механізм продажу певних обсягів електроенергії механізмом фінансової компенсації.[57] В принципі, фінансова модель ПСО є більш сприятливим для ринку підходом, ніж фізична ПСО, оскільки вона дозволяє виробникам продавати, а ПУП купувати електроенергію на вільному ринку, а не за спеціальних регульованих умов. Така модель зміщує попит і пропозицію на вільний ринок, що, у свою чергу, робить ринки більш ліквідними, а ціни більш обґрунтованими.

Нова модель ПСО не була повністю фінансовим ПСО, а радше гібридною моделлю з фізичними та фінансовими елементами. За новою моделлю Енергоатом зобов'язаний продавати електроенергію на електронних аукціонах ПУП в спеціальній секції УЕБ. Обсяг відповідає мінімальному погодинному споживанню електроенергії домогосподарствами в тому ж місяці попереднього року. Крім того, НАЕК «Енергоатом» і «Укргідроенерго» повинні сплатити фінансовий внесок Гарантованому покупцю, який, у свою чергу, компенсує ПУП різницю між ціною базового навантаження на РДН та регульованою ціною для домогосподарств. Платежі НАЕК «Енергоатом» і «Укргідроенерго» до ГП визначаються за спеціальною формулою. Дещо спрощено, Енергоатом сплачує 95% своїх доходів, що перевищують певний поріг, визначений на основі середньої ціни на електроенергію в першому півріччі 2019 року, а Укргідроенерго – 60%.

Малюнок 3.6. Фінансові ПСО станом на 1 жовтня 2021 року

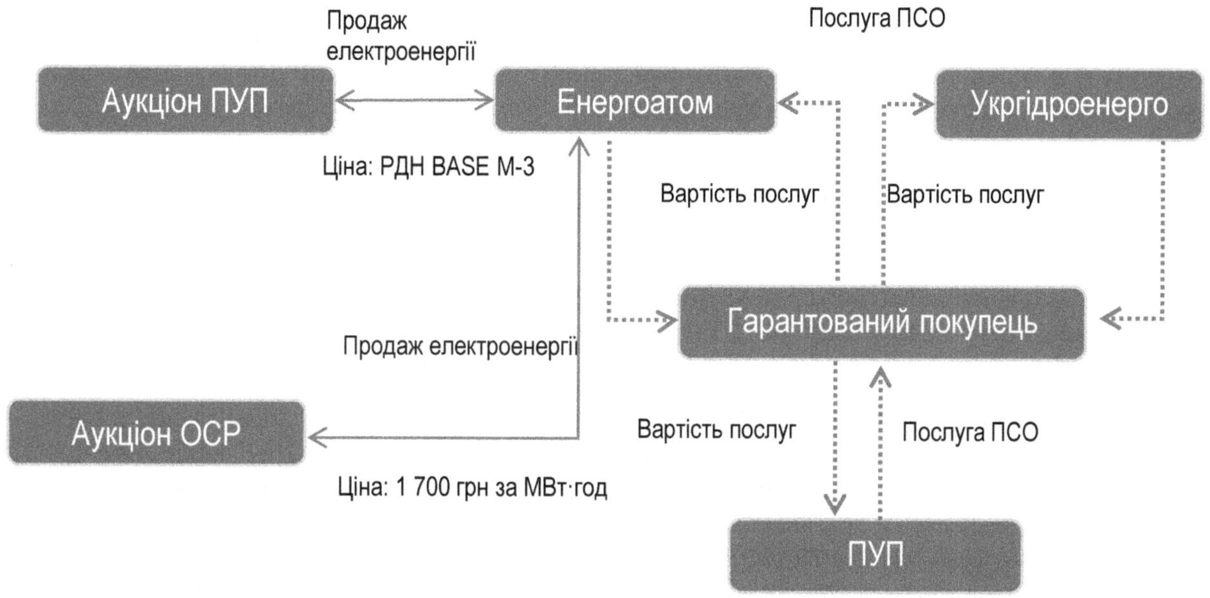

Із запровадженням нової моделі ПСО було змінено регульовані ціни для домогосподарств. Нові ціни, наведені в Таблиця 3.13, були встановлені на період з 1 жовтня 2021 року до 31 жовтня 2022 року, а згодом продовжені до 31 березня 2023 року. [58]

Таблиця 3.13. Регульовані ціни на електроенергію для населення з 1 жовтня 2021 року

Тип споживача	Ціна Ціна в грн за кВт/год (з ПДВ)
Індивідуальні домогосподарства	
До 250 кВт/год на місяць	1,44
Понад 250 кВт/год на місяць (усе споживання)	1,68
Колективні домогосподарства	1,68

Джерело: OECP на основі даних, наданих NEURC.

Для порівняння, вища ціна в 1,68 грн/кВт-год (приблизно 5,4 євроцента[59]) становить менше чверті середньої ціни електроенергії для домогосподарств в ЄС у другій половині 2021 року (23,7 євроцента) і приблизно половину найнижчої ціни в ЄС, а саме в Угорщині. (Eurostat, 2022[20])

Запровадження нової моделі ПСО не вирішило фінансових проблем, які виникли під час попередньої фізичної моделі ПСО. Насправді вартість нової моделі виявилася значно вищою за оціночну. Початковий прогноз на 4 квартал 2021 року становив 621 млн грн (без ПДВ), але фактична вартість склала 3,04 млн грн (без ПДВ). За оцінками Укргідроенерго, його частка в механізмі фінансової компенсації становить 30% доходів.[60]

3.3.2. ПСО для відновлюваних джерел енергії

ПСО для відновлюваних джерел енергії було розроблено для стимулювання збільшення виробництва з відновлюваних джерел енергії (ВДЕ) і, таким чином, скорочення викидів парникових газів. Відповідно до ПСО для відновлюваних джерел енергії, більшість виробників ВДЕ – за винятком великих гідроелектростанцій – отримують доходи від «зелених» тарифів. Вони продають свою продукцію Гарантованому покупцю (ГП) за застосовним «зеленим» тарифом. ГП перепродає електроенергію на оптовому ринку (через електронний аукціон на РДН або ВДР). Оскільки оптова ринкова ціна в середньому нижча за «зелений» тариф, це створює втрати для ГП. Щоб покрити ці втрати, Укренерго зобов'язане компенсувати різницю ГП за рахунок тарифу на передачу.

На початку відкриття ринку НКРЕКП значно підвищила тариф на передачу – з 42,24 до 347,43 грн/МВт-год.[61] Після кількох скарг і серії судових позовів НКРЕКП була змушена різко знизити тариф на передачу. Це призвело до нестачі доходів Укренерго для повної компенсації ГП збитків. Щоб вирішити цю проблему, НКРЕКП дещо підвищила тариф на передачу на 2020 рік (до 155,40 грн/МВт-год),[62] але цього виявилося також недостатньо. З 1 серпня 2020 року НКРЕКП запровадила значно більше підвищення тарифу (до 240,23 грн/МВт-год)[63] та з 1 грудня 2020 року (до 312,76 грн/МВт·год)[64].

Як реакція на проблему фінансування ВДЕ, зміни до закону «Про альтернативні джерела енергії»[65] від 21 червня 2020 року передбачили, що держбюджет повинен компенсувати ГП щонайменше 20% від прогнозованого обсягу виробництва електроенергії з ВДЕ.[66] Очікуючи на таку пряму державну підтримку та на відповідне пом'якшення для фінансового внеску «Укренерго» до ГП, НКРЕКП знизила тариф на передачу (до 293,93 грн/МВт-год) з початку 2021 року. Однак у держбюджеті на 2021 рік не було передбачено жодних коштів на підтримку ГП. Таким чином, Укренерго залишилося з повними фінансовими витратами на ПСО на ВДЕ, не маючи адекватних тарифних надходжень.

Загалом, проєкт ПСО для ВДЕ спричинив значні коливання тарифу на транспортування та підривав фінансову стабільність «Укренерго». Протягом 2020 року «Укренерго» накопичило борг перед ГП у розмірі близько 12 млрд грн. До жовтня 2021 року борг зріс приблизно до 21 млрд грн (Litvinchuk, 2022[21]). Для погашення боргу «Укренерго» в листопаді 2021 року випустило п'ятирічні корпоративні облігації на суму 825 млн доларів США під гарантії держави. Це дозволило «Укренерго» сплатити більшу частину боргу перед ГП. Станом на лютий 2022 року непогашена заборгованість становила 8 млрд грн. На 16 травня 2022 року заборгованість «Укренерго» перед ГП зросла до близько 10 млрд грн. (Guaranteed Buyer, 2022[22]) Ця висхідна тенденція свідчить про те, що фінансування ПСО для відновлюваних джерел енергії залишається нестабільним.

Посилання

ACER/CEER (2021), *Annual Report on the Results of Monitoring the Internal Electricity and Natural Gas Markets in 2020 - Energy Retail Markets and Consumer Protection Volume*, https://documents.acer.europa.eu/en/Electricity/Market%20monitoring/Documents/MMR%202020%20Summary%20-%20Final.pdf. [18]

CRE (2021), *The functioning of the wholesale electricity and natural gas markets*, https://www.cre.fr/en/Documents/Publications/Thematic-reports/the-functioning-of-the-wholesale-electricity-and-natural-gas-markets (accessed on 21 February 2023). [1]

DTEK (2020), *DTEK Energy calls on the responsible government authorities and market participants to take prompt measures to prevent further manipulations on the Ukrainian electricity market — DTEK*, https://energo.dtek.com/en/media-center/press/dtek-energo-prizyvaet-otvetstvennye-gosudarstvennye-organy-i-uchastnikov-rynka-prinyat-operativnye-mery-po-nedopuscheniyu-dalneyshikh-manipulyatsiy-na-rynke-elektricheskoy-energii-ukrainy/ (accessed on 21 March 2023). [12]

Economic Truth (2020), *At Energoatom, protests are possible due to financial problems*, https://www.epravda.com.ua/news/2020/11/6/667009/ (accessed on 21 March 2023). [23]

ECRB (2021), *ECRB Market Monitoring Report Gas and Electricity Retail Markets in the Energy Community*, https://www.energy-community.org/dam/jcr:5bd1fa33-679b-4bfa-8cfe-566d22413cf8/ECRB_MM_retail_2020.pdf (accessed on 14 March 2023). [17]

Eurostat (2022), *Electricity prices for household consumers - bi-annual data*, NRG_PC_204, https://ec.europa.eu/eurostat/databrowser/view/NRG_PC_204/default/table?lang=en (accessed on 21 March 2023). [20]

Guaranteed Buyer (2022), *Guaranteed Buyer paid deficit within 10 days*, News, https://www.gpee.com.ua/news_item/991 (accessed on 21 March 2023). [22]

Litvinchuk, T. (2022), *At the end of the year, the debt to the "green" amounted to UAH 11.3 billion*, BizNV, https://biz.nv.ua/ukr/markets/general-motors-vpershe-za-90-rokiv-vtrativ-liderstvo-na-amerikanskomu-avtorinku-ostanni-novini-50206576.html (accessed on 22 March 2023). [21]

Market Operator (2023), *DAM/IDM Analysis*, https://www.oree.com.ua/index.php/web_monitoring_dtorg_year/index_year_dam (accessed on 2 March 2023). [7]

Market Operator (2022), *Analysis of the operation of the day-ahead and intraday market for 2021*, https://www.oree.com.ua/index.php/web/10362 (accessed on 2 March 2023). [8]

Market Operator (2022), *DAM and IDM: Market results in 2021*, MO News, https://www.oree.com.ua/index.php/newsctr/n/13286 (accessed on 23 February 2023). [6]

Mazzi, N. and P. Pinson (2017), "Wind power in electricity markets and the value of forecasting", *Renewable Energy Forecasting*, pp. 259-278, https://doi.org/10.1016/B978-0-08-100504-0.00010-X. [11]

NEURC (2022), *Bulletin to the Annual Report of NEURC*, NEURC, https://www.nerc.gov.ua/storage/app/sites/1/Docs/Byuleten_do_richnogo_zvitu/byuleten_do_richnogo_zvitu_nkrekp-2021.pdf (accessed on 23 February 2023). [14]

NEURC (2021), *Monitoring the functioning of the retail electricity market in the 3rd quarter of 2021*, https://gas.ua/Content/Entities/LegalBasis/239/document (accessed on 3 April 2023). [15]

NEURC (2021), *NEURC's Retail Monitoring Reports 2021*, https://www.nerc.gov.ua/monitoring-rinku-elektrichnoyi-energiyi (accessed on 1 January 2022). [24]

NEURC (2021), *Reforming the Ukrainian energy sector*. [19]

NEURC (2020), *Annual Report*, https://www.nerc.gov.ua/pro-nkrekp/richni-zviti (accessed on 1 January 2022). [16]

NEURC (2020), *Report on the results of the National Commission, which carries out state regulation in the spheres of energy and public services*. [9]

Schittekatte, Reif and Meeus (2019), *The EU Electricity Network Codes*, European University Institute. [5]

UEEX (2023), *Methodology for calculating prices and other indicators on the UEEX*, https://www.ueex.com.ua/files/methodology-for-quotation-prices-calculation-new.pdf?1674579659#page=5 (accessed on 15 March 2023). [4]

UEEX (2022), *Quarterly BCM Indices*, https://www.ueex.com.ua/eng/exchange-quotations/electric-power/indexes/ (accessed on 1 March 2023). [3]

UEEX (2022), *UEEX report of the 4th quarter 2021*, http://UEEX report of the 4th quarter 2021, https://www.ueex.com.ua/files/ueex_electricity_q4_2021.pdf (accessed on 20 March 2023). [2]

Veen, V. and Hakvoort (2016), "The electricity balancing market: Exploring the design challenge", *Utilities Policy*, Vol. 46, https://doi.org/10.1016/j.jup.2016.10.008. [10]

Vinnichuk, Y. (2021), *How oligarchs divided household consumers of electricity*, Business Censor, https://biz.censor.net/resonance/3299852/yak_oligarhy_podilyly_pobutovyh_spojyvachiv_elektroenergiyi (accessed on 21 March 2023). [13]

Примітки

[1] Україна подала заявку на членство в ЄС 28 лютого 2022 року, а 23 червня 2022 року отримала статус кандидата.

[2] Стаття 67 Закону «Про ринок електричної енергії».

[3] Стаття 66 Закону «Про ринок електричної енергії».

[4] На основі відповідей, наданих УЕБ на анкету ОЕСР у 2022 році.

[5] Постанова КМУ № 983 «Про внесення змін до Порядку проведення електронних аукціонів з продажу електричної енергії за двосторонніми договорами», 22 вересня 2021 р. https://zakon.rada.gov.ua/laws/show/983-2021-%D0%BF#n2.

[6] Постанова КМУ № 499 «Про затвердження Порядку проведення електронних аукціонів з продажу електричної енергії за двосторонніми договорами та Порядку відбору організаторів аукціонів з продажу електричної енергії за двосторонніми договорами», 5 червня 2019 р., https://zakon.rada.gov.ua/laws/show/499-2019-п#Text.

[7] Постанова КМУ № 791 «Про внесення змін до Порядку проведення електронних аукціонів з продажу електричної енергії за двосторонніми договорами», 28 липня 2021 р. https://zakon.rada.gov.ua/laws/show/791-2021-%D0%BF#n10.

[8] Стаття 66 Закону про ринок

[9] УЕБ, Положення про організацію та проведення електронного аукціону з продажу електричної енергії на товарній біржі, червень 2019 року, https://www.ueex.com.ua/files/ueex_regulations_of_electronic_specialized_auctions_electricity-eng.pdf?1674329696.

[10] Зокрема, ГП має продавати електроенергію на короткострокових ринках та/або на РДД. Частину електроенергії, яку він не продає на короткострокових ринках, він повинен виставляти на аукціони в спеціальній секції УЕБ.

[11] Див. п. 42 Постанови КМУ № 887 ЦПро внесення змін до Порядку проведення електронних аукціонів з продажу електричної енергії за двосторонніми договорами», 28 вересня 2020 р., https://zakon.rada.gov.ua/laws/show/887-2020-%D0%BF#n8.

[12] Постанова КМУ №1002 «Про внесення змін до Порядку проведення електронних аукціонів з продажу електричної енергії за двосторонніми договорами», 28 жовтня 2020 р., https://zakon.rada.gov.ua/laws/show/1002-2020-%D0%BF#n8.

[13] Цей ліміт встановлений у «Порядку проведення спеціальної сесії з продажу електричної енергії, виробленої з альтернативних джерел».

[14] Закон України № 1639-IX «Про заходи, спрямовані на подолання кризи і забезпечення фінансової стабільності на ринку природного газу», 14 липня 2021 р., https://zakon.rada.gov.ua/laws/show/1639-20#n267.

[15] Закон України № 2371-IX «Про внесення змін до Закону України «Про ринок електричної енергії» щодо врегулювання відносин з продажу електричної енергії виробниками електричної енергії за двосторонніми договорами», 8 липня 2022 р., https://zakon.rada.gov.ua/laws/show/2371-20#n5

[16] УЕБ, Положення про організацію та проведення електронних аукціонів з купівлі-продажу електричної енергії за двосторонніми договорами в комерційних секціях на товарній біржі – ТОВ «Українська енергетична біржа», 20 листопада 2019 р.,

https://www.ueex.com.ua/files/regulations_electronic_commercial_auctions-140622-eng.pdf?1674340874.

[17] На основі відповідей, наданих УЕБ на анкету ОЕСР у 2022 році.

[18]Лот – це неподільний обсяг електроенергії, що дорівнює потужності 1 МВт протягом визначеного періоду продажу. Якщо період становить п'ять годин протягом 10 днів, то лот дорівнює 50 МВт-год.

[19]Згідно з правилами, кількість лотів, що продаються пакетом, не може перевищувати 20% від загальної кількості лотів, запропонованих продавцем, і не може бути більшою за 50 лотів.

[20]Пункт 10.10 Положень комерційної секції.

[21] Програма ранжує зустрічні пропозиції, зроблені за однаковою ціною, відповідно до часу їх отримання.

[22] Закон України № 2210-III «Про захист економічної конкуренції», 11 січня 2001 р., https://zakon.rada.gov.ua/laws/show/2210-14#Text.

[23] Наказ Міністерства енергетики № 272 «Про утворення аукціонного комітету з продажу електричної енергії за двосторонніми договорами», 21 червня 2019 р., http://mpe.kmu.gov.ua/minugol/doccatalog/document?id=245398571

[24] Закон України № 2019-VIII «Про ринок електричної енергії», 13 квітня 2017 р., https://zakon.rada.gov.ua/laws/show/2019-19#Text.

[25] Постанова НКРЕКП № 308 «Про затвердження Правил ринку «на добу наперед» та внутрішньодобового ринку», 14 березня 2018 р., https://zakon.rada.gov.ua/laws/show/v0308874-18#Text.

[26] Постанова НКРЕКП № 766 «Про дії учасників ринку електричної енергії в період дії карантину та обмежувальних заходів, пов'язаних із поширенням коронавірусної хвороби (COVID-19)», 8 квітня 2020 р., https://zakon.rada.gov.ua/rada/show/v0766874-20#Text.

[27] Ст. 19 Закону «Про ринок електричної енергії».

[28] Закон України № 1639-IX «Про заходи, спрямовані на подолання кризових явищ і забезпечення фінансової стабільності на ринку природного газу», 14 липня 2021 р., https://zakon.rada.gov.ua/laws/show/1639-20#Text

[29] Стаття 67 Закону «Про ринок електричної енергії».

[30]В окремих випадках ОР може перенести час початку торгів на 17:00. Див. пункт 3.1.10. Постанова НКРЕКП № 308 «Про затвердження Правил ринку «на добу наперед» та внутрішньодобового ринку», 14 березня 2018 р., https://zakon.rada.gov.ua/laws/show/v0308874-18#Text.

[31] Постанова НКРЕКП № 308 «Про затвердження Правил ринку «на добу наперед» та внутрішньодобового ринку» (зі змінами), 14 березня 2018 р., пункт 5.1, https://zakon.rada.gov.ua/laws/show/v0308874-18#Text.

[32] Постанова НКРЕКП № 517 «Про внесення змін до Правил ринку «на добу наперед» та внутрішньодобового ринку», № 517, 28 лютого 2020 р., https://zakon.rada.gov.ua/rada/show/v0517874-20#n2.

[33] Постанова НКРЕКП № 332 «Про забезпечення стабільного функціонування ринку електричної енергії, у тому числі фінансового стану учасників ринку, у період дії воєнного стану в Україні», 25 лютого 2022 р., https://zakon.rada.gov.ua/rada/show/v0332874-22#Text.

[34] Постанова НКРЕКП № 2969 «Про внесення змін до постанови НКРЕКП від 8 квітня 2020 року № 766», 24 грудня 2021 р., https://zakon.rada.gov.ua/rada/show/v2969874-21#Text.

[35] Постанова НКРЕКП № 238 «Про внесення змін до постанови НКРЕКП від 8 квітня 2020 року № 766», 7 лютого 2022 р., https://zakon.rada.gov.ua/rada/show/v0238874-22#Text та Постанова НКРЕКП № 239 «Про внесення змін до постанови НКРЕКП від 8 квітня 2020 року № 766», 10 лютого 2022 р., https://zakon.rada.gov.ua/rada/show/v0239874-22#Text

[36] Постанова НКРЕКП № 299 «Про внесення змін до постанови НКРЕКП від 8 квітня 2020 року № 766», 14 лютого 2022 р., https://zakon.rada.gov.ua/rada/show/v0299874-22#Text та Постанова НКРЕКП № 332 «Про забезпечення стабільного функціонування ринку електричної енергії, у тому числі фінансового стану учасників ринку, в період дії воєнного стану в Україні (зі змінами)», 25 лютого 2022 р., https://zakon.rada.gov.ua/rada/show/v0332874-22#Text

[37] Постанова НКРЕКП № 791 «Про внесення змін до постанови НКРЕКП від 8 квітня 2020 року № 766», 14 лютого 2022 р. (втратила чинність), https://zakon.rada.gov.ua/rada/show/v0791874-20#Text

[38] Постанова НКРЕКП № 905 «Про внесення змін до постанови НКРЕКП від 8 квітня 2020 року № 766», 30 квітня 2020 р. (втратила чинність), https://zakon.rada.gov.ua/rada/show/v0905874-20#Text

[39] Постанова НКРЕКП № 413 «Про внесення змін до постанов НКРЕКП від 25 лютого 2022 року № 332 та від 8 квітня 2020 року № 766», 26 квітня 2022 р., https://zakon.rada.gov.ua/rada/show/v0413874-22#Text.

[40]Обов'язковий план продажів також відображений у пункті 9 глави X Правил ринку.

[41] Розділ XVII «Прикінцеві та перехідні положення» Закону України № 1639-IX «Про заходи, спрямовані на подолання кризи і забезпечення фінансової стабільності на ринку природного газу», 14 липня 2021 р., https://zakon.rada.gov.ua/laws/show/1639-20#n339).

[42] Учасники балансуючої групи не несуть відповідальності за свої індивідуальні дисбаланси перед ОСП, але вони залишаються фінансово відповідальними перед СВБ своєї групи.

[43] За винятком випадків, коли диспетчеризоване навантаження відібрано для забезпечення резервів. У таких випадках постачальник послуг балансування зобов'язаний подавати на балансуючий ринок пропозиції, що відповідають обсягам відібраного резерву.

[44] Ця кількість не включає дані по Криму, Донецькій та Луганській областях.

[45] Постанова НКРЕКП № 312 «Про затвердження Правил роздрібного ринку електричної енергії», 14 березня 2018 р., https://zakon.rada.gov.ua/laws/show/v0312874-18#Text.

[46] У третьому кварталі 2021 року ця частка становила 32%, відповідно до Звіту про моніторинг роздрібної торгівлі НКРЕКП (NEURC, 2021[24]).

[47] Станом на 1 липня 2021 року лише 65 споживачів отримували електроенергію за договорами з ПОН.

[48] Постанова КМУ № 483 «Про затвердження Положення про покладення спеціальних обов'язків на суб'єктів ринку електричної енергії для забезпечення загальносуспільних інтересів у процесі функціонування ринку електричної енергії» (Закон про ПСО), 5 червня 2019 р., https://zakon.rada.gov.ua/laws/show/483-2019-%D0%BF#Text.

[49] Постанова КМУ № 384 «Про внесення змін до постанови Кабінету Міністрів України від 5 червня 2019 р. № 483», 25 квітня 2023 р., https://zakon.rada.gov.ua/laws/show/384-2023-%D0%BF#n2

[50] Директива (ЄС) 2019/944 Європейського Парламенту та Ради від 5 червня 2019 року про спільні правила внутрішнього ринку електроенергії та внесення змін до Директиви 2012/27/ЄС (нова редакція), https://eur-lex.europa.eu/legal-content/EN/TXT/?uri=CELEX%3A32019L0944.

[51] Стаття 9 Директиви (ЄС) 2019/944.

[52] Див. підпункти 11-14 пункту 13 розділу XVII «Прикінцеві та перехідні положення» Закону про ринок.

[53] Слід зазначити, що Енергоатом мав додаткове зобов'язання продавати 15% своєї продукції ОСП та ОСР для покриття втрат в мережах.

[54] Постанова КМУ № 483 «Про затвердження Положення про покладення спеціальних обов'язків на суб'єктів ринку електричної енергії для забезпечення загальносуспільних інтересів у процесі функціонування ринку електричної енергії» (Закон про ПСО), 5 червня 2019 р., https://zakon.rada.gov.ua/laws/show/483-2019-%D0%BF/ed20190605#n9.

[55] Постанова КМУ № 694 «Про внесення змін до Положення про покладення спеціальних обов'язків на учасників ринку електричної енергії для забезпечення загальносуспільних інтересів у процесі функціонування ринку електричної енергії», 5 серпня 2020 р., https://zakon.rada.gov.ua/laws/show/694-2020-%D0%BF#n2.

[56] Див. (Economic Truth, 2020[23]) про фінансові проблеми «Енергоатому».

[57] Постанова КМУ № 859 «Про внесення змін до постанови КМУ від 5 червня 2019 р. № 483 та визнання такими, що втратили чинність, деяких постанов Кабінету Міністрів України», 11 серпня 2021 р., https://zakon.rada.gov.ua/laws/show/859-2021-%D0%BF#n2.

[58] Постанова КМУ № 1206 «Про внесення змін до постанови КМУ від 5 червня 2019 р. № 483», 28 жовтня 2022 р., https://zakon.rada.gov.ua/laws/show/1206-2022-%D0%BF#Text.

[59] На основі курсу EUR/UAH 30,9226 станом на 31 грудня 2021 року. https://bank.gov.ua/en/markets/exchangerate-chart?cn%5B%5D=EUR&startDate=2021-12-31&endDate=2022-01-31.

[60] На основі відповідей, наданих Укргідроенерго на анкету ОЕСР у 2022 році.

[61] Постанова НКРЕКП № 954 «Про встановлення тарифу на послуги з передачі електричної енергії ДП «НЕК «Укренерго» на друге півріччя 2019 року», 7 червня 2019 р, https://zakon.rada.gov.ua/laws/show/v0954874-19#Text.

[62] Постанова НКРЕКП № 1998 «Про внесення змін до постанови НКРЕКП від 10 грудня 2019 року № 2668», 11 листопада 2020 р., https://zakon.rada.gov.ua/rada/show/v1998874-20#n2.

[63] Постанова НКРЕКП № 1329 «Про внесення змін до постанови НКРЕКП від 10 грудня 2019 року № 2668», 11 липня 2020 р., https://zakon.rada.gov.ua/laws/show/v1329874-20#n2.

[64] Постанова НКРЕКП № 2668 «Про встановлення тарифу на послуги з передачі електричної енергії ДП «НЕК «Укренерго» на 2020 рік», 10 грудня 2019 р., https://zakon.rada.gov.ua/laws/show/v2668874-19#Text.

[65] Закон України № 555-IV «Про альтернативні джерела енергії» від 20 лютого 2003 року (зі змінами), https://zakon.rada.gov.ua/laws/show/555-15#Text.

[66] Закон України № 810-IX «Про внесення змін до деяких законів України щодо удосконалення умов підтримки виробництва електроенергії з альтернативних джерел енергії», 21 липня 2020 р., https://zakon.rada.gov.ua/laws/show/810-20#n13

4 Оцінка оптового ринку

Цей розділ містить оцінку концентрації, ринкової влади та ліквідності ринку електроенергії в Україні. Він також включає теоретичне обговорення особливостей ринкової влади на ринках електроенергії. Після цього аналізується регуляторне втручання, що має значний вплив на конкуренцію на оптовому ринку України. Наприкінці розділу визначаються бар'єри для входу на ринок, які можуть обмежувати розвиток конкуренції в довгостроковій перспективі.

Ключовим елементом будь-якої оцінки конкуренції є дослідження структури ринку та ринкової влади. Ринкова влада означає здатність фірми (або групи фірм) підвищувати та утримувати ціни вище рівня, який би переважав за умов конкуренції. На нещодавно лібералізованих ринках електроенергії реалізація ринкової влади може ускладнити або навіть перешкодити перехід до конкурентних та ефективних оптових та роздрібних ринків.

Традиційно, показники ринкової концентрації, такі як кількість фірм, ринкові частки та індекс Герфіндаля-Гіршмана (HHI), використовуються як опосередкований показник інтенсивності конкуренції та оцінки ринкової влади. Хоча вони можуть надати деяку корисну інформацію про структуру ринку, вони не відображають деякі специфічні для ринку електроенергії аспекти ринкової влади.

4.1. Концентрація та сегментація ринку

Через історичні причини, високі вимоги до капіталу, економію за рахунок масштабу та регулювання, високий рівень концентрації у виробництві електроенергії є спільною рисою багатьох ринків електроенергії в усьому світі. Малюнок 4.1 показує частку найбільшого виробника в Україні (а саме Енергоатому) та на інших європейських ринках електроенергії. Україна з показником 52% знаходиться в межах середнього діапазону. Однак багато країн з вищими показниками є відносно невеликими і не є повністю порівнянними з Україною.

Малюнок 4.1. Ринкова частка найбільшого виробника електроенергії в Європі, 2021 р.

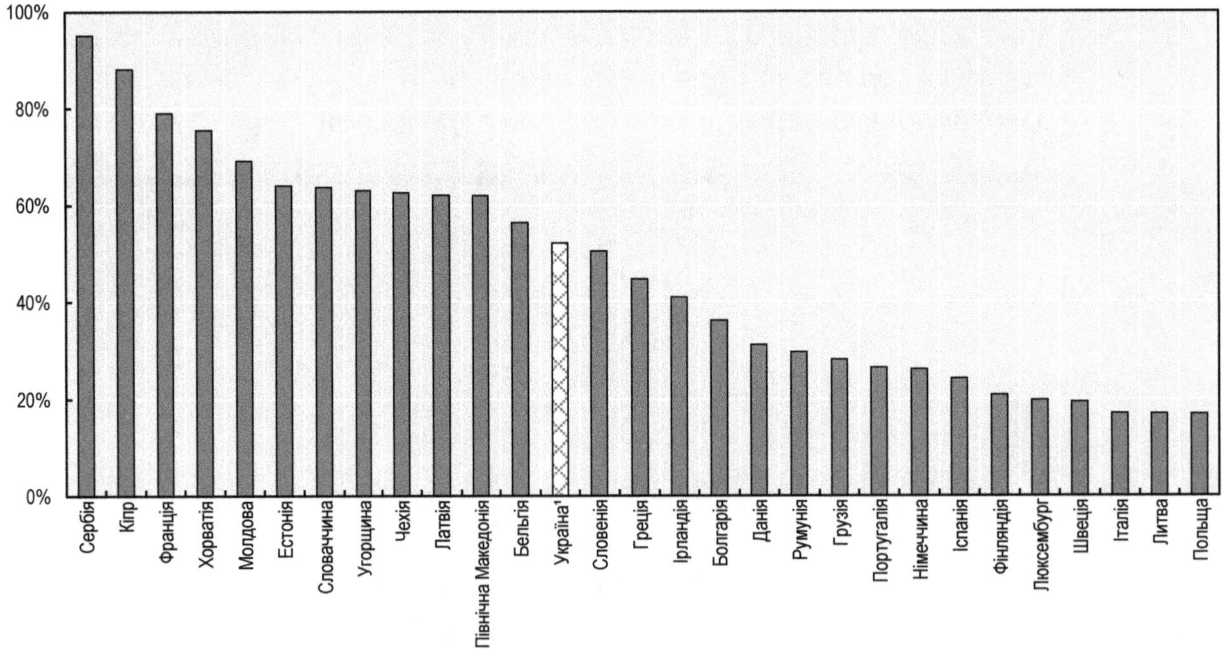

Примітка: 1. Значення 2020 року.
Джерела: Євростат (2023[1]), Ринкова частка найбільшого виробника на ринку електроенергії, https://ec.europa.eu/eurostat/databrowser/view/TEN00119/default/table?lang=en&category=nrg.nrg_market ; Укренерго.

Малюнок 4.2 порівнює частки п'ятьох найбільших компаній на вибраних європейських ринках. Вони представляють ринки електроенергії з різними характеристиками. Французька та бельгійська генерація мають високу частку ядерної генерації, як і в Україні. Ринки Німеччини та Великобританії є найбільш ліквідними ринками в Європі, тоді як Іспанія та Італія представляють дещо ізольовані ринки електроенергії через транскордонні обмеження. Польща найбільш схожа на Україну за кількістю населення та внутрішнім споживанням. Для цього порівняння ГП приймається як генеруюча компанія, оскільки підприємство продає всі обсяги виробленої відновлюваними джерелами енергії за механізмом підтримки FiT. П'ять найбільших виробників електроенергії в Україні домінують на ринку із загальною часткою ринку 89%. Це означає третю за величиною концентрацію серед обраних, переважно більших, європейських країн.

Малюнок 4.2. Частка п'ятірки найбільших національних виробників електроенергії у 2021 році

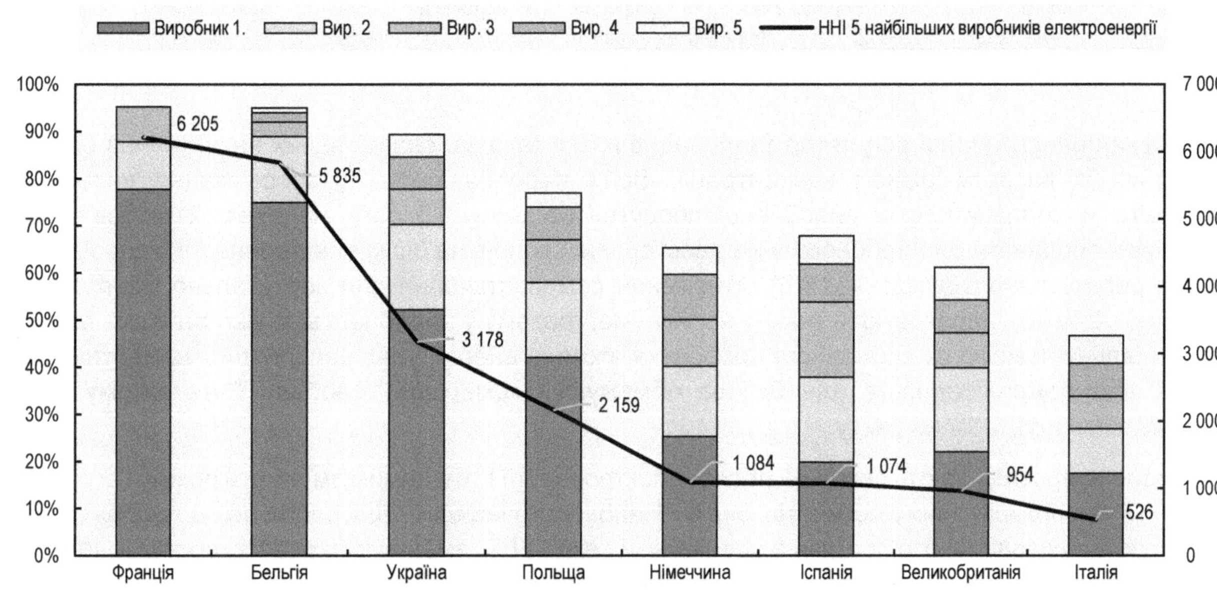

Джерела: Євростат, Ofgem, URE, ARERA, Bundeskartellamt, CNMS, Укренерго.

Окрім часток найбільших виробників електроенергії, на малюнку вище також показано індекс Герфіндаля-Гіршмана (HHI), загальний індекс концентрації ринку. Незважаючи на те, що Польща та Україна виглядають схожими з точки зору спільної частки п'яти найбільших виробників (77% та 89% відповідно), HHI у Польщі на третину нижчий. Це відображає більшу кількість і більшу сукупну частку менших гравців.

Таблиця 4.1 надає огляд ключових характеристик найбільших електроенергетичних компаній України. Результати свідчать про те, що державна власність є основою і що компанії зосереджені у різних технологіях виробництва. В одному випадку спостерігається значне перекриття технологій між компаніями ДТЕК і Центренерго, обидві компанії мають електростанції, що працюють на викопному паливі.

Таблиця 4.1. Огляд п'яти найбільших виробників електроенергії в Україні, 2020 р.

Компанія	Технологічне портфоліо	Власність	Частка виробництва
Енергоатом	Атомна, одна насосна гідростанція	Державна	52%
ДТЕК	Вугільні та газові котельні	Приватна	18%
Гарантований покупець	Сонячна, вітрова, мала ГЕС, біопаливо	Державна	8%
Центренерго	Вугільні та газові котельні	Державна	7%
Укргідроенерго	Велика гідростанція	Державна	5%
Всього			**90%**

Примітка: 1. Гарантований покупець продає продукцію приватних виробників електроенергії.
Джерело: Укренерго (2021[2]), Виробництво та продаж електричної енергії генеруючими компаніями, http://web.archive.org/web/20211022135312/https://ua.energy/uchasnikam_rinku/administrator-komertsijnogo-obliku/statystychni-dani/vyrobnytstvo-ta-vidpusk-elektrychnoyi-energiyi-generuyuchymy-kompaniyamy/.

Український енергетичний регулятор запровадив низку заходів, спрямованих на зниження ризиків, пов'язаних із високим рівнем концентрації. Вони передбачають: 1) зобов'язання виробників продавати мінімальну частку виробленої продукції на ринку на добу наперед; 2) зобов'язання виробників продавати електроенергію на двосторонній основі на біржі електроенергії відповідно до правил регульованого аукціону; та 3) обмеження самопостачання для вертикально інтегрованих холдингів. Крім того, враховуючи значну частку Енергоатому у виробництві електроенергії, а також його унікальну позицію як державного виробника атомної енергії, уряд запровадив четвертий захід – ПСО для домогосподарств, ще більше обмежуючи комерційну свободу Енергоатому щодо продажу своєї продукції на ринку.

Ці заходи перерозподіляють первинні обсяги електроенергії і тим самим змінюють розмір і структуру попиту та пропозиції різних сегментів ринку. Найбільш очевидно, що регульовані продажі через двосторонні аукціони (тобто продажі в спеціальній секції УЕБ) зменшують обсяги, доступні на інших сегментах ринку, таких як ринок «на добу наперед» (РДН).

Малюнок 4.3 нижче показує обсяг та вплив регуляторних втручань на обсяги електроенергії. Регульований потік (вертикальна помаранчева смуга в центрі діаграми) представляє обсяги, які спрямовуються на певні сегменти ринку відповідно до нормативних зобов'язань. Нерегульований потік (вертикальна фіолетова смуга) відноситься до обсягів, на які не впливають регулятивні зобов'язання.

Зобов'язання обмежують свободу виробників продавати свою продукцію, але вони не є однаково обмежувальними і не обов'язково змінюють поведінку учасників ринку. Наприклад, зобов'язання продавати щонайменше 10% на РДН може цілком відповідати тому, що (принаймні) деякі виробники робили б за відсутності такого зобов'язання. І навпаки, продажі на спеціальній секції УЕБ відбуваються лише тому, що вони є обов'язковими; інакше цей сегмент не існував би взагалі.

За оцінками ОЕСР, близько 80% обсягів оптового ринку України визначаються регулюваннями. Це означає, що переважна більшість виробленої електроенергії продається на сегменті ринку, який визначається регулюванням, а не за вибором виробників. Більша частина регульованих обсягів надходить від «Енергоатому» та теплових електростанцій, але всі виробники роблять свій внесок. Лише близько 20% від загального обсягу виробництва електроенергії продається на вільно обраних виробниками сегментах ринку. Ці нерегульовані обсяги походять від усіх типів виробників.

Малюнок 4.3. Вплив регуляторних зобов'язань на первинний продаж електроенергії (у ГВт·год)

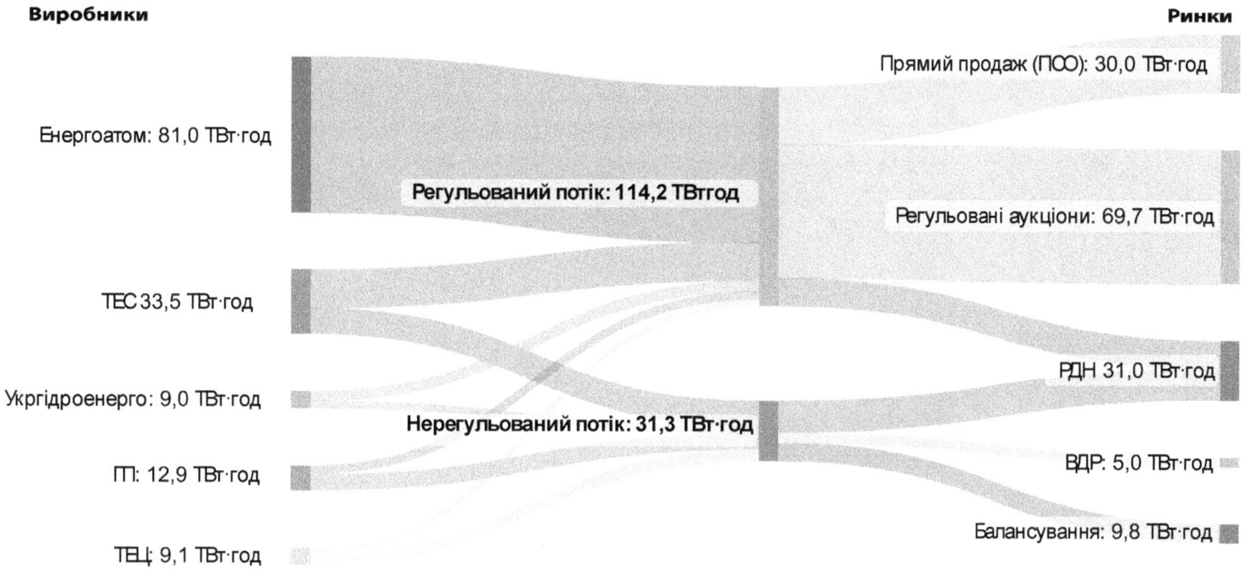

Примітка: На цій діаграмі показано продаж електроенергії виробниками, ліворуч – поставки, праворуч – ринки, на яких відбувається продаж. Проміжні вузли групують продажі у дві категорії: «регульовані» та «нерегульовані». Обсяги не є репрезентативними для загальних обсягів торгівлі на всіх сегментах ринку, оскільки показані лише первинні продажі.
Джерело: Розрахунки ОЕСР на основі даних генерації Укренерго на 2021 рік та чинних нормативно-правових актів.

Спрямовуючи певні обсяги електроенергії на певні сегменти ринку, регуляторні зобов'язання частково визначають частки виробників на різних сегментах ринку.

Для РДН цей перерозподіл часток показано на Малюнок 4.4. Частка п'яти найбільших постачальників на РДН зменшується з 89% до 70% через регуляторні зобов'язання, причому найбільше скорочується частка Енергоатому – з 52% до 22%. Частки ГП та Укргідроенерго зросли вдвічі, а Центренерго знизилися з 7% до 4%. На частку поставок групи ДТЕК нормативні зобов'язання суттєво не вплинули – вона дещо зростає з 18% до 19%. Частка інших компаній зростає з 11% до 29%. Це свідчить про підвищену активність трейдерів на РДН, де вони продають електроенергію, закуплену раніше на двосторонніх аукціонах. Загалом, регуляторні зобов'язання значно зменшують концентрацію часток пропозиції великих постачальників на РДН. Це може сприяти зменшенню ринкової влади на РДН, але чи дійсно це так і в якій мірі, вимагає поглибленого дослідження заявок на РДН.

Малюнок 4.4. Частки постачання РДН і ННІ після регулювання

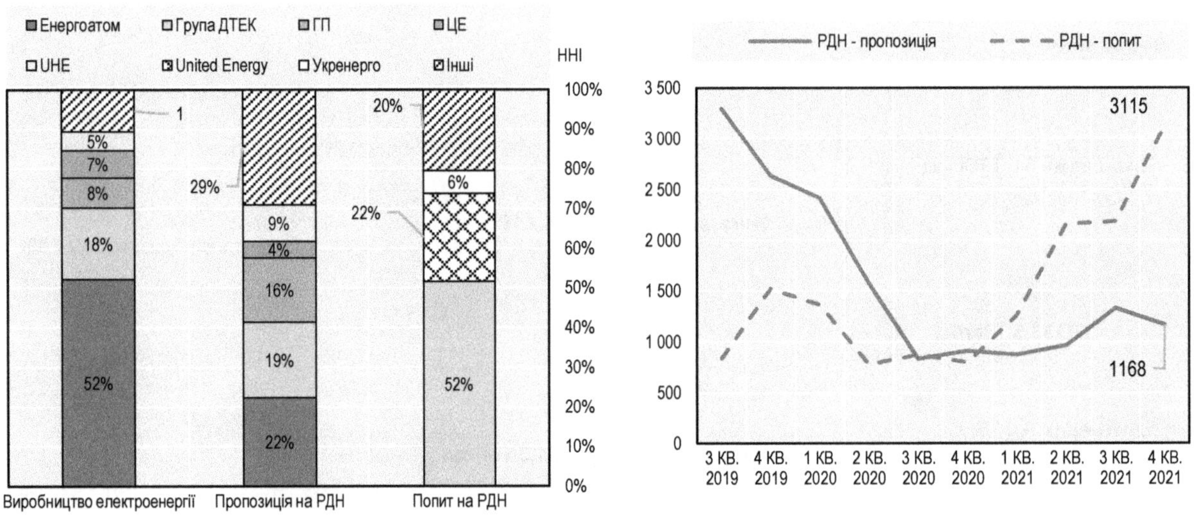

Джерела: Дані оперативного моніторингу НКРЕКП за 2021 рік, розрахунки ОЕСР

Еволюція ННІ після лібералізації ринку свідчить про значне зменшення концентрації на РДН з боку пропозиції та збільшення концентрації з боку попиту на РДН. Зростання концентрації попиту пояснюється двома факторами: по-перше, зростання частки двосторонніх угод зменшило обсяги на РДН; по-друге, частка попиту ДТЕК значно зросла через обмеження самопостачання, запроваджені в листопаді 2021 року. Раніше частина попиту ДТЕК покривалася за рахунок внутрішньогрупових продажів.

Група ДТЕК займає унікальну позицію на РДН, оскільки вона має значну присутність і як виробник (продавець), і як роздрібний постачальник (покупець). У більш широкому розумінні, група ДТЕК здійснює й інші види діяльності (див. пункт 4.1), що робить її дуже великим споживачем електроенергії.

Інформаційне вікно 4.1. Група ДТЕК

Група ДТЕК належить SCM Holdings Ltd. SCM також володіє Метінвестом, міжнародною групою металургійних і гірничодобувних компаній. Метінвест є одним із найбільших споживачів електроенергії в Україні. SCM присутній у всіх ланках ланцюжка вартості енергії:

- Споживання електроенергії: 8% від загального споживання в Україні;
- Енергетичне вугілля (марка Г): 76% внутрішнього видобутку, 75% споживання;
- Виробництво електроенергії: 20% за рахунок теплових, сонячних і вітрових електростанцій, що працюють на вугіллі та газі, також на сонячній та вітровій енергії;
- Розподіл електроенергії: 48% кінцевого споживання чотирма найбільшими ОСР;
- Трейдинг електроенергією: 55% попиту на спотових ринках;
- Постачання: близько 33% постачання кінцевим споживачам;
- Експорт: фактичний контроль над ЛЕП потужністю 200 МВт до Польщі.

Малюнок 4.5. Структура групи ДТЕК

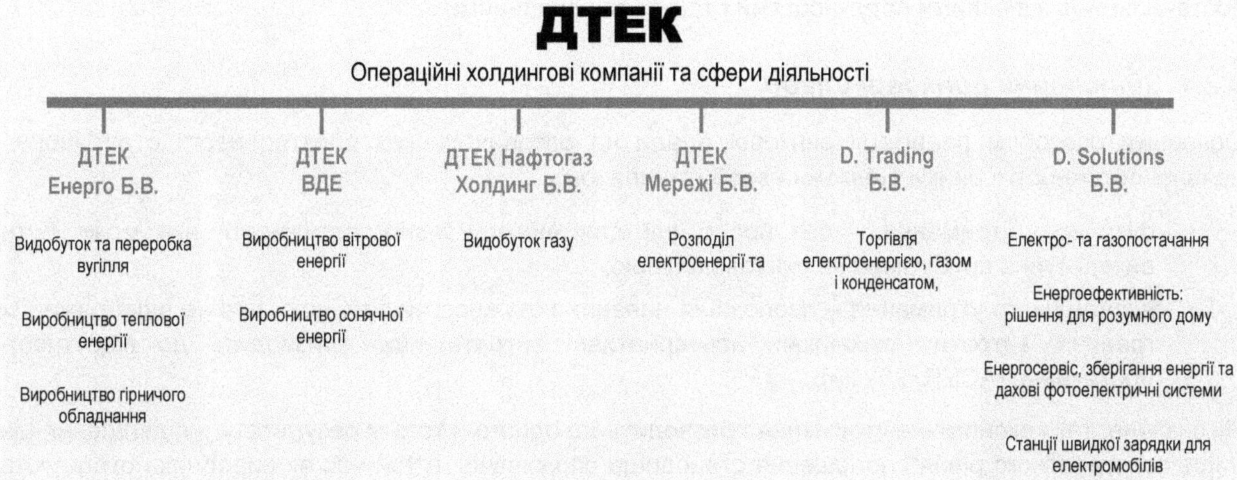

Джерело: За даними ДТЕК, https://dtek.com/en/.

4.2. Ринкова влада

На рівень конкуренції в галузі впливають інші фактори, окрім концентрації, включаючи існуючі стимули для виробників, еластичність попиту, короткостроковий потенціал для виходу на ринок та розширення виробництва (Borenstein et al., 1999[3]). Ці фактори не враховуються показниками концентрації, але є критично важливими для ринку електроенергії, оскільки, за деякими винятками, електроенергію не можна зберігати, короткостроковий попит є нееластичним, а попит і пропозиція завжди мають бути збалансованими. (Borenstein et al., 1999[3]) показує, що через ці фактори показники ринкової концентрації є недостатніми для оцінки ринкової влади на оптових ринках електроенергії та іноді дають оманливі результати (наприклад, збільшення маржі між ціною та витратами, коли концентрація зменшується) порівняно з підходом, заснованим на принципі олігопольної рівноваги.

Для оцінки ринкової влади в електроенергетичному секторі краще підходять специфічні структурні індекси, такі як індекс основного постачальника, індекс залишкової пропозиції та аналіз залишкового попиту. Крім того, поведінковий аналіз, який вивчає, наприклад, маржу між ціною та собівартістю, контрольні показники чистого доходу або фізичне та економічне утримання, можуть бути використаний для пошуку прямих доказів зловживання ринковою владою.

На оптових ринках електроенергії ринкова влада часто виникає, якщо окремі виробники відіграють ключову роль у задоволенні попиту. Якщо постачальник контролює важливу частину генеруючих потужностей, він може отримати значну ринкову владу та відповідний вплив на ринкові ціни. Така влада може зосереджуватися в руках одного виробника або розподілена між кількома. Ступінь, до якого ключові постачальники можуть впливати на ринкові ціни, залежить від концентрації їхньої ключової влади та специфічної для ринку кривої пропозиції (Perekhodtsev, Lester and Blumsack, 2022[4]). Крива пропозиції ранжує наявні генеруючі потужності за зростанням короткострокових маржинальних витрат. Вона використовується на РДН для визначення того, які електростанції (або блоки) мають бути включені в графік.

Ринкова влада виробників електроенергії часто змінюється між періодами високого та низького попиту. Загалом, ринкову владу легше реалізувати в години пікового навантаження, коли є мало невикористаних потужностей. Зі збільшенням потужності кількість постачальників, здатних забезпечити додаткові обсяги, зменшується. Крім того, зростає ймовірність того, що решта постачальників з вільними потужностями стануть вирішальними.

4.2.1. Здійснення ринкової влади

Основним способом реалізації ринкової влади на оптових ринках електроенергії є вилучення наявної потужності з ринку. Це можна зробити шляхом:

- фізичного утримання – без пропозиції для ринку наявної потужності, яка може бути використана прибутково за ринковою ціною;
- економічного утримання – пропозиція наявних потужностей за ціною, яка не відображає їх граничні витрати (включаючи альтернативні витрати), що призводить до відсутності постачання (ACER, 2021[5]).

Як фізичне, так і економічне утримання призводить до одного й того ж результату – підвищення цін вище конкурентного рівня і погіршення становища споживачів, в той час як виробники отримують вигоду. Крім того, загальний добробут знижується, оскільки втрати споживачів перевищують надприбутки виробників.

Малюнок 4.6 показує вплив утримання фізичних потужностей для стилізованої кривої замовлень на поставку вугілля. Частина вугільних потужностей вилучається з кривої замовлень на поставку, в результаті чого точка перетину кривої замовлень на поставку з кривою попиту переміщується вгору, а це означає, що ринкова ціна зростає з 80 до 110 євро/МВт-год.

Малюнок 4.6. Крива заслуг і ефект утримання потужності

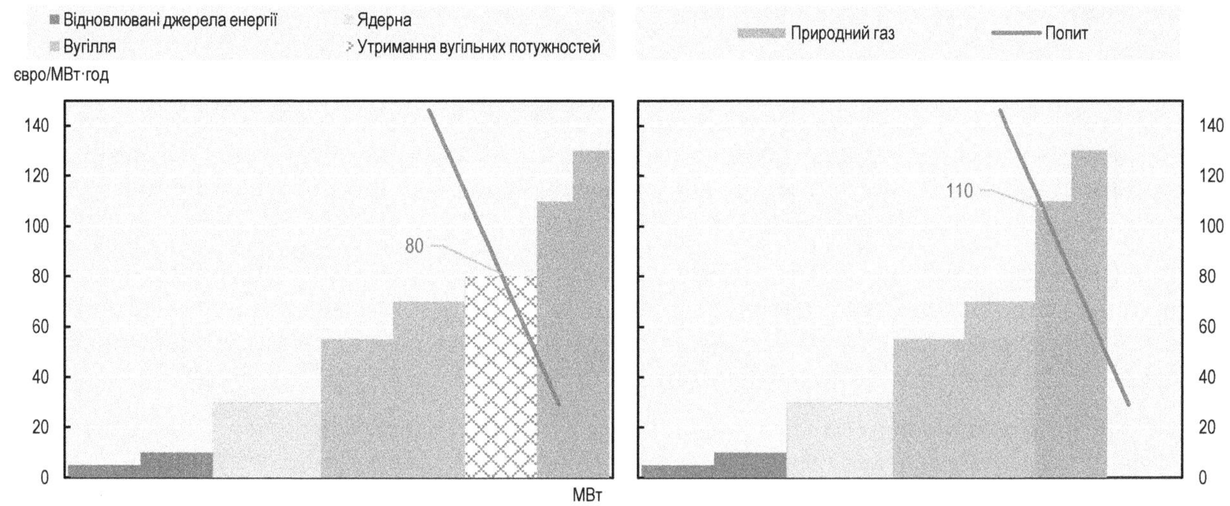

Джерело: ООЕСР на основі Chauve et al. (2009[6]), Справи щодо електроенергії E.ON: антимонопольне рішення зі структурними засобами захисту, http://ec.europa.eu/

Утримання потужностей робить криву замовлень крутішою і зміщує точку її перетину з кривою попиту, що призводить до підвищення ціни. Будь-який постачальник, який застосовує цю стратегію, втрачає прибуток від утриманих потужностей, але ця втрата може бути перекрита збільшенням прибутку від продажу решти потужностей завдяки вищій ринковій ціні. Тому фірмам з великим портфелем генеруючих потужностей легше вигідно утримувати потужності.

Важливо зазначити, що хоча ринкова кліринговa ціна зазвичай встановлюється маржинальним постачальником, постачальник, який використовує ринкову владу, подаючи заявку, що підвищує клірингову ціну, може не бути маржинальний постачальником. Таким чином, зосередження уваги лише на маржинальному постачальнику може призвести до невиявлення утримання потужностей.[1]

Інформаційне вікно 4.2. Антимонопольні справи «E.ON»

Наприкінці 2006 року, після свого розслідування в секторі електроенергетики, Європейська Комісія відкрила дві справи щодо стратегій «E.ON» на німецьких ринках електроенергії.

У першій справі, ЄК розпочала розслідування щодо «E.ON» за підозрою у зловживанні домінуючим становищем на оптовому ринку у вигляді утримання потужностей та стримування інвестицій у виробництво електроенергії третіми сторонами.

Аналіз Комісії встановив, що «E.ON», можливо, вигідно утримував певні обсяги потужностей завдяки різноманітності свого портфеля генерації. Крім того, треті сторони могли бути обмеженні у здійсненні інвестицій у генеруючі потужності часткою «E.ON» у своїх проєктах з виробництва електроенергії та довгостроковими контрактами.

Другий випадок стосувався балансуючого ринку, де «E.ON» підозрювали у зловживанні домінуючим становищем через свого вертикально інтегрованого оператора ОСП. ОСП «E.ON» справді потенційно віддавав перевагу своїй генеруючій філії перед іншими учасниками ринку, купуючи вторинну балансуючу потужність, яку в основному надає «E.ON», замість третинної балансуючої потужності, за умови більшої конкуренції. Ймовірно, це призвело до вищих витрат на балансування та завдання значної шкоди споживачам.

Обидві справи були врегульовані в 2008 році за допомогою засобів правового захисту від продажу активів: «E.ON» повинна була відмовитися від 20% свого портфеля генерації в Німеччині, а також своєї високовольтної електромережі, включаючи бізнес з експлуатації систем у Німеччині.

Джерело: Chauve et al (2009[6]), Справи щодо електроенергії E.ON: антимонопольне рішення зі структурними засобами захисту, http://ec.europa.eu/.

4.2.2. Цілісність та прозорість ринку

Враховуючи потенційну можливість викривлення ринкової поведінки на ринках електроенергії, необхідне як секторальне регулювання, так і антимонопольне правозастосування. Дійсно, як підкреслює (Moss and Vaheesan, 2014[7]), «Ця взаємодоповнюваність має важливе значення, оскільки (1) регулювання може подолати деякі обмеження антимонопольного законодавства щодо певних типів утримання потужностей, і (2) антимонопольний закон краще підходить для судового переслідування певної поведінки, яка породжує утримання потужностей, і часто може бути більш ефективним засобом правового захисту».

Розробка та впровадження ефективного регулювання має життєво важливе значення. З одного боку, погано сформульовані закони та правила можуть спотворювати ринок, створювати обмеження, що перешкоджають конкуренції, або навіть сприяти концентрації ринкової влади в руках конкретних учасників ринку. З іншого боку, секторальне регулювання, що супроводжується правозастосуванням конкурентного законодавства, відіграє фундаментальну роль у вирішенні недоліків ринку та захисті споживачів шляхом забезпечення конкурентоспроможних, ефективних і стійких ринків.

У ЄС, Регламент Європейського Союзу щодо цілісності та прозорості оптового енергетичного ринку (REMIT)[2] надає регуляторам інструменти для боротьби з ринковими маніпуляціями та зловживанням ринковою владою. REMIT не перешкоджає застосуванню законодавства ЄС про конкуренцію, але через певні збіги певна поведінка може бути розслідувана та санкціонована в межах обох законодавств.

REMIT набув чинності в 2011 році, він забезпечує нормативну базу для оптових ринків енергії ЄС, здатну підтримувати ефективне функціонування ринку на основі відкритої та чесної конкуренції. REMIT чітко забороняє зловживання ринком, включаючи маніпулювання ринком, спроби маніпулювання ринком і торгівлю інсайдерською інформацією. Для маніпулювання ринком стаття 2(2) далі визначає чотири категорії практик, а саме: 1) неправдиві/оманливі операції; 2) цінове позиціонування; 3) операції з використанням фіктивних пристроїв/обману; та 4) поширення неправдивої та оманливої інформації.

Крім того, REMIT встановлює правила, що сприяють чесності та прозорості торгівлі оптовими енергопродуктами. Він вимагає від учасників ринку ефективного та своєчасного розкриття внутрішньої інформації.

Нарешті, REMIT включає ще два ключові принципи: моніторинг і співпрацю. Він встановлює нову, галузеву, комплексну та ефективну систему моніторингу оптових енергетичних ринків, що забезпечує тісну співпрацю та координацію між Агентством Європейського Союзу з питань співробітництва регуляторів енергетики (ACER), яке відповідає за моніторинг у всьому ЄС, та Національними органами регулювання (НОР), які є відповідальними за національний моніторинг, розслідування та правозастосування.[3]

Згідно з моніторинговим звітом ACER, у 2021 році було відкрито 109 випадків потенційного порушення REMIT, про які ACER повідомили зовнішні організації, такі як НОР, або ACER виявило під час свого моніторингу (ACER, 2021[8]). Більшість справ стосується порушень статті 3 щодо заборони інсайдерської торгівлі та статті 5 щодо заборони маніпулювання ринком Регламенту REMIT. [4] Інформаційне вікно 4.3 відображає нещодавні рішення щодо порушення статті 5.

Інформаційне вікно 4.3. Справа Energi Danmark A/S і Optimax Energy GmbH

У травні 2021 року Федеральне мережеве агентство Німеччини (Bundesnetzagentur) наклало штрафи у розмірі 200 000 євро на Energi Danmark A/S і 175 000 євро на Optimax Energy GmbH за маніпуляції на оптовому ринку електроенергії. Це стало результатом розслідувань, відкритих у вересні 2020 року після того, як у червні 2019 року в системі були виявлені значні небаланси.

Аналіз торгової діяльності, проведений Bundesnetzagentur, вказав на маніпулювання ринком шляхом продажу недоступної електроенергії. Сторони розмістили пропозиції про продаж електроенергії на внутрішньодобовому ринку незадовго до того, як планувалося її постачання, не маючи наміру її постачати. У сторін був стимул зробити це через різницю між надзвичайно високою внутрішньоденною ціною та нижчою очікуваною ціною небалансу на балансуючому ринку. Така практика спотворювала ринкові сигнали в той час, коли оператори систем передачі повинні були повністю використовувати балансуючу енергію та вживати інших заходів для забезпечення стабільності роботи системи Німеччини. Зазначена практика не лише дозволяла сторонам отримати невиправданий прибуток, але й загрожувала стабільній роботі системи.

Джерело: Bundesnetzagentur (2021[9]), Штрафи за маніпуляції на оптовому ринку електроенергії, https://www.bundesnetzagentur.de/SharedDocs/Pressemitteilungen/EN/2021/20211005_BussgeldMarktmanipulation.html.

4.2.3. Ринкова влада в Україні

В Україні найбільш важливим оптовим ринком з точки зору ціноутворення є РДН. Тому ринкова влада на РДН має найбільший потенціал для викривлення цін на оптовому ринку.

Як зазначалося раніше, статичні індикатори, такі як частка ринку та HHI , не відображають наявність ринкової влади, яка може виникати в певний момент часу. В секторі електроенергетики ринкова влада може змінюватися протягом короткого періоду часу. Здатність РДН впливати на ціни на електроенергію залежить від погодинної кон'юнктури попиту та пропозиції, яка може суттєво змінюватися протягом одного дня. Наприклад, певні виробники можуть бути не в змозі впливати на ціни в непікові години, але можуть робити це під час пікового попиту. Відсутність певних електростанцій або їх окремих блоків через регулярне технічне обслуговування або технічні проблеми також може впливати на ринкову владу генеруючих компаній. Загалом, значення індексу HHI мають обмежену цінність для оцінки ринкової влади на РДН.

Зрештою, наявність та розподіл ринкової влади значною мірою залежить від конкретної структури парку генеруючих потужностей та їхньої форми власності. В Україні всі основні генеруючі компанії володіють портфелями специфічних технологій. Енергоатом, Укргідроенерго та ГП мають портфелі з низькими граничними витратами на виробництво. Граничні витрати ГП та Укргідроенерго близькі до нуля, тому вони ніколи не встановлюють ціну на РДН. За оцінками НКРЕКП, граничні витрати атомних електростанцій Енергоатому становлять 600-750 грн/МВт-год, що здебільшого нижче ціни «на добу наперед», а це означає, що Енергоатом рідко має можливість встановлювати ціну на електроенергію. Крім того, атомні електростанції в Україні спроектовані як об'єкти базового навантаження, що максимізує їх коефіцієнт використання, а не регулює їх потужність відповідно до рівня попиту. Це означає, що Енергоатом зазвичай не конкурує з тепловою та гідрогенерацією у забезпеченні пікового попиту.

Усвідомлюючи обмеження статичних індикаторів, НКРЕКП запровадила у своїх моніторингових звітах тест на визначення ключового постачальника, який базується на двох індексах – індексі основного постачальника (PSI) та індексі залишкової пропозиції (RSI). PSI – це бінарна змінна, яка показує, чи є постачальник ключовим на ринку, враховуючи погодинний попит та пропозицію. Іншими словами, він визначає, чи може пропозиція задовольнити попит без постачальника, показуючи незамінність постачальника, що є однією з форм ринкової влади. RSI був розроблений як розширення PSI і прийнятий у багатьох країнах як стандартний метод моніторингу ринків електроенергії. Він надає додаткову інформацію про співвідношення залишкової пропозиції та попиту, показуючи, якою мірою конкуренти певного виробника можуть задовольнити попит, використовуючи свої генеруючі потужності.

НКРЕКП публікує RSI та PSI для двох найбільших постачальників електроенергії в Україні – НАЕК «Енергоатом» та групи ДТЕК – у своїх щоквартальних моніторингових звітах. При цьому комісія використовує два підходи: на основі загальних обсягів та без урахування обсягів, що регулюються ПСО. Останній доступний розрахунок показує такі результати для торгової зони Об'єднаної енергосистеми (ОЕС) протягом третього кварталу 2021 року:

- Виходячи із загальних обсягів
  - НАЕК «Енергоатом» мав ринкову владу як за РДН, так і за ПСО
  - Група ДТЕК не мала ринкової влади за обома індексами.
- На основі обсягів без урахування ПСО
  - Енергоатом не мав ринкової влади за обома індексами
  - Група ДТЕК мала ринкову владу в 47,7% годин згідно з RSI та не мала ринкової влади згідно з PSI.

Для торгової зони «Бурштинського енергоострова» RSI вказує на те, що група ДТЕК мала ринкову владу, тоді як згідно з PSI, вона мала ринкову владу лише у 28,4% годин протягом третього кварталу 2021 року.

RSI та PSI показують, що ПСО значно зменшує ринкову владу Енергоатома. За відсутності ПСО або за умови повністю фінансового ПСО Енергоатом мав би значну ринкову владу, згідно з цими індексами. Це не дивно, враховуючи частку Енергоатому в генерації, але незвично, що оператор базового навантаження може впливати на ціни протягом значної кількості годин.

Всупереч вищезазначеним висновкам НКРЕКП (Supponen, 2021[10]) стверджує, що «домінуюче становище ДТЕК на ринку електроенергії є очевидним і загальновідомим». Він вважає, що ціни на РДН встановлюються переважно тепловою генерацією і що 61% ціноутворюючих потужностей належить групі ДТЕК.

З юридичної точки зору, стаття 12 Закону України «Про захист економічної конкуренції»[5] передбачає таке:

> «2. Монопольним (домінуючим) вважається становище суб'єкта господарювання, частка якого на ринку товару перевищує 35 відсотків, якщо він не доведе, що зазнає значної конкуренції.
>
> 3. Монопольним (домінуючим) може бути визнано також становище суб'єкта господарювання, частка якого на ринку товару становить 35 і менше відсотків, але він не зазнає значної конкуренції, зокрема внаслідок порівняно невеликих розмірів ринкових часток, що належать конкурентам.»

Таким чином, існує спростовна презумпція домінування, якщо частка на ринку перевищує 35%, тобто обов'язок доведення відсутності домінування покладається на суб'єкта господарювання. Нижче цього порогу домінування можливе, але обов'язок його доведення покладається на Антимонопольний комітет України (АМКУ).

Порівняно з ЄС, де Європейський суд встановив презумпцію домінування, якщо частка на ринку перевищує 50%[6], а Європейська комісія вважає, що «домінування є малоймовірним, якщо частка суб'єкта господарювання на ринку нижча за 40%»[7], в Україні цей поріг є відносно низьким. Однак, як зазначає АМКУ, національне законодавство деяких країн-членів ЄС встановлює поріг частки на ринку на рівні 40%, а в Австрії він становить 30% (AMCU, 2023[11]).

У контексті ринків електроенергії найважливішим питанням є не стільки поріг презумпції, скільки визнання того, що ринкові частки не обов'язково відповідають ринковій владі. Особливо на РДН, ринкова влада здебільшого залежить від позиції виробників на кривій заявок, а не від їхньої ринкової частки. Маржинальні виробники можуть впливати на ціни і, таким чином, здійснювати ринкову владу навіть з відносно низькою часткою ринку, в той час як немаржинальні виробники є ціноутворювачами і мають обмежену можливість впливати на ціни або взагалі не мають такої можливості, навіть якщо їхня частка на ринку є значною, тобто перевищує 35%.

Враховуючи позиції генеруючих компаній на кривій заявок, найбільш ймовірним кандидатом на отримання ринкової влади є ДТЕК, оскільки він контролює більшість маржинальних вугільних електростанцій. Незважаючи на те, що його частка у виробництві електроенергії значно нижча за 35%, та розраховані НКРЕКП показники RSI та PSI є неоднозначними. Тому, ретельний моніторинг його поведінки буде виправданим як з боку енергетичного регулятора, так і з боку антимонопольного комітету.

4.3. Ліквідність

Ліквідність є важливою характеристикою добре функціонуючого ринку електроенергії. Ліквідні оптові ринки дозволяють учасникам ринку вчасно купувати та продавати електроенергію за надійними ринковими цінами. Чим ліквіднішими є ринки, тим легше невертикально інтегрованим компаніям конкурувати з вертикально інтегрованими компаніями, а новим учасникам – з діючими компаніями. Слабка конкуренція та наявність ринкової влади збільшують невизначеність щодо короткострокових та форвардних цін і мають тенденцію до зниження ліквідності на всіх часових інтервалах.

На ліквідність оптового ринку впливає регулювання, яке або безпосередньо контролює обсяги електроенергії для певних сегментів ринку, або впливає на ціни через цінові обмеження на РДН, внутрішньодобовому ринку (ВДР) та балансуючому ринку.

Як показано на Малюнок 4.7, розподіл обсягів торгівлі на оптовому ринку електроенергії України значною мірою тяжіє до двосторонньої торгівлі. Частка обсягів торгівлі на організованих спотових ринках (РДН та ВДР) була загалом незначною і особливо низькою з квітня 2020 року по серпень 2021 року. Частка спотової торгівлі зросла після підвищення граничних цін у серпні 2021 року та запровадження обмежень на самопостачання для вертикально інтегрованих холдингів у грудні 2021 року. Це демонструє вплив регуляторних заходів на розподіл обсягів торгівлі та ліквідність ринку.

Малюнок 4.7. Розподіл торгівлі за сегментами ринку електроенергії України, липень 2019 – січень 2022

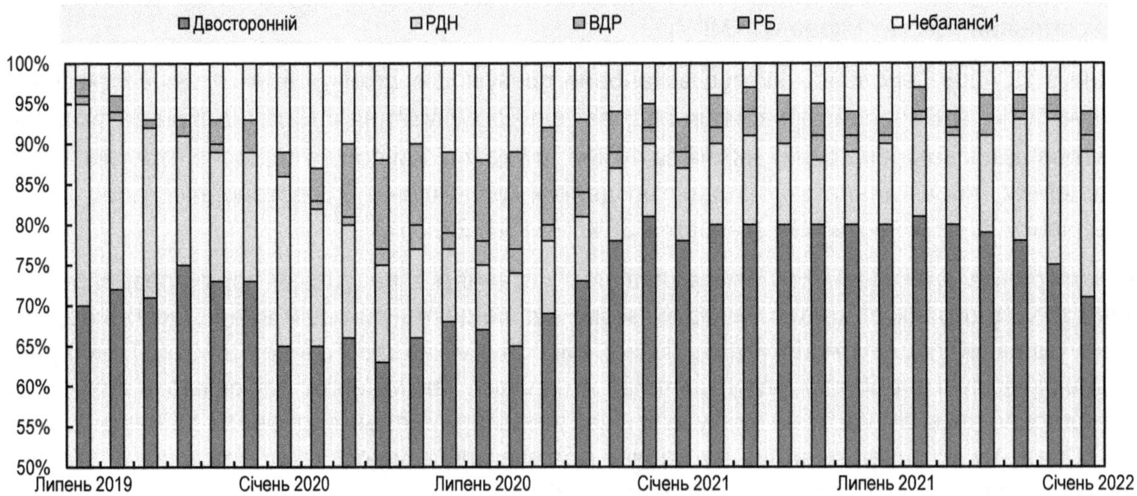

Примітки: 1. Небаланси являють собою електроенергію, що розраховується після закриття воріт БР. Цей обсяг не торгується.
Джерело: НКРЕКП (2022[12]), Частка торгівлі в різних сегментах ринку, https://public.tableau.com/app/profile/neurc/viz/2__16324695298060/sheet0_1.

Одним із показників, який зазвичай використовується для оцінки ліквідності ринку, є швидкість відтоку. Він розраховується як відношення обсягу всіх торгів до загального попиту. Немає єдиної думки щодо рівня коефіцієнту відтоку, який вказує на достатню ліквідність ринку. Однак, коефіцієнт відтоку, рівний трьом, вважається мінімальним значенням (ACER/CEER, 2021[13]). Середній коефіцієнт відтоку в Україні 2 (див. Малюнок 4.8) означає, що електроенергія двічі «переходить з рук в руки», перш ніж досягти кінцевих споживачів. Коефіцієнт відтоку знижувався протягом 2021 року, що свідчить про нижчий рівень торгової активності.

Малюнок 4.8. Загальний рівень відтоку на окремих ринках електроенергії Європи

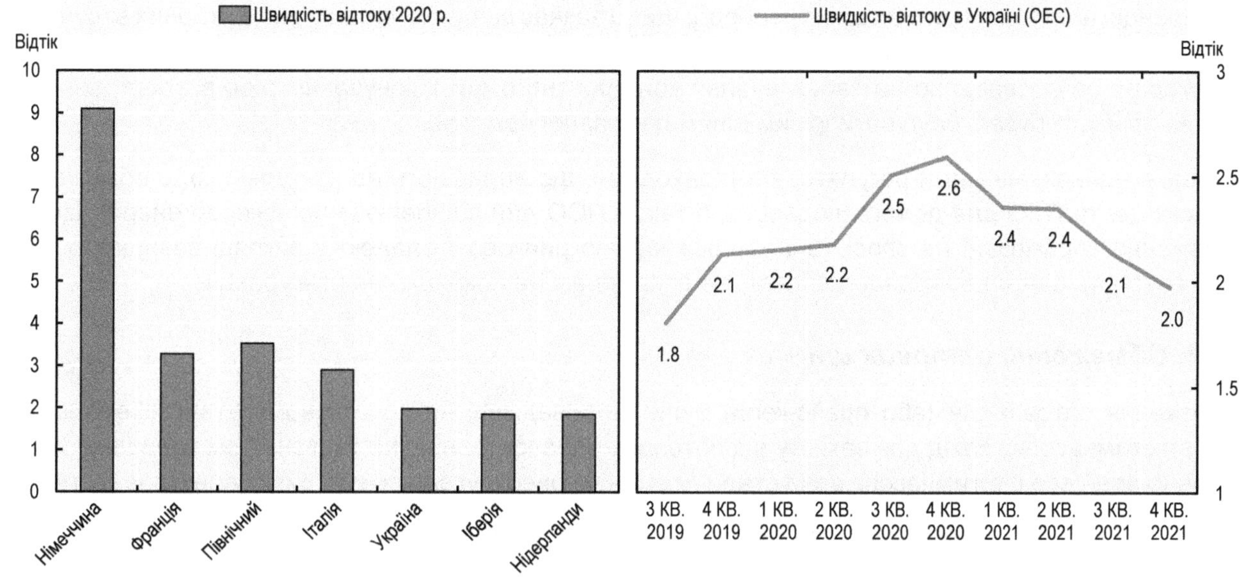

Джерела: НКРЕКП (2022[14]), Коефіцієнт відтоку в торговій зоні ОЕС України, https://public.tableau.com/app/profile/neurc/viz/1__16324693131810/1_; ACER/CEER (2021[15]), Річний звіт за результатами моніторингу внутрішнього ринку електричної енергії та природного газу у 2020 році, https://acer.europa.eu/Official_documents/Acts_of_the_Agency/Publication/ACER%20Market%20Monitoring%20Report%202020%20%E2%80%93%20Electricity%20Wholesale%20Market%20Volume.pdf.

Розглядаючи конкретно РДН, Україна має відносно низький рівень відтоку порівняно з іншими європейськими країнами, попри нормативні зобов'язання в Україні продавати певну частку генерації на РДН. Внутрішньоденний рівень відтоку в Україні більше відповідає середньому в інших країнах (див. Малюнок 4.9). Ймовірно, це пов'язано з тим, що ліміт ціни на ВДР вище ліміту РДН, тому виробники переносять свої обсяги з РДН на ВДР.

Малюнок 4.9. Показники відтоку на ринках на добу вперед і внутрішньодобових ринках

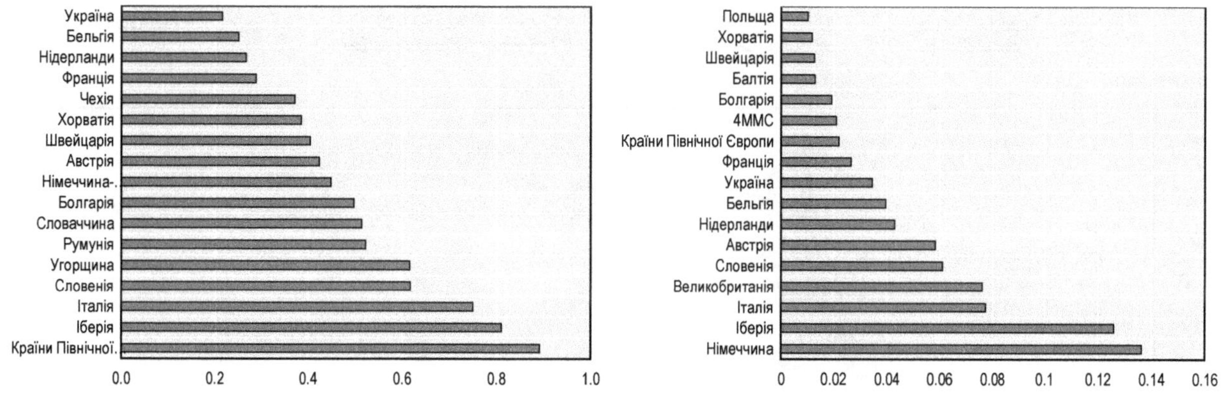

Джерела: Оператор ринку (2023[16]), Аналіз РДН/ВДР, https://www.oree.com.ua/index.php/web_monitoring_dtorg_year/index_year_dam; ACER/CEER (2021[15]), Річний звіт за результатами моніторингу внутрішніх ринків електроенергії та природного газу у 2020 році, https://acer.europa.eu/Official_documents/Acts_of_the_Agency/Publication/ACER%20Market%20Monitoring%20Report%202020%20%E2%80%93%20Electricity%20Wholesale%20Market%20Volume.pdf.

4.4. Регуляторне втручання, що впливає на конкуренцію

Конкуренція на оптових ринках електроенергії часто зазнає значного впливу регуляторних втручань. Вони можуть захищати, стимулювати, але також і перешкоджати конкуренції. Вони можуть бути спрямовані безпосередньо на забезпечення конкурентного функціонування ринків електроенергії або, як це часто буває, слугувати іншим цілям державної політики.

В Україні найважливішими регуляторними заходами, що впливають на конкуренцію, є обмеження оптових цін та ПСО для домогосподарств, а також ПСО для відновлюваних джерел енергії. Цінові обмеження спрямовані на запобігання зловживанню ринковою владою у вигляді завищених цін. ПСО слугують цілям державної політики і не спрямовані на покращення конкуренції.

4.4.1. Обмеження оптових цін

Обмеження оптових цін (або прайс-кепи) були запроваджені на початковому етапі лібералізації ринку як тимчасовий захід для захисту від потенційного зростання ціни та її значних коливань. Хоча технічно вони все ще тимчасові, вони стали постійною рисою українського ринку електроенергії.

Існують мінімальні та максимальні обмеження цін, але мінімальні обмеження не мали істотного впливу на формування ціни. З іншого боку, максимальні обмеження, або граничні ціни, суттєво обмежують формування ціни на оптовому ринку.

Часті зміни рівня обмежень ілюструють складність узгодження граничних цін із ефективним функціонуванням ринку.

Спотворення ціни

Малюнок 4.10 показує обмеження цін РДН і середні погодинні ціни для торгової зони ОЕС. У жовтні та листопаді 2021 року середні ціни досягали граничної ціни між 18:00 та 22:00, що свідчить про вплив граничної ціни на ціноутворення в цей період. В інші місяці та в інші години верхня межа не досягалася.

Малюнок 4.10. Обмеження ціни та середньомісячні ціни на РДН (торговельна зона ОЕС), серпень 2021 – січень 2022 рр.

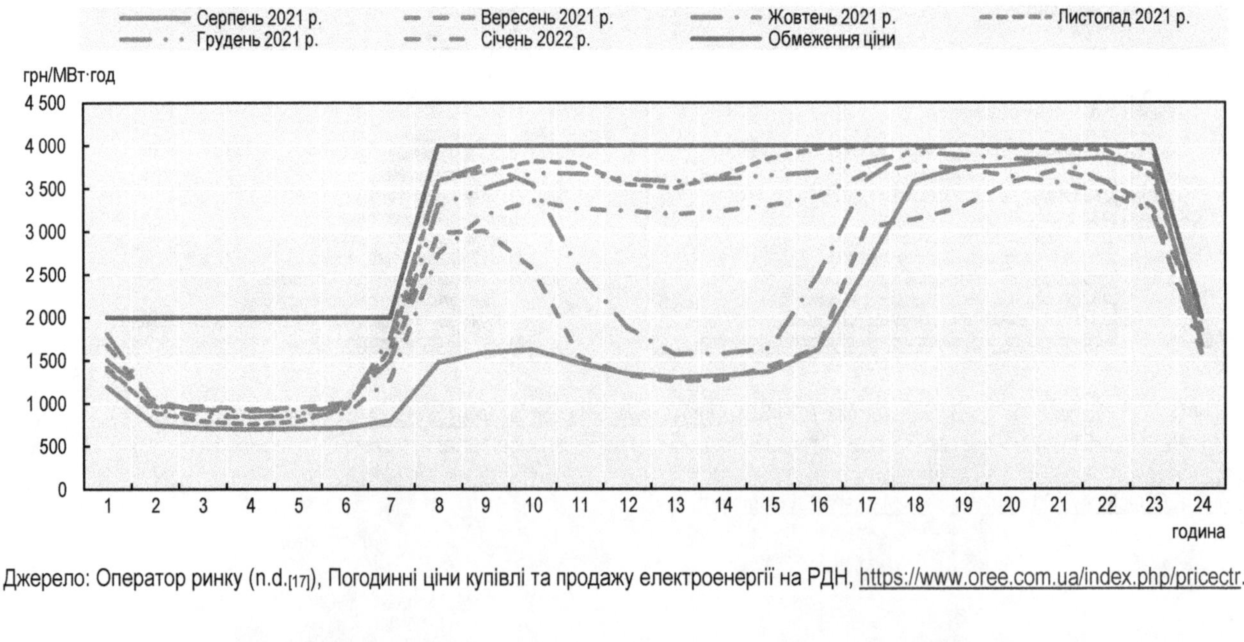

Джерело: Оператор ринку (n.d.[17]), Погодинні ціни купівлі та продажу електроенергії на РДН, https://www.oree.com.ua/index.php/pricectr.

Дивлячись на фактичні ціни, а не на середні, ефект обмеження цін стає більш помітним. Малюнок 4.11 показує розподіл погодинних цін між серпнем 2021 року та січнем 2022 року, що охоплює період після останньої зміни обмеження цін до повномасштабного вторгнення Росії в 2022 році. Ціни «на рівні обмежень» означають, що вони відхилялися не більше ніж на 1% від обмежень. Дані показують, що ціни досягли (або майже досягли) верхньої межі у 35% пікових годин, 12% непікових годин і 27% усіх годин. З 18:00 до 22:00 більше половини цін досягли верхньої межі. Це є переконливим доказом того, що формування ціни зазнало впливу протягом значної кількості годин – принаймні протягом зазначеного періоду.

Малюнок 4.11. На ціни РДН впливає обмеження, серпень 2021 року – січень 2022 року

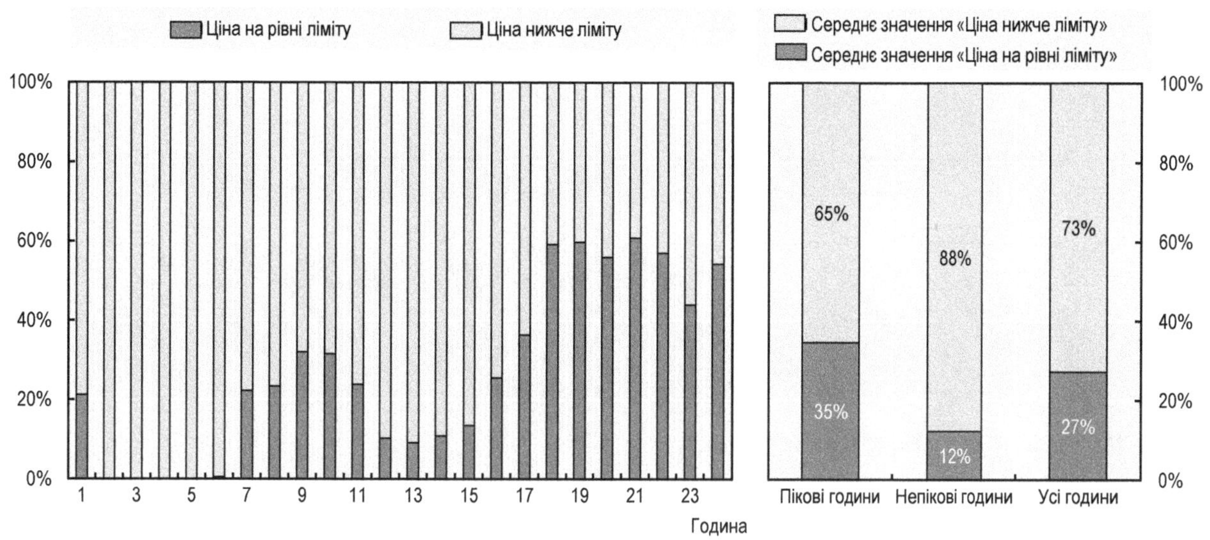

Примітка: «Ціна на рівні обмеження» – це коли фактична ціна максимум на 1% нижча за ліміт.
Джерело: Оператор ринку (n.d.[17]), Погодинні ціни купівлі та продажу електроенергії на РДН, https://www.oree.com.ua/index.php/pricectr.

Загалом, здається, що цінові обмеження перешкоджають ринковому ціноутворенню і значною мірою впливають на ціни, особливо в години пікових навантажень. Запобігаючи пікам цін, вони зменшують стимули для реагування на попит з боку великих споживачів електроенергії і, меншою мірою, з боку побутових споживачів. Крім того, вони перешкоджають появі нових бізнес-моделей, що покладаються на ціни, які відображають умови попиту та пропозиції, таких як арбітраж з використанням технологій зберігання енергії, швидкий запуск пікової генерації та агрегатори. Дозвіл на вільне ціноутворення сприятиме розвитку конкуренції та підвищенню гнучкості енергосистеми.

Відшкодування витрат і приховані витрати

Методологія розрахунку граничних цін в Україні ніколи не була офіційно повністю пояснена, але схоже, що вона базується на витратах вугільних електростанцій.

Малюнок 4.12 показує обмеження ціни РДН та проаналізовані граничні витрати електростанцій, що працюють на вугіллі та природному газі. У 2020 році пікове обмеження (обмеження для годин максимального навантаження) було значно вищим за граничні витрати для вугільних електростанцій, тоді як обмеження для непікових навантажень (обмеження для годин мінімального навантаження) було дещо нижче. Оскільки піковий попит покривається вугільними електростанціями, встановлені таким чином обмеження цін не повинні суттєво змінювати формування ціни. Однак пік потреби в Україні покривається не лише вугільними, а й електростанціями, що працюють на природному газі. Це не було актуальним для граничних цін, доки ціни на природний газ були відносно низькими, а граничні витрати газових електростанцій були нижчими за вугільні. Це змінилося наприкінці 2020 року, коли граничні витрати газових установок перевищили витрати вугільних електростанцій.

Малюнок 4.12. Порівняння граничних цін і оцінених граничних витрат, 2020-2021 рр.

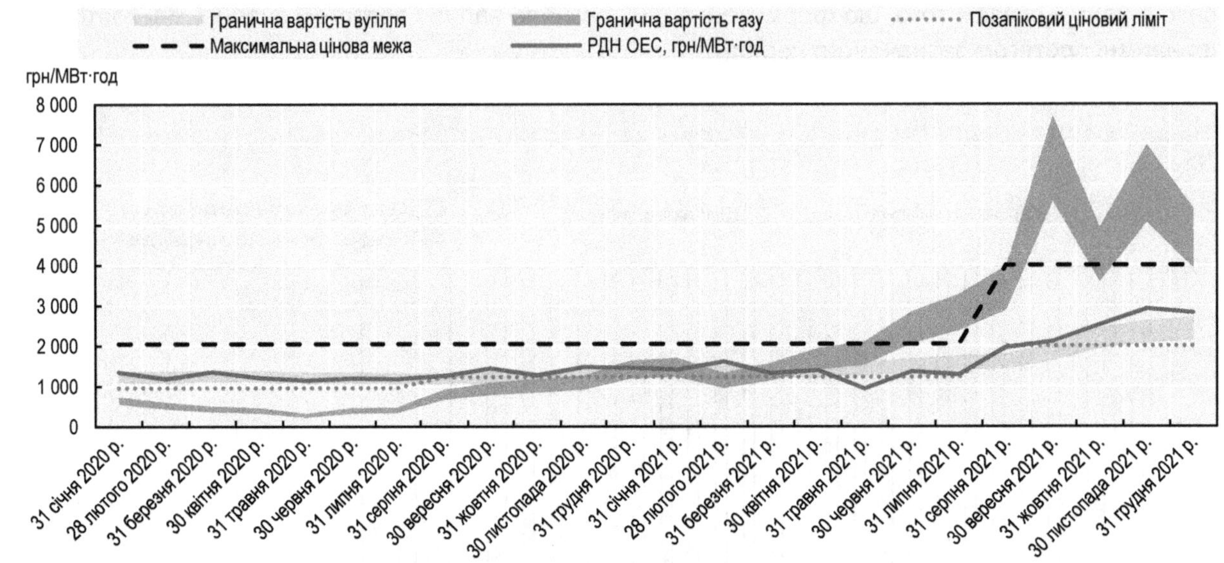

Примітка: Передбачається закупівля операторами вугільних електростанцій 75% вітчизняного та 25% імпортного вугілля.
Джерела: МЕА, УЕБ, НКРЕКП, Міністерство енергетики.

Після підвищення цін на природний газ міжнародні ціни на вугілля почали зростати з другої половини 2020 року. Наприкінці липня 2021 року НКРЕКП підвищила граничну ціну на 28%, але це не повністю компенсувало зростання цін на природний газ. У результаті граничні витрати газових електростанцій піднялися вище максимальної цінової межі приблизно в травні 2021 року. Це зробило роботу електростанцій, що працюють на природному газі, неекономічною, обмежило можливість переходу двопаливних електростанцій на природний газ, а теплоелектроцентралі (ТЕЦ), що працюють лише на газі, не змогли відшкодувати свої витрати.

Для вирішення цього НКРЕКП наприкінці 2021 року видала тимчасове розпорядження про закупівлю допоміжних послуг (забезпечення резервів заміщення).[8] Це було запроваджено для газових ТЕЦ і ТЕС у випадку, якщо вони потрібні для забезпечення потреб у балансуванні системи або якщо виник дефіцит вугілля. Цей захід фінансувався за рахунок диспетчерського тарифу ОСП, що стягується з користувачів мережі (генераторів та ОСР). Він забезпечив додатковий дохід для певних виробників та пом'якшив деякі фінансові проблеми, з якими вони зіткнулися. Однак це також створило додаткове джерело викривлення ринку через приховування реальної ціни електроенергії. Ця міра також носила дискримінаційний характер, оскільки була доступна лише певним виробникам.

Будь-який потенційний учасник отримає хибні сигнали про те, який тип генерації потрібний або яка ціна на нього буде встановлена. В умовах зростаючої змінності виробництва електроенергії точні цінові сигнали є критично важливими для заохочення учасників ринку до адаптації виробництва або споживання в режимі, близькому до реального часу, а також для сприяння інвестиціям у гнучкі установки всіх типів, у тому числі для заходів управління попитом та зберігання енергії.

Зони для негласної змови

Цінові обмеження можуть вплинути на поведінку учасників ринку більш витонченим способом, ніж просто запобігання подання заявок вище встановленого верхнього обмеження. Обмеження ціни може стати основним елементом заявок і призвести до встановлення вищих цін сукупно, ніж за відсутності обмежень. Ризик може бути найвищим, коли продавці очікують, що «справжня» ринкова ціна буде дещо нижчою від обмеження. У таких випадках може виникнути спокуса скоригувати заявку вгору та зробити заявку рівно або трохи нижче ліміту. Якщо кілька продавців дотримуються цієї стратегії, вони можуть «успішно» підвищити ціну вище конкурентного рівня. Іншими словами, наявність граничної ціни може сприяти мовчазній змові, оскільки є орієнтиром для скоординованої поведінки. З практичної точки зору, цінові обмеження зводять велику кількість цін на електроенергію, за якими продавці можуть намагатися негласно змовитися, до однієї або двох відомих цін, а саме обмеження ціни в пік/непік. В українському контексті деякі виробники також можуть вважати виправданим робити заявки вище своїх граничних витрат, оскільки вони можуть вважати, що обмеження ціни несправедливо обмежують їхні доходи.

Відсутність проблеми дефіциту цін і «відсутності грошей»

На конкурентному ринку електроенергії учасники роблять заявки на рівні своїх короткострокових граничних витрат, тобто витрат, пов'язаних з генерацією кожного додаткового (граничного) МВт-год. Капітальні витрати інфрамаржинальних виробників відшкодовуються протягом годин, коли ціну встановлює виробник з вищими граничними витратами. Капітальні витрати граничних виробників відшкодовуються протягом годин, коли виникають ціни дефіциту. Ціноутворення за умов дефіциту стосується ситуації, коли ринкові ціни перевищують граничну вартість граничної одиниці за умов, коли системі бракує генеруючої потужності для задоволення високого попиту. Тому ціноутворення за дефіциту є необхідним для отримання прибутку для покриття капітальних витрат граничних виробників.

Ціноутворення в умовах дефіциту є природним явищем на ринку, оскільки короткострокові стрибки цін відображають невідповідність між попитом і пропозицією в певні години. Встановлюючи відносно низькі обмеження цін і уникаючи таких стрибків цін, на ринках електроенергії може виникнути «проблема зниклих грошей». Це стосується нереалізованого доходу від високих цін, який необхідний для покриття довгострокових граничних витрат деяких виробників (див. Малюнок 4.13). Цей дохід має вирішальне значення для стимулювання оптимального рівня інвестицій. Якщо високі ціни та відповідні доходи під час дефіциту не можуть бути отримані, у виробників може виникнути спокуса запропонувати ціну, вищу за їхні короткострокові граничні витрати, що призведе до підвищення середніх цін на електроенергію.

Малюнок 4.13. Ілюстрація проблеми «відсутніх грошей»

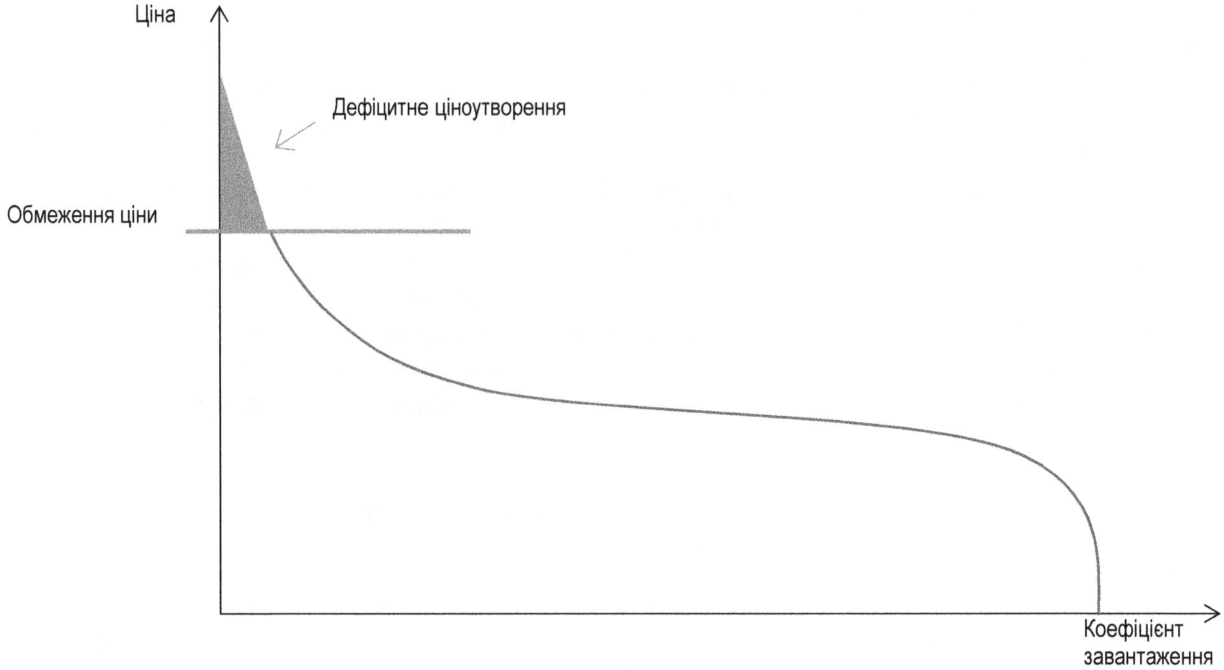

Джерело: OECP на основі Grigorjeva (2015[18]), Механізми розвитку потенціалу в ЄС: Націоналізація енергетичної безпеки?, https://www.researchgate.net/publication/304668651_CAPACITY_MECHANISMS_IN_THE_EU_NATIONALIZING_ENERGY_SECURITY.

В Україні обмеження цін не дозволяють виникнути дефіцитним цінам. Малюнок 4.14 показує загальний розподіл цін на ринку «на добу наперед» в Україні, Польщі та Німеччині у 2020 році.

Малюнок 4.14. Криві тривалості цін на РДН, 2020 р.

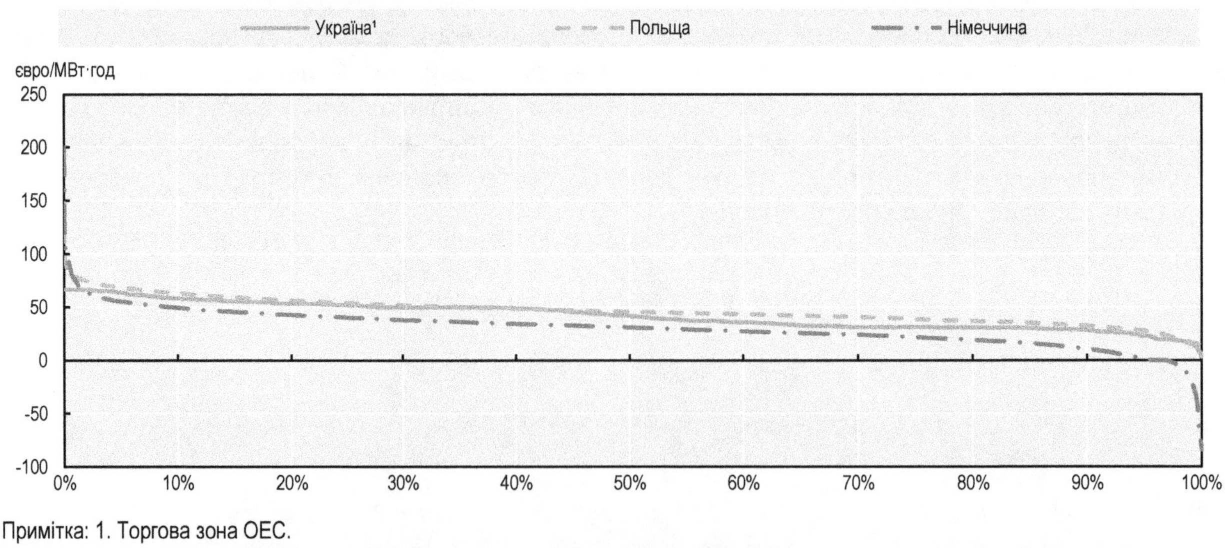

Примітка: 1. Торгова зона ОЕС.
Джерела: ENTSO-E (n.d.[19]), Ціни на добу наперед, https://transparency.entsoe.eu/; Оператор ринку, (n.d.[17]), Погодинні ціни купівлі та продажу електроенергії на РДН, https://www.oree.com.ua/index.php/pricectr.

Якщо не брати до уваги найвищі та найнижчі 10%, ціни в Україні та Польщі були приблизно в межах 60-30 євро, а в Німеччині – 50-10 євро. Однак, якщо розглядати верхню та нижню межі цін, то вони значно відрізняються. Малюнок 4.15 показує тривалість ціни для найдорожчих 60 годин. Ціни в Україні досягають максимуму на рівні 67 євро/МВт-год, що в 1,6 рази вище середнього показника. У Польщі та Німеччині ціни, не обмежені лімітами, зросли до 3,2 та 6,7 разів вище середньорічної ціни.

Малюнок 4.15. Графік кривих тривалості цін, 2020 р.

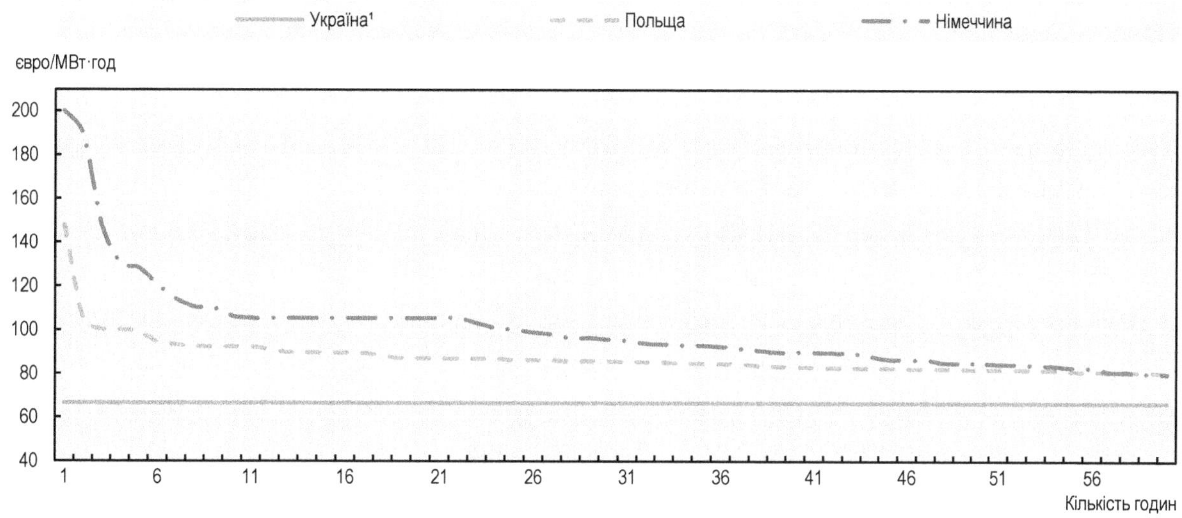

Примітка: 1. Торгова зона ОЕС.
Джерела: ENTSO-E (n.d.[19]), Ціни на добу наперед, https://transparency.entsoe.eu/; Оператор ринку (n.d.[17]), Погодинні ціни купівлі та продажу електроенергії на РДН, https://www.oree.com.ua/index.php/pricectr.

Варто зазначити, що, незважаючи на дуже високі ціни в окремі години, середня ціна в Німеччині була нижчою, ніж в Україні. Частково це пов'язано з деякими дуже низькими, від'ємними цінами.

Відсутність дефіцитного ціноутворення означає, що на ринок не надходять точні цінові сигнали, що може перешкоджати появі нових гравців, оскільки інвестори не можуть покладатися на дефіцитні події для отримання додаткового прибутку. Крім того, не маючи можливості відшкодувати капітальні витрати в години дефіциту, виробники можуть піддаватися спокусі включати капітальні витрати до своїх заявок, що потенційно може призвести до підвищення середніх цін.

Обмеження вільного комерційного обміну електроенергією через кордон

Цінові обмеження також впливають на транскордонну торгівлю електроенергією. На вільному ринку електроенергія експортується або імпортується залежно від різниці в цінах між взаємопов’язаними країнами, тобто електроенергія перетікає з країни з високою ціною до країни з нижчою. Якщо ціни на електроенергію в сусідніх країнах є ринковими, транскордонна торгівля підвищує загальний добробут і виграє як країна-експортер, так і країна-імпортер. Однак коли ціни в одній країні не відображають попит-пропозицію, це не обов’язково так.

У випадку України обмеження цін створюють «невиправдані» експортні можливості та збільшують прибутки компаній-експортерів електроенергії. У той же час обмеження цін можуть запобігти та/або скоротити імпорт. Побічно це підвищує ціну на електроенергію в Україні та може навіть підірвати безпеку постачання.

Європейська практика обмеження цін

Регламент ЄС 2019/943[9] про внутрішній ринок електроенергії передбачає скасування адміністративних та неявних цінових обмежень, щоб дозволити ціноутворення за умов дефіциту на оптовому ринку. Однак він дозволяє застосовувати технічні обмеження торгів на ринках «на добу наперед», внутрішньодобовому та балансуючому ринках. Вони не повинні «надмірно обмежувати торгівлю і повинні бути гармонізовані для внутрішнього ринку та враховувати максимальну величину втраченого навантаження». З цією метою вимагається впровадження прозорого механізму для автоматичного коригування технічних обмежень торгів у випадку, якщо очікується їх досягнення.

Величина втраченого навантаження (VoLL) – це показник витрат, пов'язаних з перервою в електропостачанні, іншими словами, це середня вартість, яку споживачі готові сплатити для забезпечення безперервного постачання електроенергії.

ACER встановив такі гармонізовані мінімальні та максимальні технічні обмеження тендерних пропозицій:

- [-500, +4 000] євро/МВт-год для одиніеї об'єднаної зони ринку на добу наперед[10]
- [-9 999, 9 999] євро/МВт-год для одиніеї об'єднаної зони внутрішньодобового ринку [11]
- [-15 000, 15 000] євро/МВт-год як перехідні обмеження до липня 2026 року для балансування енергії та міжзональних потужностей (на основі середнього максимального VoLL серед країн-членів ЄС).[12]

Ліміти для ринків «на добу наперед» та внутрішньодобових ринків явно не базуються на РДН, але механізм автоматичного коригування гарантує, що вони не обмежують вільне ціноутворення.

На відміну від української практики, граничні ціни в ЄС не мають на меті перешкоджати постачальникам брати участь у торгах за цінами, що значно перевищують середній рівень. Ризик значних відхилень від граничних витрат та зловживань ринковою владою усувається за допомогою моніторингу та регуляторних дій в рамках REMIT, а також шляхом застосування заходів антимонопольного законодавства.

4.4.2. Покладання спеціальних зобов'язань (ПСО)

ПСО для домашніх господарств в Україні впливає як на оптовий, так і на роздрібний ринок. ПСО для відновлюваних джерел енергії впливає на оптовий ринок, але також має наслідки для фінансової ситуації кількох ключових учасників ринку.

ПСО для домогосподарств

Як пояснюється в розділі 3.3.1, ПСО для домогосподарств передбачає прямий продаж електроенергії від НАЕК «Енергоатом» ПУП за середніми цінами РДН, а ОСР – за регульованими цінами, нижчими за ринкові. Виходячи з обсягів ринку за 2021 рік, це становить близько 4 ГВт базової потужності, вилученої з конкурентного оптового ринку, що еквівалентно приблизно 20% усієї електроенергії, що надходить до мережі, або 37% чистого виробництва НАЕК «Енергоатом».[13] При цьому на стільки ж зменшується попит. З точки зору вигід, скорочення пропозиції з низькими граничними витратами та еквівалентне скорочення попиту не повинно істотно впливати на ціни на добу наперед. Основним негативним ефектом є зниження загальної ліквідності на ринку.

Регульований доступ до продукції компанії з унікальним доступом до ресурсів існує не лише в Україні, а й в інших країнах (наприклад, схема *AREHN (Accès régulé à l'énergie nucléaire historique)* у Франції, або Регульований доступ до існуючої атомної електроенергії, див. вставку 4.4). Такі правила спрямовані на те, щоб розподілити вигоди від історичних інвестицій зі споживачами та зменшити переваги за витратами перед потенційними конкурентами.

Інформаційне вікно 4.4. Регульований доступ до ядерної енергії у Франції

ARENH (Accès régulé à l'énergie nucléaire historique) – це механізм, який дозволяє споживачам отримати вигоду від історичних інвестицій, які вони частково фінансували, водночас дозволяючи лібералізувати ринок електроенергії шляхом передачі вигоди вартості чинного оператора іншим постачальникам/новим учасникам.

Відповідно до ARENH, ціни та обсяги регульованих продуктів встановлювалися адміністративно. Домінуючий на ринку виробник EDF був зобов'язаний щорічно продавати до 100 ТВт-год свого атомного виробництва, близько 25% свого середнього виробництва, на вимогу своїм конкурентам за регульованою ціною. Спільним актом міністрів економіки та енергетики, запропонованим органом регулювання енергетики була встановлена ціна доступу на рівні, що забезпечує справедливу компенсацію для EDF. Лише постачальники, що обслуговують кінцевих споживачів у Франції, мають право отримувати вигоду від механізму ARENH в обсягах, пропорційних до їхньої внутрішньої клієнтської бази, а оператори мереж – для покриття втрат у мережі. Заходи повинні обмежуватися в часі (ARENH було створено на 15 років до 31 грудня 2025 року) і підлягають регуляторному моніторингу та перегляду. Заходи були нотифіковані та схвалені Європейською Комісією як ПСО і відповідають правилам ЄС щодо державної допомоги.

Слід зазначити, що антимонопольний орган Франції критично ставиться до механізму ARENH і вважає, що він не досягнув початкових цілей, поставлених законодавцями.

Джерело: Ambec and Crampe (2019[20]), Регульований доступ до існуючої ядерної електроенергії, https://fsr.eui.eu/regulated-access-to-incumbent-nuclear-electricity/.

Останнямодель ПСО для домогосподарств в Україні поєднує в собі постачання енергії для базового навантаження з фінансовими внесками. Така модель має кілька недоліків:

- Регульовані ціни для домогосподарств не покривають повну вартість електроенергії, що постачається (тобто суму собівартості виробництва, мережевих тарифів та маржі постачальника).
- Субсидії отримують всі домогосподарства, незалежно від рівня їх доходів. Вразливі споживачі не визначені у законодавстві. Це збільшує вартість застосовуваної моделі.
- Штучно занижені ціни для домогосподарств знижують стимули до енергоефективності. Вони також знижують стимули інвестувати в малі відновлювані джерела енергії для власного споживання.
- Штучно занижені ціни надсилають викривлені сигнали щодо вибору між джерелами енергії, тобто, чи використовувати електроенергію для опалення, чи природний газ. Це знижує довгострокову еластичність попиту на електроенергію.
- Штучно занижені ціни для домогосподарств зменшують можливості для конкуренції на роздрібному ринку.
- ПСО для домогосподарств зменшує ліквідність на оптовому ринку, оскільки близько 20% обсягу електроенергії вилучається з конкурентної торгівлі.
- Це створює проблеми з фінансовою ліквідністю для ПУП, оскільки вони повинні фінансувати різницю між цінами, за якими вони закуповують електроенергію та продають її домогосподарствам. Зрештою, «Енергоатом» сплачує різницю (через ГП), але це може зайняти кілька місяців.
- ПСО для домогосподарств приховує загальну вартість регульованих цін від платників податків та громадян.

- ПСО для домогосподарств є відкритим та вразливим до змін ринкової кон'юнктури. Ціни на електроенергію для домогосподарств є фіксованими, а вартість механізму – ні. Вартість змінюється зі зміною оптових цін на електроенергію, тарифів ОСП та ОСР. Наприклад, вартість механізму зростає, коли зростають середні ринкові ціни. Крім того, навіть коли вартість є стабільною, відносний фінансовий тягар механізму, який несуть Енергоатом та Укргідроенерго, може змінюватися. Кожного разу, коли виробництво Енергоатома або Укргідроенерго знижується, вони повинні використовувати більшу частку свого виробництва та доходів для фінансування механізму.
- ПСО для домогосподарств зменшує прибутковість Енергоатому та Укргідроенерго та їхню здатність інвестувати.

ПСО для відновлюваних джерел енергії

Структура ПСО для ВДЕ вимагає, щоб виробники відновлюваних джерел енергії (ВДЕ) за «зеленим» тарифом продавали свою вироблену продукцію Гарантованому покупцю, що в свою чергу природньо збільшує концентрацію на оптовому ринку. Крім того, виробники ВДЕ не можуть пропонувати послуги балансування на конкурентних засадах. Замість цього, вони обмежуються ОСП, коли це необхідно, де-факто надаючи послуги з балансування в бік зменшення.

З серпня 2022 року виробники ВДЕ можуть тимчасово вийти зі схеми підтримки ВДЕ та балансуючої групи ГП і торгувати безпосередньо на ринку. До кінця серпня 2022 року кілька десятків компаній – переважно середніх виробників сонячної енергії – з майже 1 000 вирішили це зробити (Energy reform, 2022[21])

Перехід значної кількості виробників ВДЕ на прямі продажі сприятиме розвитку конкуренції за рахунок заохочення більш різноманітних стратегій участі у торгах. Прямий маркетинг для виробників ВДЕ також створить сильніші стимули для зменшення помилок прогнозування і, таким чином, знизить вартість балансування.

4.4.3. Правила ринку двосторонніх договорів

Ринок двосторонніх договорів (РДД) є найбільшим ринком електроенергії в Україні за обсягом продажів. Більшість двосторонніх торгів відбувається на аукціонних майданчиках УЕБ. Тим не менш, РДД не пропонує достатньої ліквідності або глибини через три основні фактори.

По-перше, аукціони на УЕБ розділені на спеціальну секцію та комерційну секцію, причому перша секція ще більше сегментована. Поділ між секціями та сегментами встановлено законодавством. Участь у спеціальному сегменті також обмежена законодавством. Де-факто, різні частини УЕБ є окремими ринковими майданчиками. Єдиною ринковою частиною є комерційна секція, де укладається менше 20% двосторонніх договорів за обсягом, а це означає, що простір для реальної конкуренції на РДД значно зменшується.

По-друге, на УЕБ низький рівень стандартизації. Існують стандартні графіки продажів (базовий, піковий та позапіковий), але багато умов договорів (наприклад, умови оплати, гарантійні внески, додаткові умови та умови поставки) встановлюються ініціаторами аукціонів. З одного боку, така гнучкість є позитивною рисою двосторонніх договорів. З іншого боку, вона може бути використана для обмеження рівного доступу до електроенергії та негативно вплинути на конкуренцію.

По-третє, регуляторна невизначеність може перешкоджати учасникам ринку укладати довгострокові двосторонні договори. Зокрема, учасники ринку можуть остерігатися змін граничних цін. Як наслідок, двосторонні договори, як правило, укладаються на один місяць або менше в комерційній частині. Це робить довгострокові закупівлі електроенергії дуже ризикованими.

У 2022 році УЕБ запровадила платформу зі стандартизованими продуктами та більш зручним для торгівлі дизайном. На момент написання цього звіту вона ще не використовувалася.

4.5. Бар'єри для входу

Вихід на ринок є важливим фактором посилення конкуренції. Це обмежує здатність чинних компаній підтримувати ціни вище конкурентного рівня протягом значного періоду часу. Навіть потенційний вихід на ринок може перешкоджати використанню ринкової влади з боку діючих компаній, оскільки високі прибутки, отримані завдяки високим цінам (а не ефективності), часто спричиняють вихід на ринок, що зменшує маржу прибутку. Таким чином, бар'єри для входу є основною проблемою для конкуренції в довгостроковій перспективі. Багато ринків мають принаймні деякі бар'єри, які ускладнюють вихід на них.

Бар'єри для входу на ринок можуть бути структурними, правовими, регуляторними або їх комбінацією. Структурні бар'єри стосуються випадків, коли існують абсолютні переваги у витратах, суттєва економія за рахунок масштабу, обмеження потужності та високі безповоротні витрати, або коли забезпечення результату вимагає вхідних даних, які неможливо технічно чи економічно повторити. Правові або регуляторні бар'єри є результатом законодавчих, адміністративних чи інших заходів, які безпосередньо впливають на умови входу та/або позиціонування фірми на відповідному ринку, включаючи контроль над цінами чи інші заходи, пов'язані з цінами.

Конкуренція в електроенергетиці значною мірою залежить від розподілу генеруючих активів, тобто електростанцій. Перешкоди для створення нових генеруючих потужностей можуть бути основною перешкодою для конкуренції.

В Україні інвестиційні можливості в нові генеруючі потужності обмежені кількома факторами. Навряд чи доступ до певних видів палива (води, вугілля) та ядерних технологій буде доступним для нових учасників. Кредити для вугільних електростанцій здебільшого недоступні в міжнародних банках. Цінові обмеження обмежують прибутковість генеруючих активів, як нових, так і старих. До повномасштабного вторгнення Росії в лютому 2022 року в системі також був номінальний надлишок потужностей, що зменшувало стимули для нових інвестицій.

4.5.1. Невідтворюваний доступ до ресурсів та обмеження обсягу потенційних інвестицій у генерацію

Новозбудовані електростанції повинні бути конкурентноспроможними з граничними витратами діючих операторів. Якщо деякі з існуючих компаній мають економічну перевагу, яку неможливо порівняти, малоймовірно, що нові учасники стануть джерелом конкурентного тиску.

Два найбільших гравця в Україні, Енергоатом і Укргідроенерго, оперують активами, які конкуренти не можуть дублювати через недоступність певних ресурсів: поенціал водотоку із великих річок і ядерні технології. Більшість потенціалу великих гідроелектростанцій в Україні вичерпано, натомість атомна енергетика має дуже високі бар'єри для входу.

Щодо теплової генерації, піковий попит задовольняють вугільні електростанції. Внутрішній видобуток вугілля розподіляється між Групою ДТЕК і державними шахтами. Вітчизняне українське вугілля продається діючим вугільним електростанціям за нижчою ціною, ніж імпортоване. Це означає, що будь-який новий інвестор у вугільну генерацію, ймовірно, буде змушений використовувати дорожче імпортне вугілля, ставлячи його в неконкурентне становище.

Багато міжнародних фінансових установ зобов'язалися припинити інвестиції в проекти з інтенсивним викидом вуглецю. Усі великі фінансові установи розвитку з країн G20 взяли на себе зобов'язання збільшити підтримку зеленої енергії. Таким чином, з точки зору фінансування, малоймовірно, що в Україні можна буде профінансувати нові електростанції, що працюють на вугіллі та мазуті. Цей факт зміцнює позиції традиційних вугільних генераторів на ринку.

Це також означає, що ці бар'єри обмежують діапазон потенційних технологій, доступних для інвестицій в Україні, і новий вихід на ринок електроенергії, ймовірно, буде обмежений інвестиціями у відновлювані джерела енергії (за винятком великих ГЕС), сучасні технології зберігання та електростанції із газовими турбінами. Проте, інвестиції в газову генерацію наразі обмежені ціновими обмеженнями, оскільки вони не дозволяють відшкодувати граничні витрати (обговорюється в розділі 4.4.1).

Капіталоємні інвестиції у відновлювані джерела енергії спиралися на механізм підтримки «зеленого» тарифу. Схема підтримки виявилася дуже витратною, що призвело до несвоєчасної виплати та несплати обіцяних «зелених» тарифів діючим виробникам ВДЕ. Це підірвало довіру інвесторів до українського механізму підтримки відновлюваної енергетики та, можливо, навіть до української електроенергетики.

4.5.2. Номінальна надлишкова потужність в енергосистемі

Зростання попиту на електроенергію відкриває більше можливостей для виходу на ринок, оскільки потенційні інвестори та існуючі компанії конкурують на більш рівних умовах за створення нових генеруючих потужностей. Якщо попит стагнує, новим учасникам буде важко конкурувати з існуючими компаніями, тим більше, якщо вони мають вільні потужності.

Загальна встановлена диспетчеризована потужність в Україні до повномасштабного вторгнення Росії становила близько 44 ГВт, тоді як максимальний попит у 2021 році становив 25 ГВт. До вторгнення Укренерго оцінювало щорічне зростання попиту на 1,5% протягом наступного десятиліття. Виходячи з довоєнного попиту, це означає піковий попит у 29-30 ГВт у 2031 році. Згідно з цими припущеннями, наявної потужності все одно буде достатньо для покриття внутрішнього попиту, навіть якщо всі експортні потужності також будуть використані.

З моменту відкриття ринку в Україні не було введено в експлуатацію жодної нової потужності, за винятком відновлюваних джерел енергії в рамках схем підтримки та нових гідроакумулюючих станцій, побудованих публічними компаніями. Фактично, значна кількість потужностей має бути виведена з експлуатації. Як член Енергетичного Співтовариства, Україна зобов'язана забезпечити, щоб усі великі спалювальні установки відповідали вимогам ЄС[14] щодо обмеження викидів. У 2017 році Кабінет Міністрів України (КМУ) прийняв Національний план скорочення викидів[15] (НПСВ), в якому викладено наміри України значно скоротити викиди від існуючих великих спалювальних установок. Він визначає вугільні та газові електростанції, які мають бути послідовно виведені з експлуатації з 2018 року до кінця 2033 року. Виведення з експлуатації не відбулося згідно з початковим графіком, і в 2019 році реалізація НПСВ була відкладена на термін від двох до п'яти років. Міністерство енергетики запропонувало ще одне відтермінування у 2020 році (SaveDnipro, 2021[22]).

Політика уряду досі полягала в тому, щоб старі електростанції працювали якомога довше, одночасно підтримуючи інвестиції у відновлювані джерела енергії. З надлишковою потужністю та відсутністю чітких сигналів щодо поступового виведення з експлуатації старих електростанцій нові входи в генерацію навряд чи відбудуться.

Протягом багатьох років точаться дискусії про необхідність додаткової гнучкості в енергосистемі України (Natha, 2020[23]). У 2019 році КМУ прийняв порядок будівництва нових генеруючих потужностей та систем управління попитом.[16] Відповідно до нього, Укренерго може ініціювати тендер на будівництво балансуючих потужностей з державною підтримкою. Такі тендери анонсувалися кілька разів, але так і не відбулися. Загалом, гнучкі потужності можуть і повинні забезпечуватися ринком, а державна підтримка має бути обмежена особливими випадками. Перш ніж впроваджувати підтримку через механізми надання потужностей, слід докласти зусиль, щоб зробити ринкові інвестиції більш привабливими, зокрема, шляхом зняття цінових обмежень на балансуючому ринку. Щодо впливу гнучких потужностей на конкуренцію, слід зазначити, що такі станції працюють відносно небагато годин і не виробляють значних обсягів електроенергії щорічно. Така потужність, ймовірно, буде пропонуватися на балансуючому ринку та ринку допоміжних послуг і не впливатиме на конкуренцію на двосторонньому або спотовому ринках.

Через драматичний вплив війни як на генеруючі потужності, так і на попит, у післявоєнний період необхідно буде наново оцінити потребу в додаткових потужностях та їх типах. Для залучення приватних інвестицій будуть потрібні точні прогнози попиту та пропозиції. Крім того, необхідно визначити роль державної підтримки будь-яких нових потужностей і повідомити про неї.

4.5.3. Накопичення боргів

Накопичення боргів у різних секторах електроенергетики України є тривожним сигналом для потенційних інвесторів. Без вирішення основних проблем у надійний та сталий спосіб залучення нових інвесторів буде складним завданням.

Фінансові та юридичні проблеми зі схемою підтримки ВДЕ набули широкого розголосу і добре відомі за межами кола існуючих виробників електроенергії з ВДЕ. Значне падіння попиту на електроенергію з лютого 2022 року також виявило нову фінансову загрозу для схеми підтримки ВДЕ. Теоретично, зі зменшенням загального споживання відносна вартість (тобто вартість МВт-год) схеми підтримки ВДЕ зростає, оскільки загальна вартість розподіляється на меншу загальну кількість спожитих МВт-год. На практиці, величезна шкода та руйнування сонячних та вітрових електростанцій призвели до зниження виробництва ВДЕ, тому ця проблема не матеріалізувалася, навіть якщо і за прикрих причин.

Проблеми неплатежів на балансуючому ринку менш відомі, але становлять ризик для учасників оптового ринку. Більшість неплатежів можна віднести на рахунок споживачів постачальника «останньої надії», а саме «Вода Донбасу» – однойменного постачальника води на окупованій території – та державних вугільних шахт. Вугільні компанії не можуть оплачувати рахунки за електроенергію, але з екологічних причин[17] законодавство захищає їх від відключення від електропостачання. Витрати на забезпечення цих компаній електроенергією перетворюються на постійно зростаючий борг на балансуючому ринку. За даними Укренерго, станом на жовтень 2022 року цей чистий борг сягнув 6,4 млрд грн. (17,5 млрд грн – заборгованість учасників ринку перед Укренерго, 11,1 млрд грн – заборгованість Укренерго перед постачальниками послуг балансування). Це створює проблеми для своєчасних розрахунків з постачальниками послуг балансування. Крім того, це дуже ускладнює процес підвищення або скасування граничних цін на балансуючому ринку. У разі підвищення граничних цін борг зросте ще більше і може підірвати фінансову стабільність кількох учасників ринку, в тому числі Укренерго, яке виконує кілька життєво важливих функцій в енергетичному секторі. Без вирішення питання про те, як стабільно фінансувати джерело боргу, рішення про скасування граничних цін може бути відкладено на невизначений термін.

Посилання

ACER (2021), *ACER Guidance on the application of Regulation (EU) No 1227/2011 of the European Parliament and of the Council of 25 October 2011 on wholesale energy market integrity and transparency*, ACER, https://www.acer.europa.eu/en/remit/Pages/default.aspx. [5]

ACER (2021), "ACER guidance on the application of REMIT and transaction reporting", *REMIT Quarterly*, Vol. Q4/27. [8]

ACER/CEER (2021), *Annual Report on the Results of Monitoring the Internal Electricity and Natural Gas Markets in 2020*, ACER/CEER, https://acer.europa.eu/en/Electricity/Market%20monitoring/Documents/MMR%202020%20Summary%20-%20Final.pdf (accessed on 14 February 2023). [13]

ACER/CEER (2021), *Annual Report on the Results of Monitoring the Internal Electricity and Natural Gas Markets in 2020 – Electricity Wholesale Markets Volume*, https://acer.europa.eu/Official_documents/Acts_of_the_Agency/Publication/ACER%20Market%20Monitoring%20Report%202020%20%E2%80%93%20Electricity%20Wholesale%20Market%20Volume.pdf (accessed on 3 April 2023). [15]

Ambec, S. and C. Crampe (2019), *Regulated Access to Incumbent Nuclear Electricity*, Florence School of Regulation, https://fsr.eui.eu/regulated-access-to-incumbent-nuclear-electricity/ (accessed on 13 April 2023). [20]

AMCU (2023), *Proposals of the Committee for the project "OECD Competition Market Studies: Ukraine's electricity sector.* [11]

Borenstein, S. et al. (1999), "Market Power in Electricity Markets: Beyond Concentration Measures", *The Energy Journal*, Vol. 20/4, pp. 65-88, https://www.jstor.org/stable/41326187 (accessed on 20 February 2023). [3]

Bundesnetzagentur (2021), *Fines for manipulation of wholesale energy market*, Press release, https://www.bundesnetzagentur.de/SharedDocs/Pressemitteilungen/EN/2021/20211005_BussgeldMarktmanipulation.html (accessed on 23 February 2023). [9]

Chauve, P. et al. (2009), "The E.ON electricity cases: an antitrust decision with structural remedies", *Competition Policy Newsletter*, Vol. 1, http://ec.europa.eu/ (accessed on 21 February 2023). [6]

Energy reform (2022), *Several dozen producers of electricity from RES have already refused the "green" tariff*, http://reform.energy/news/kilka-desyatkiv-virobnikiv-elektroenergii-z-vde-vzhe-vidmovilisya-vid-zelenogo-tarifu-glava-garpoka-20658 (accessed on 4 April 2023). [21]

ENTSO-E (n.d.), *Day-ahead Prices*, Transparency Plattform, https://transparency.entsoe.eu/ (accessed on 17 March 2023). [19]

Eurostat (2023), *Market share of the largest generator in the electricity market*, NRG_IND_MARKET, https://ec.europa.eu/eurostat/databrowser/view/TEN00119/default/table?lang=en&category=nrg.nrg_market (accessed on 14 March 2023). [1]

Grigorjeva, J. (2015), *Capacity mechanisms in the Eu: Nationalizing energy security?*, https://www.researchgate.net/publication/304668651_CAPACITY_MECHANISMS_IN_THE_EU_NATIONALIZING_ENERGY_SECURITY. [18]

Market Operator (2023), *DAM/IDM Analysis*, https://www.oree.com.ua/index.php/web_monitoring_dtorg_year/index_year_dam (accessed on 2 March 2023). [16]

Market Operator (n.d.), *Hourly electricity purchase and sale prices on DAM*, https://www.oree.com.ua/index.php/pricectr (accessed on 16 March 2023). [17]

Moss, D. and S. Vaheesan (2014), *Antitrust Tools for Challenging Capacity Withholding in Wholesale Electricity Markets*, AAI, https://www.antitrustinstitute.org/wp-content/uploads/2014/07/AAI-on-Capacity-Withholding_final.pdf (accessed on 21 February 2023). [7]

Natha, O. (2020), *Peakers and balancers: what technologies does the energy system of Ukraine need | Ukrainian Energy*, Olesya, https://ua-energy.org/uk/posts/pikery-ta-balansery-iakykh-tekhnolohii-potrebuie-enerhosystema-ukrainy (accessed on 23 March 2023). [23]

NEURC (2022), *Churn rate in the IPS trade zone of Ukraine*, Tableau Public, https://public.tableau.com/app/profile/neurc/viz/1__16324693131810/1_ (accessed on 3 April 2023). [14]

NEURC (2022), *Share of trade in different market segments*, Tableau Public, https://public.tableau.com/app/profile/neurc/viz/2__16324695298060/sheet0_1 (accessed on 13 April 2023). [12]

Perekhodtsev, D., L. Lester and S. Blumsack (2022), "The model of pivotal oligopoly applied to electricity markets", https://www.researchgate.net/publication/228795969_The_model_of_pivotal_oligopoly_applied_to_electricity_markets (accessed on 21 February 2023). [4]

Pham, T. (2019), "Market power issues in liberalized wholesale electricity markets: A review of the literature with a look into the future", *Revue d'Economie Politique*, Vol. 129/3, pp. 325-354, https://doi.org/10.3917/REDP.293.0325. [24]

SaveDnipro (2021), *History of NERP. Happy End depends on you and me*, https://www.savednipro.org/istoriya-npsv-happy-end-zalezhit-vid-nas-iz-vami/ (accessed on 22 March 2023). [22]

Supponen, M. (2021), *Reforming Ukraine's electricity market*, Low Carbon Ukraine, https://www.lowcarbonukraine.com/wp-content/uploads/Reforming-Ukraines-electricity-market.pdf (accessed on 23 March 2023). [10]

Ukrenergo (2021), *Production and sale of electric energy by generating companies*, http://web.archive.org/web/20211022135312/https://ua.energy/uchasnikam_rinku/administrator-komertsijnogo-obliku/statystychni-dani/vyrobnytstvo-ta-vidpusk-elektrychnoyi-energiyi-generuyuchymy-kompaniyamy/ (accessed on 14 April 2023). [2]

Примітки

[1] Для більш детальної інформації див., наприклад, (Pham, 2019[24]).

[2] Регламент (ЄС) № 1227/2011 Європейського Парламенту та Ради про цілісність та прозорість оптового енергетичного ринку, 25 жовтня 2011 р., https://eur-lex.europa.eu/legal-content/EN/TXT/?uri=CELEX%3A32011R1227.

[3] Докладніше про застосування REMIT див. (ACER, 2021[5]).

[4] Повний перелік виконавчих рішень: https://www.acer.europa.eu/remit/coordination-on-cases/enforcement-decisions

[5] Закон України № 2210-III «Про захист економічної конкуренції», 11 січня 2001 р., https://zakon.rada.gov.ua/laws/show/2210-14#Text

[6] Рішення Європейського суду у справі C-62/86, AKZO [1991] ECR I-3359, п. 60, https://eur-lex.europa.eu/legal-content/EN/TXT/?uri=CELEX%3A61986CJ0062.

[7] Повідомлення Комісії 2009/C 45/02, Керівництво щодо пріоритетів правозастосування Комісії у застосуванні статті 82 Договору про заснування ЄС до неправомірної виключної поведінки домінуючих суб'єктів господарювання, 24 лютого 2009 р., https://eur-lex.europa.eu/legal-content/EN/ALL/?uri=CELEX%3A52009XC0224%2801%29.

[8] Постанова НКРЕКП № 2003 «Про затвердження Тимчасового порядку закупівлі допоміжних послуг із забезпечення регулювання частоти та активної потужності в об'єднаній енергетичній системі України, а саме надання резервів заміщення (третинне регулювання)», 8 листопада 2021 р., https://zakon.rada.gov.ua/rada/show/v2003874-21#Text

[9] Регламент (ЄС) 2019/943 Європейського Парламенту та Ради про внутрішній ринок електроенергії (нова редакція), 5 червня 2019 р., https://eur-lex.europa.eu/legal-content/EN/TXT/?uri=CELEX%3A32019R0943.

[10] Рішення ACER № 01/23, Додаток I, Гармонізовані максимальні та мінімальні кліарингові ціни для одноразового приєднання на добу наперед, 10 січня 2023 р., https://acer.europa.eu/sites/default/files/documents/Individual%20Decisions_annex/ACER%20Decision%2001-2023%20on%20HMMCP%20SDAC%20-%20Annex%201.pdf.

[11] Рішення ACER № 02/2023, Додаток I, Гармонізовані максимальні та мінімальні кліарингові ціни для одноразового внутрішньодобового приєднання, 10 січня 2023 р., https://www.acer.europa.eu/sites/default/files/documents/Individual%20Decisions/ACER%20Decision%2002-2023%20on%20HMMCP%20SIDC.pdf.

[12] Рішення ACER № 03/2022, Додаток I, Поправка до методології ціноутворення на балансуючу енергію та міжзональну потужність, що використовується для обміну балансуючою енергією або управління процесом взаємозаліку небалансів 25 лютого 2022 р., https://www.acer.europa.eu/sites/default/files/documents/Individual%20Decisions_annex/ACER%20Decision%2003-2022%20on%20the%20amendment%20of%20the%20pricing%20methodology%20-%20Annex%20I_0.pdf.

[13] Розрахунки базуються на результатах аукціону ПСО та даних енергобалансу Укренерго за 2021 рік.

[14] Директива 2001/80/ЄС Європейського Парламенту та Ради про обмеження викидів деяких забруднюючих речовин у повітря від великих спалювальних установок, 23 жовтня 2001 р., https://eur-lex.europa.eu/legal-content/EN/TXT/?uri=celex%3A32001L0080.

[15] Постанова КМУ № 796 «Про Національний план скорочення викидів від великих спалювальних установок», 8 листопада 2017 р., https://zakon.rada.gov.ua/laws/show/796-2017-%D1%80#Text.

[16] Постанова КМУ № 677 «Про затвердження Порядку проведення конкурсу з будівництва генеруючих потужностей та здійснення заходів з управління попитом», 10 липня 2019 р., https://zakon.rada.gov.ua/laws/show/677-2019-%D0%BF#n8.

[17] На закритих вугільних шахтах мають працювати водяні насоси, щоб запобігти їх затопленню та забрудненню підземних вод.

5 Оцінка роздрібного ринку

У цьому розділі описано струкрурний поділ роздрібного ринку електроенергії та його вплив на конкуренцію. Постачання електроенергії підприємствам здійснюється на конкурентних засадах, але низька ліквідність та інші фактори на оптовому ринку обмежують інтенсивність конкуренції в цьому сегменті. Сегмент постачання домогосподарствам не демонструє жодних ознак конкуренції через те, що ціни регулюються на рівні значно нижчому за ринковий.

Як описано в розділі 3.2, усі споживачі електроенергії в Україні вільні у виборі постачальника. Однак це не означає, що роздрібний ринок повністю відкритий для конкуренції. Насправді регулювання поділяє роздрібний ринок на різні сегменти з різними рівнями конкуренції.

Бізнес-споживачів можна розділити на дві категорії – малі непобутові споживачі та середні й великі непобутові споживачі. Державні установи (також їх називають бюджетними організаціями) розглядаються як непобутові споживачі та залежно від їхньої договірної спроможності підпадають під категорію малих, середніх або великих.

Підприємства відносяться до малих непобутових споживачів, якщо вони приєднані до електричних мереж з договірною потужністю до 50 кВт. Цей статус залежить від технічних характеристик обладнання споживача, які включені до договору про надання послуг з розподілу, укладеного між споживачем та ОСР. Підприємства з договірною потужністю понад 50 кВт у цій класифікації вважаються середніми та великими непобутовими споживачами.

Побутові споживачі поділяються на індивідуальні домогосподарства (використовують електроенергію для власних потреб) і колективні домогосподарства (юридичні особи, створені для розрахунків за обсяги спожитої електроенергії для задоволення потреб групи/об'єднань домогосподарств).

Усі суб'єкти господарювання мають право купувати електроенергію у ліцензованого постачальника шляхом укладення договору постачання за нерегульованими цінами. Малі підприємства також мають право на постачання на прозорих ринкових умовах, що на практиці означає право на постачання через ПУП. Побутові споживачі також мають право на електропостачання від ПУП. Для ПУП це означає зобов'язання постачати електроенергію всім тим дрібним непобутовим споживачам та домогосподарствам, що до них звернулися.

Правова класифікація споживачів електроенергії має важливий вплив на функціонування роздрібного ринку. Залежно від типу споживача ціноутворення та фактичні ціни істотно відрізняються (див. Малюнок 5.1).

Малюнок 5.1. Категорії споживачів і ціни на роздрібному ринку електроенергії в Україні

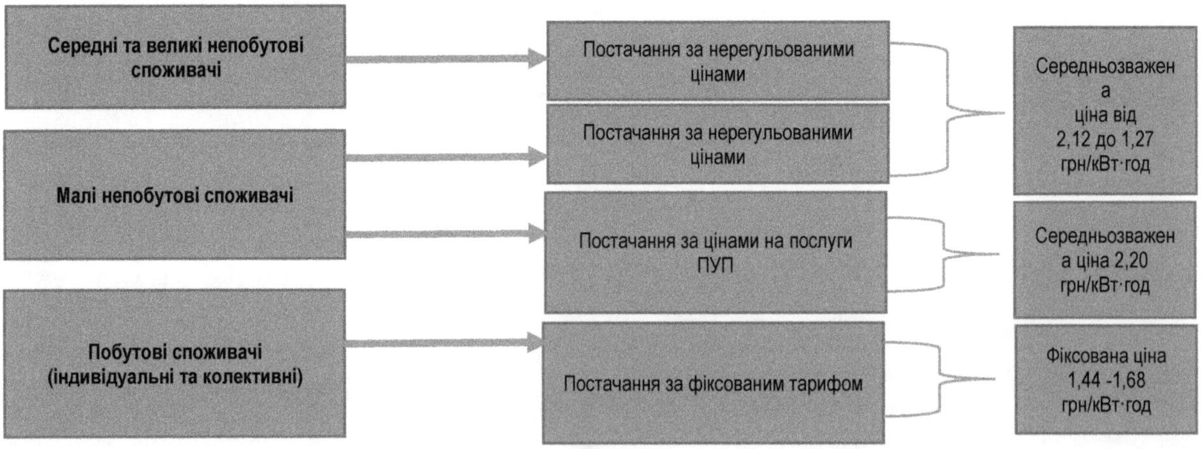

5.1. Бізнес-сегмент

Бізнес-сегмент охоплює постачання електроенергії всім кінцевим споживачам, окрім населення, а саме підприємствам та бюджетним установам. Ціни в цьому сегменті або нерегульовані, або базуються на методиці, затверdженій Національною комісією, що здійснює державне регулювання у сферах енергетики та комунальних послуг (НКРЕКП).

Постачальники електроенергії укладають договори доступу до мережі з тими ОСР, на території яких вони хочуть забезпечити постачання споживачів. ОСР публікують перелік постачальників, які уклали такий договір. ОСР зобов'язані укласти такий договір з будь-яким постачальником, за зверненням такого постачальника, на недискримінаційних умовах. Оскільки ОСР відокремлені, вони не мають структурних стимулів до дискримінації, і відповідно немає жодних ознак такої поведінки.

5.1.1. Поставка за нерегульованими цінами

Діяльність із постачання середніх і великих підприємств є найменш регульованою частиною роздрібного ринку. Ціна для таких споживачів нерегульована.

Постачання за нерегульованими цінами, як правило, здійснюється на основі стандартизованих контрактів, але умови можуть бути скориговані на вимогу потенційних та існуючих споживачів. Стандартизовані договори рекламуються як комерційні пропозиції. Постачальники мають кілька комерційних пропозицій, спрямованих на споживачів з різним профілем споживання. Малі та середні непобутові споживачі переважно обирають комерційну пропозицію, тоді як великі непобутові споживачі часто домовляються про індивідуальні умови.

Постачальники зобов'язані публікувати свої комерційні пропозиції на офіційних вебсайтах. Виняток становлять пропозиції для великих промислових споживачів зі специфічною структурою споживання, деталі яких публікувати не потрібно. Основні елементи комерційних пропозицій встановлюються правилами НКРЕКП. Постачальники можуть пропонувати фіксовані або змінні ціни. В останньому випадку елементи ціни повинні чітко визначатися. Це створює відносно високий рівень прозорості щодо пропонованих умов.

Для укладення договору постачання споживач обирає комерційну пропозицію та надсилає на адресу постачальника заяву на укладення договору. НКРЕКП оприлюднює на своєму вебсайті та періодично оновлює перелік постачальників з діючими комерційними пропозиціями.[1] Перелік містить лише назви постачальників і посилання на їхні комерційні пропозиції на їх власних вебсайтах. Станом на 17 лютого 2022 року 103 постачальники надіслали комерційні пропозиції. Станом на 27 лютого 2023 року їхня кількість зменшилася до 82.

На Малюнок 5.2 наведено мінімальні, середні та максимальні ціни найбільших роздрібних постачальників електроенергії для непобутових споживачів в Україні. Середньозважені ціни знаходяться в діапазоні від 1,3 до 2,2 грн/кВт·год.

Малюнок 5.2. Ціни 20 найбільших постачальників для непобутових споживачів (без ПДВ та мережевих тарифів), 3 квартал 2021 р.

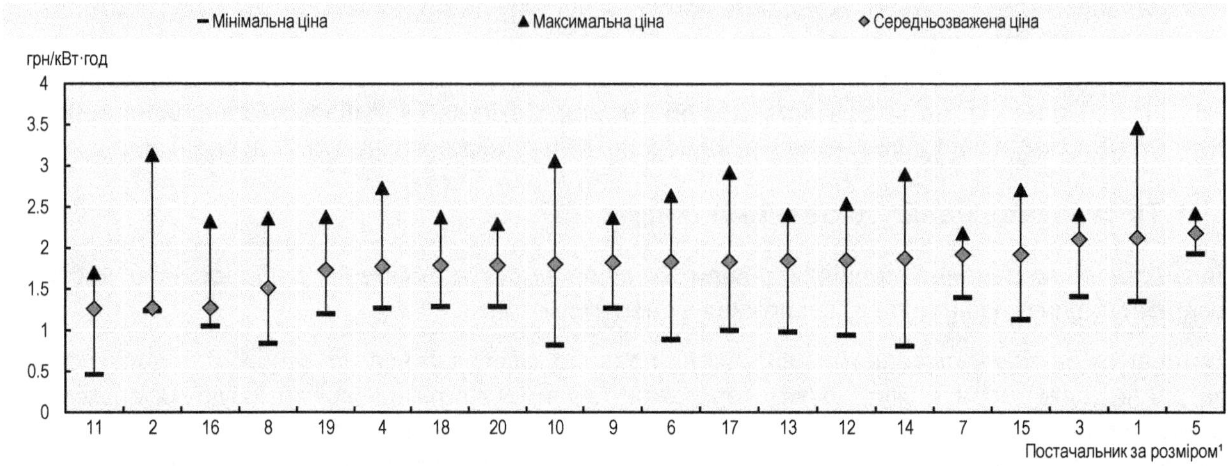

Примітка: 1. Цифри вказують на розмір постачальників. Номер 1 – найбільший постачальник (за обсягом), номер 2 – другий за величиною і т.д.
Джерело: НКРЕКП (2021[1]), Звіт про моніторинг функціонування оптового ринку електричної енергії у 3 кварталі 2021 року.

Частковий аналіз публічних комерційних пропозицій показує, що постачальники пропонують лише змінні ціни. Насправді, їхні пропозиції містять лише формули цін без жодного кількісного визначення очікуваної ціни або цінового діапазону. З точки зору представлення та простоти використання пропозиції здаються клієнтам складними для доступу та розуміння. На вебсайтах постачальників розміщено декілька PDF-документів із описом загальних умов та різних публічних оферт. Описи повні, зокрема з точки зору комерційних, технічних та юридичних деталей договорів. Проте, немає жодної підтримки (наприклад, простого опису чи інструменту), яка б направляла потенційних клієнтів у пошук найкращої пропозиції.

Для прикладу, середній постачальник має на своєму вебсайті 12 комерційних пропозицій. Він націлений на споживачів із різним середньомісячним споживанням (за останні 12 місяців). Споживачі повинні знайти пропозицію, яка відповідає їхньому споживанню, для цього необхідно відкрити та прочитати описи. Далі клієнтам необхідно заповнити заяву про приєднання до договору про постачання електроенергії. Запит не можна зробити онлайн. Ціна визначається за формулою плюс маржа постачальника. Для контрактів за найбільшим обсягом маржа становить 35 грн/МВт·год, для найменшого обсягу – 100 грн/МВт·год. Слід зазначити, що, хоча формула ціни опублікована, орієнтовна ціна за МВт·год – ні. Щоб дізнатися остаточну ціну, потенційні клієнти повинні зібрати інформацію з інших джерел (наприклад, ціна на добу наперед, оприлюднена Оператором ринку, мережеві тарифи, опубліковані НКРЕКП) та самостійно здійснити розрахунок. Це можливо, але вимагає багато часу та ресурсів. Для великих підприємств з високими рахунками за електроенергію та спеціальними відділами закупівель це має бути керованим і доцільним. Однак малі підприємства можуть бути знеохочені зусиллями, необхідними для порівняння пропозицій та пошуку найкращого варіанту.

5.1.2. Поставка за регульованими цінами

Підприємства з договірною потужністю не більше 50 кВт можуть отримувати послугу постачання від ПУП свого регіону. Невеликі підприємства та багато державних установ (тобто бюджетних організацій) зазвичай потрапляють до цієї категорії споживачів.

Надання універсальних послуг таким споживачам здійснюється за методикою ціноутворення, встановленою НКРЕКП у 2018 році.[2]

Складовими ціни є:

- ціна електричної енергії, що закуповується ПУП за двосторонніми договорами та/або на організованих сегментах ринку для постачання малих непобутових споживачів (приймається, що ціна відповідає формулі, наведеній у вищезазначеному порядку);
- тариф на послуги з передачі електричної енергії;
- тариф на послуги з розподілу електричної енергії (у разі приєднання до мереж ОСР) за відповідним класом напруги, встановленим НКРЕКП;
- тариф на послуги ПУП.

ПУП мають надати свої цінові пропозиції до НКРЕКП. Він перевіряє компоненти, змінює їх, якщо це виправдано, і затверджує остаточну ціну.

Середньозважена ціна на універсальні послуги в усіх регіонах у 2020 році становила 2 202,57 грн/МВт·год (без ПДВ). Найбільшою складовою були витрати ПУП на купівлю електроенергії (64,6%), далі йдуть тарифи на послуги з розподілу електроенергії (22,9%) та послуги з передачі електроенергії (9 %), а також маржа ПУП (3,5 %).

5.1.3. Конкуренція в бізнес-сегменті

На кінець 2021 року в Україні було 955 ліцензованих постачальників електроенергії, що на 101 більше, ніж роком раніше. Проте лише 287 (30%) із цих ліцензованих постачальників були активними. (NEURC, 2022[2]) Активні постачальники визначаються на основі щоквартального моніторингу ринку НКРЕКП. Постачальники, які повідомляють про принаймні один дійсний контракт на постачання з кінцевими споживачами, вважаються активними. Ця різниця між діючими та недіючими постачальниками значною мірою пояснюється тим, що ліцензовані постачальники мають право, крім постачання роздрібних споживачів, купувати електроенергію на оптовому ринку для власних потреб або для перепродажу (торгова діяльність). Це означає, що більшість неактивних постачальників є або промисловими споживачами, які купують електроенергію на оптовому ринку для покриття власного споживання, або компаніями, що торгують електроенергією на оптовому ринку.

Станом на 31 грудня 2021 року укладено 38 291 договір про постачання електричної енергії за нерегульованими цінами (NEURC, 2021[3]). Більше 82% (31 555) з них укладено постачальниками, які також виконують функцію ПУП (NEURC, 2021[3]). Решту договорів (18%) уклали повністю комерційні постачальники, які не надають універсальних послуг. На той момент в Україні функціонував 261 комерційний постачальник і 25 ПУП.

За обсягами постачання за нерегульованими цінами склало 66 503 ГВт·год, що становить 59% бізнес-сегменту. Постачання універсальних послуг малому та середньому бізнесу склало 44 768 ГВт·год, що становить 40% бізнес-сегменту (NEURC, 2021[3]). 1% сегменту постачання було забезпечено ПОН (561ГВт*год).

Значна частина поставок за нерегульованими цінами здійснювалася ПУП, які діяли, зокрема, як комерційні постачальники. Загалом, їхня частка у бізнес-сегменті становила 85% уобсягах, що дещо перевищує їхню частку за кількістю контрактів.

До повномасштабного вторгнення Росії в Україну кількість бізнес-споживачів, які скористалися своїм правом на зміну постачальника, поступово зростала (див. Таблиця 5.1). Протягом 2021 року 23% (32 802) усіх непобутових споживачів змінили постачальника.

Таблиця 5.1. Еволюція зміни постачальника після лібералізації ринку

Малюнок	2019[1]	2020[1]	2021[1]
Кількість активних постачальників електроенергії	180	265	287
Кількість непобутових споживачів, які змінили постачальника	6 563	12 498	32 802

Примітка: [1] Значення наведено станом на 1 січня наступного року.
Джерело: НКРЕКП (2022[4]), Бюлетень до річного звіту НКРЕКП, https://www.nerc.gov.ua/storage/app/sites/1/Docs/Byuleten_do_richnogo_zvitu/byuleten_do_richnogo_zvitu_nkrekp-2021.pdf.

У 2020 році від споживачів надійшло 6 946 скарг щодо зміни постачальника (NEURC, 2021[3]). Це більше половини від кількості непобутових споживачів, які змінили постачальника. Це свідчить про високий рівень незадоволеності споживачів процедурою зміни постачальника. Ситуація, ймовірно, покращиться із запровадженням спрощеної автоматизованої процедури на платформі Datahub Укренерго. Тестування 11 нових функцій на Datahub, в тому числі щодо зміни постачальника електроенергії, розпочалося 15 вересня 2022 року (Ukrenergo, 2022[5]).

5.2. Сегмент домогосподарств

Побутовий сегмент роздрібного ринку охоплює постачання електроенергії населенню. Сторона пропозиції сегменту постачання домогосподарствам складається з 25 регіональних ПУП. Кожна з них має виняткову територію постачання – адміністративний регіон або область – де жодна інша компанія не має права постачати електроенергію домогосподарствам за регульованими цінами.

Сторона попиту складається з індивідуальних та колективних домогосподарств, які мають право на постачання за регульованими цінами.

5.2.1. Причини регулювання цін

Незважаючи на лібералізацію ринку електроенергії в Україні, ціна на постачання електроенергії побутовим споживачам залишається регульованою.

Регулювання цін вважається економічно обґрунтованим на ринках, які є природними монополіями. В електроенергетичному секторі мережі передачі та розподілу, як правило, підпадають під цю категорію, але роздрібне постачання електроенергії зазвичай не розглядається як природна монополія. В Україні Закон про ринок електричної енергії чітко визначає, що постачання електричної енергії є конкурентною діяльністю.

Регулювання цін також може бути виправданим на ринках, на яких відсутня ефективна конкуренція. У таких випадках регулювання може бути відповідним інструментом для захисту споживачів від ринкової влади.

На лібералізованих ринках електроенергії не повинно бути значних адміністративних перешкод для входу компаній на роздрібний ринок (або виходу з нього) та постачання електроенергії споживачам. Створення бізнесу з роздрібного продажу електроенергії вимагає досвіду та інвестицій, а також виконання спеціальних регуляторних та адміністративних вимог. В Україні роздрібним компаніям потрібна ліцензія, що є адміністративним бар’єром для входу. Однак жоден з бар'єрів для входу на український ринок не видається нездоланним. Насправді, як показано вище, наявність багатьох ліцензованих роздрібних постачальників свідчить про те, що регуляторний та адміністративний тягар, пов'язаний з отриманням ліцензій, є відносно невеликим. Крім того, той факт, що на роздрібному ринку працює понад 200 постачальників, свідчить про значний інтерес до постачання електроенергії роздрібним споживачам в Україні.

З точки зору вимог бізнесу, постачання електроенергії домогосподарствам принципово не відрізняється від постачання, зокрема малим споживачам. Таким чином, компанії роздрібної торгівлі, які зараз працюють у бізнес-сегменті, мають хороші можливості для постачання домогосподарствам.

Загалом, немає чітких ознак того, що сегмент електроенергії для домогосподарств в Україні не може функціонувати як конкурентний ринок за відсутності регульованих цін.

Інформаційне вікно 5.1. Законодавство ЄС про регулювання цін

Законодавством, що регулює роздрібні ціни на електроенергію в ЄС, є Директива 2019/944 про загальні правила функціонування внутрішнього ринку електроенергії. Як загальний принцип, вона вимагає ринкових цін на постачання електроенергії та передбачає, що «постачальники повинні бути вільними у визначенні ціни, за якою вони постачають електроенергію споживачам». Це ґрунтується на розумінні того, що повністю лібералізований, добре функціонуючий роздрібний ринок електроенергії стимулює цінову та нецінову конкуренцію, а також забезпечує належні стимули для входу на ринок і, зрештою, більший вибір та задоволення потреб споживачів.

Директива 2019 року вважає державне втручання у ринкове ціноутворення «фундаментально викривленим заходом, який часто призводить до накопичення тарифного дефіциту, обмеження споживчого вибору, послаблення стимулів для інвестицій в енергозбереження та енергоефективність, зниження стандартів обслуговування, зниження рівня залучення та задоволеності споживачів, обмеження конкуренції, а також до зменшення кількості інноваційних продуктів та послуг на ринку». Законодавство чітко визначає, що державне втручання в ціни на електроенергію є виправданим лише за певних умов.

Директива визнає, що передумовою ринкових цін є ефективна конкуренція між постачальниками, і закликає країни-члени ЄС забезпечити виконання цієї умови. За відсутності ефективної конкуренції Директива дозволяє державне втручання в ціни на електроенергію для побутових споживачів та мікропідприємств, але лише на перехідний період. Протягом цього періоду держави-члени повинні вжити заходів для досягнення ефективної конкуренції. Крім того, ціна протягом перехідного періоду повинна бути встановлена вище собівартості, на рівні, на якому може виникнути ефективна цінова конкуренція.

Для захисту енергетично бідних і вразливих домогосподарств Директива підтримує цільові заходи соціальної політики замість державного втручання у встановлення цін на електроенергію. Таким чином, визначення вразливих споживачів залишається за державами-членами, але Директива передбачає деякі відповідні критерії, такі як рівень доходу, частка витрат на енергію в наявному доході та енергоефективність будинків.

За особливих обставин Директива допускає зобов'язання щодо державних послуг у формі встановлення цін на обмежений термін. Неспроможність ринку, коли втручання регуляторних органів і органів з питань конкуренції виявилися неефективними, кваліфікується як така особлива обставина. Інший згаданий приклад: «коли постачання сильно обмежене, що спричиняє значно вищі ціни на електроенергію, ніж зазвичай».

Джерела: Директива (ЄС) 2019/944 Європейського Парламенту та Ради від 5 червня 2019 року про спільні правила внутрішнього ринку електроенергії та внесення змін до Директиви 2012/27/ЄС; Енергетичне Співтовариство (2021[6]), Річний звіт про імплементацію в Україні, https://www.energy-community.org/dam/jcr:1731cc05-e414-47a8-95f8-4fb793fe0abd/IR2021_Ukraine.pdf.

В Україні регульована ціна не встановлюється вище собівартості та не на рівні ефективної цінової конкуренції. Крім того, право на фіксовану ціну дуже широке. Воно охоплює не лише приватні, а й колективні домогосподарства. Виявляється, що регулювання цін в Україні в першу чергу служить не захистом від ринкової влади, а інструментом утримання цін на електроенергію нижче ринкового рівня. Хоча законною політичною метою є підтримка домогосподарств у сплаті основних послуг, таких як електроенергія, регулювання цін рідко, якщо взагалі є, найефективнішим способом зробити це.

Соціальна політика – енергетична бідність

Електрична енергія та, ширше, енергія (для опалення) необхідні для повсякденного сучасного життя. Рахунки за електроенергію часто становлять значну частку витрат домогосподарства. Частка витрат істотно відрізняється в різних країнах залежно від середнього рівня доходу, цін на енергоносії, клімату та інших факторів. В ЄС електроенергія, природний газ та інші види палива становили 4,3% витрат домогосподарств у 2020 році, з часткою від 9,2% у Словацькій Республіці до 2,2% у Люксембурзі (Eurostat, 2023[7]). Українські домогосподарства в середньому витрачали на електроенергію 2,67% своїх витрат.

Відповідно до законодавства ЄС, регульовані ціни на електроенергію для енергетично бідних і вразливих домогосподарств дозволені, але лише у виняткових ситуаціях і за суворих умов. Причина такого відносно суворого підходу полягає в тому, що регульовані ціни створюють серйозне спотворення інвестиційних сигналів у генерації та позбавляють споживачів можливостей.

В Україні зроблено певні законодавчі кроки щодо визначення поняття «вразливий споживач», але це поняття де-факто було замінено загальнодержавною системою соціальної підтримки окремих категорій споживачів. Основною частиною цієї системи є програма житлових субсидій. За цією схемою держава підтримує малозабезпечені сім'ї в оплаті житлово-комунальних послуг, таких як електроенергія, опалення та водопостачання. Для отримання допомоги необхідно звернутись до відповідного органу соціального захисту населення, який перевіряє заявку та відповідність певним критеріям, наприклад доходу. В принципі, програма житлових субсидій може бути розширена для підтримки вразливих споживачів електроенергії. Слід зазначити, що державний бюджет наразі перебуває під величезним тиском, що робить розширення системи соціальної підтримки дуже складним. З моменту вторгнення Росії в Україні було втрачено близько 44 % робочих місць, а рівень бідності, як очікується, досягне 58% у 2023 році (World Bank, 2022[8]).

5.2.2. Витрати та вигоди від регулювання цін

Цінове регулювання зберегло рахунки українських домогосподарств за електроенергію відносно низькими. За відсутності цінового регулювання ціна на електроенергію для домогосподарств була б значно вищою. Це є очевидною та значною перевагою регулювання цін. Адміністративно регульовані ціни на електроенергію є простим способом зробити електроенергію доступною.

Вигоди від регулювання цін повинні бути збалансовані з його витратами. Найбільш очевидними витратами є фінансові внески, сплачені Енергоатомом та Укргідроенерго в рамках ПСО для домогосподарств. Енергоатом несе додаткові витрати у вигляді обмеження продажу своєї продукції на комерційних умовах. Він зобов'язаний продавати електроенергію ПУП для покриття частини споживання домогосподарств за ціною, прив'язаною до ціни РДН. За відсутності цього зобов'язання компанія могла б отримувати дещо вищий дохід, що є упущеною вигодою. За оцінками ОЕСР, загальні витрати Енергоатома та Укргідроенерго становили близько 63 млрд грн у 2021 році.

Енергоатом та Укргідроенерго повністю належать державі. Їхні прибутки та збитки покладаються на державу, платники податків якої в кінцевому підсумку несуть і витрати за регульованими цінами на електроенергію. Найбільшими бенефіціарами регульованих цін на електроенергію є домогосподарства з високим споживанням електроенергії, які часто є відносно заможними. Таким чином, регульовані ціни на електроенергію, ймовірно, сприяють збільшенню нерівності доходів в Україні.

Фінансування та вплив регульованих цін на ринок електроенергії є більш складними та непрозорими, ніж пряма державна підтримка споживачів електроенергії. ПСО для домогосподарств знижує доходи Енергоатому та Укргідроенерго, що зменшує їхню здатність інвестувати в модернізацію існуючих електростанцій та будівництво нових потужностей. У випадку з Енергоатомом, виведення з експлуатації атомних електростанцій у майбутньому означатиме величезні витрати. Крім того, необхідне фінансування оголошених планів будівництва нових атомних блоків.

Ще одним недоліком низьких регульованих цін є те, що вони не заохочують до економного використання електроенергії. Домогосподарства не заохочуються до скорочення щоденного споживання та інвестування в більш ефективні електроприлади.

5.2.3. Вплив на конкуренцію

Регульовані ціни суперечать принципам конкурентного роздрібного ринку та спотворюють виробництво й споживання електроенергії. Коли регульована ціна занадто низька, роздрібні компанії утримаються від конкуренції за клієнтів і підуть з ринку. Коли регульована ціна занадто висока, вигода для споживачів зменшується. Як надмірно низькі, так і високі регульовані ціни підривають конкурентне функціонування роздрібного ринку. Теоретично, регульовані ціни можуть бути встановлені на правильному рівні, але на практиці визначення правильної ціни є складним завданням, яке найефективніше вирішується за допомогою конкурентного процесу.

Регулювання цін в Україні де-факто ліквідувало попит на комерційне постачання електроенергії домогосподарствам і, в свою чергу, пропозицію. Допоки регульовані ціни залишатимуться значно нижчими за ринкові, конкуренція в сегменті домогосподарств не матиме перспективи.

Низькі регульовані ціни також можуть мати негативні наслідки для інвестицій в нові електростанції. Вони можуть сприйматися потенційними інвесторами як ознака антиринкових настроїв, які можуть поширитися на оптові ринки.

Посилання

Energy Community (2021), *Ukraine Annual Implementation Report*, https://www.energy-community.org/dam/jcr:1731cc05-e414-47a8-95f8-4fb793fe0abd/IR2021_Ukraine.pdf. [6]

Eurostat (2023), *Final consumption expenditure of households by consumption purpose*, NAMA_10_CO3_P3, https://ec.europa.eu/eurostat/databrowser/view/NAMA_10_CO3_P3__custom_5468695/default/table?lang=en (accessed on 21 March 2023). [7]

NEURC (2022), *BULLETIN TO THE 2021 ANNUAL REPORT OF NEURC*, https://www.nerc.gov.ua/storage/app/sites/1/Docs/Byuleten_do_richnogo_zvitu/byuleten_do_richnogo_zvitu_nkrekp-2021.pdf. [2]

NEURC (2022), *Bulletin to the Annual Report of NEURC*, NEURC, https://www.nerc.gov.ua/storage/app/sites/1/Docs/Byuleten_do_richnogo_zvitu/byuleten_do_richnogo_zvitu_nkrekp-2021.pdf (accessed on 23 February 2023). [4]

NEURC (2021), “Report on monitoring the functioning of the wholesale electricity market in the 3rd quarter of 2021”. [1]

NEURC (2021), *Report on the results of the National Commission, which carries out state regulation in the spheres of energy and public services, in 2020*. [3]

Ukrenergo (2022), *Ukrenergo introduced new Datahub functions: automated change of electricity supplier and others*, https://ua.energy/zagalni-novyny/ukrenergo-vprovadylo-novi-funktsiyi-datahab-avtomatyzovana-zmina-postachalnyka-elektroenergiyi-ta-inshi/ (accessed on 6 March 2023). [5]

World Bank (2022), *Ukraine Sectoral Briefs*, http://documents.worldbank.org/curated/en/099619207072274787/IDU0fe48456809002046840bec102d3ffc294158. [8]

Примітки

[1] Перелік постачальників комерційних пропозицій НКРЕКП за посиланням https://www.nerc.gov.ua/sferi-diyalnosti/elektroenergiya/publichni-komercijni-propoziciyi/publichni-komercijni-propoziciyiyi.

[2] Постанова НКРЕКП № 1177 «Про затвердження Порядку формування цін на універсальні послуги», 5 жовтня 2018 р., https://zakon.rada.gov.ua/laws/show/v1177874-18#Text.

6 Інші питання

У цьому розділі розглядаються три теми, що мають велике значення для електроенергетичного сектору України: ефективний моніторинг та нагляд за ринком, які необхідні для зменшення ризиків маніпулювання ринком; зміна клімату, яка вимагає декарбонізації світової економіки, головним чином шляхом збільшення використання відновлюваних джерел енергії; інтеграція українського ринку електроенергії з ринками електроенергії ЄС, що є не лише політичним пріоритетом для України, але й процесом, який має дуже значні переваги з точки зору конкуренції.

6.1. Моніторинг та нагляд за ринком

За відсутності досконало конкурентної ринкової структури, ринки повинні підлягати регулярному моніторингу та нагляду, щоб доповнити конкуренцію. Зацікавленість суспільства в безперебійному постачанні електроенергії вимагає більш інтенсивного моніторингу та нагляду за ринками електроенергії, ніж за більшістю інших ринків.

Моніторинг ринку передбачає аналіз ринку протягом тривалого періоду. Нагляд за ринком, який іноді називають оперативним моніторингом, має більш короткострокову перспективу і спрямований на дослідження поведінки окремих учасників ринку та його прозорість.

Моніторинг надає інформацію про структуру та функціонування ринків електроенергії з регулярним звітуванням про такі елементи, як ліквідність, ціни та частки ринку, а також підвищує прозорість ринку. Це може принести користь учасникам ринку та потенційним інвесторам при прийнятті рішень. Моніторинг ринку також може визначити шляхи покращення ефективності роботи ринку та слугувати інформацією для політиків.

Моніторинг та нагляд є стандартними завданнями регуляторів на лібералізованих енергетичних ринках. З лібералізацією ринку електроенергії в Україні у 2019 році моніторинг та нагляд за ринком стали ключовими завданнями Національної комісії, що здійснює державне регулювання у сферах енергетики та комунальних послуг (НКРЕКП).

6.1.1. Моніторинг ринку

Система моніторингу ринку електроенергії в Україні в цілому відповідає регуляторній практиці країн ОЕСР. Регулятор систематично збирає, аналізує та публікує дані про стан ринку.

Повноваження та обов'язки НКРЕКП у сфері моніторингу викладені у статті 20 Закону України «Про НКРЕКП»[1] та статті 6 Закону про ринок. НКРЕКП затвердила порядок здійснення моніторингу ринку, який визначає організаційну структуру процесу моніторингу, основні показники моніторингу та засади використання результатів моніторингу для публікації та внутрішнього використання.[2] Для збору даних НКРЕКП розробила форми звітності та детальні інструкції для учасників ринку щодо надання запитуваних даних.[3] Учасники ринку зобов'язані заповнювати щомісячні, щоквартальні та річні форми звітності. Дані, зібрані у формах, слугують основою для моніторингової діяльності та публікацій звітів НКРЕКП. НКРЕКП публікує щоквартальні та річні моніторингові звіти, які охоплюють як оптовий, так і роздрібний ринки електроенергії. Із запровадженням воєнного стану НКРЕКП призупинила публікацію більшості своїх регулярних звітів, в тому числі і моніторингових.

Однією з слабких сторін процесу моніторингу є відсутність загальних та гармонізованих індикаторів для роздрібного та оптового ринків. Крім того, методологія розрахунку таких індикаторів, як індекс Герфіндаля-Гіршмана, індекс ключового постачальника та індекс залишкової пропозиції, не була опублікована. НКРЕКП заявила, що використовує стандартну методологію розрахунку цих індикаторів, але розрахунки можуть включати припущення та варіації, які не є очевидними.

6.1.2. Нагляд за ринком

Моніторинг ринку ex-post, який здійснює НКРЕКП, доповнюється наглядом за ринком, який називається оперативним моніторингом. Цілями оперативного моніторингу є:

- підвищення ефективності функціонування ринку електричної енергії
- виявлення практики, що призводить до порушення правил ринку, спотворення чи обмеження конкуренції на ринку електричної енергії
- інформування громадськості про функціонування ринку електричної енергії.[4]

НКРЕКП збирає інформацію від учасників ринку, які володіють первинними даними про оптовий ринок, переважно від Оператора ринку (ОР), Оператора системи передачі (ОСП) та УЕБ. ОР надає інформацію про ринок «на добу наперед» (РДН) та внутрішньодобовий ринок (ВДР), ОСП – про балансуючий ринок (БР), транскордонну пропускну спроможність, імпорт та експорт, а УЕБ – про двосторонні угоди на своїй платформі. НКРЕКП публікує отримані оперативні дані на своєму вебсайті[5] без супроводжуючого аналізу.

ОР, ОСП та УЕБ відповідають за нагляд за своїми відповідними сегментами. У разі виявлення ознак маніпулювання ринком вони зобов'язані повідомити про це НКРЕКП та учасника ринку, якого підозрюють у маніпулюванні, до наступного робочого дня.[6]

На додаток до існуючої національної системи моніторингу, Україна як член Енергетичного Співтовариства повинна транспонувати європейське законодавство у сфері моніторингу енергетичних ринків. Такі зобов'язання стосуються насамперед імплементації правил ЄС, що забороняють маніпулювання ринком, і включають Регламент про цілісність та прозорість оптового енергетичного ринку (REMIT), Імплементаційний Регламент REMIT[7] та керівні документи, видані Агентством Європейського Союзу з питань співробітництва енергетичних регуляторів (ACER).

Інформаційне вікно 6.1. Регламент REMIT

Регламент про цілісність і прозорість оптового енергетичного ринку (REMIT) був запроваджений Європейським Союзом у 2011 році. Метою REMIT є вдосконалення системи моніторингу та регуляторного нагляду за операціями з оптової торгівлі електроенергією. Враховуючи пряму дію своїх положень у країнах ЄС, Регламент REMIT формує спільну правову базу для підвищення прозорості, цілісності ринку та захисту прав споживачів.

Регламент REMIT базується на чотирьох принципах:

- Прозорість – зобов'язання учасників ринку розкривати інсайдерську інформацію;
- Чесність – чіткі заборони зловживань на оптових ринках енергії;
- Моніторинг – комплексна та ефективна система моніторингу оптових енергетичних ринків;
- Співпраця – тісна співпраця та координація між ACER та національними органами регулювання (НОР).

Агентство Європейського Союзу з питань співробітництва з регуляторними органами в сфері енергетики (ACER) відповідає за моніторинг торгівлі енергоресурсами з метою виявлення та запобігання торгівлі, заснованої на інсайдерській інформації та маніпулюванні ринком. ACER співпрацює з НОР в кожній державі-члені ЄС.

Витрати на діяльність ACER з моніторингу та нагляду за ринком (збір, обробка та аналіз інформації) фінансуються за рахунок плати, що стягується з учасників ринку.

Джерела: ЄС (2011[1]), Регламент (ЄС) № 1227/2011 Європейського Парламенту та Ради від 25 жовтня 2011 року про цілісність та прозорість оптового енергетичного ринку, https://eur-lex.europa.eu/legal-content/EN/TXT/?uri=CELEX%3A32011R1227&qid=1678963014787; Європейська Комісія (2020[2]), Рішення Комісії (ЄС) 2020/2152 від 17 грудня 2020 року про збори, що сплачуються Агентству Європейського Союзу з питань співробітництва енергетичних регуляторів за збір, обробку та аналіз інформації, наданої відповідно до Регламенту (ЄС) № 1227/2011 Європейського Парламенту та Ради, https://eur-lex.europa.eu/eli/dec/2020/2152/oj.

У рамках процедур транспонування законодавства ЄС Рада міністрів Енергетичного Співтовариства прийняла «полегшену» версію REMIT.[8] Порівняно з повною версією, REMIT Light містить менше, а в деяких випадках і спрощені правила. Найголовніше, він не передбачає:

- централізований збір даних ACER
- зобов'язання учасників ринку щодо звітності
- координація транскордонних розслідувань (Hutarevych, 2022[3]).

REMIT Light є підготовчим етапом, на якому можуть ґрунтуватися індивідуальні розслідування, але ефективна перевірка всіх транзакцій вимагає повної імплементації REMIT.

Після прийняття рішення Енергетичного Співтовариства щодо REMIT Light Україна розпочала процес його транспозиції. Це вимагало внесення змін до первинного законодавства та розробки відповідного вторинного законодавства. Зокрема, має бути визначено та встановлено:

- основні терміни та визначення Регламенту REMIT;
- вимоги щодо заборони маніпулювання на оптових ринках електричної енергії та поводження з інсайдерською інформацією;
- порядок отримання та обробки інформації, необхідної для виконання покладених на Регламент REMIT завдань, від учасників ринку та осіб, які професійно організовують оптову торгівлю енергетичними продуктами (у тому числі визначення порядку встановлення граничної плати за послуги осіб, що надають інформацію від імені учасників оптових ринків енергоносіїв), режим захисту отриманих документів та інформації;
- зобов'язання НКРЕКП створити та забезпечити функціонування реєстру учасників оптового ринку електричної енергії, відповідно до вимог REMIT;
- посилення регуляторних повноважень НКРЕКП щодо проведення розслідувань на оптовому ринку електроенергії та співпраці з регуляторами сусідніх країн та іншими органами влади щодо виконання вимог Регламенту REMIT.

Процес розробки та обговорення підзаконних актів щодо прозорості ініційовано НКРЕКП. У 2019 році в НКРЕКП було розроблено проєкт постанови «Про затвердження вимог щодо заборони та запобігання зловживанням на оптових ринках енергоносіїв».[9] Ця постанова вимагала змін до законів України, які ще не внесені українським парламентом. Відсутність законодавчих дій перешкодила реалізації положень REMIT, викладених у постанові НКРЕКП. Як наслідок, 30 листопада 2021 року Енергетичне Співтовариство ухвалило рішення про невиконання Україною Договору про Енергетичне Співтовариство та закликало Україну виправити цю ситуацію до 1 липня 2022 року.[10]

У Верховній Раді України було зареєстровано кілька законопроектів щодо впровадження положень REMIT. Проєкт Закону про внесення змін до деяких законів України щодо запобігання зловживанням на оптових ринках електричної енергії[11] пройшов перше читання в енергетичному комітеті та був прийнятий Верховною Радою для подальшого розгляду та остаточного прийняття 20 вересня 2022. Положення законопроекту отримали підтримку НКРЕКП та Секретаріату Енергетичного Співтовариства, але вони мають бути доопрацьовані з урахуванням зауважень, отриманих під час законодавчих слухань та поданих енергетичним комітетом пропозицій, перш ніж вони стануть законом.

Без імплементації правил прозорості та запобігання зловживанням на ринку електроенергії, які передбачені пакетом законодавства REMIT, існує ризик того, що Регулятор не зможе ефективно виконувати функцію моніторингу та нагляду за функціонуванням ринку.

6.2. Виробництво електроенергії з відновлюваних джерел енергії

У всьому світі основною мотивацією підтримки виробництва електроенергії з ВДЕ є зміна клімату та її негативні наслідки для навколишнього середовища, економіки та суспільства. Найбільший внесок у зміну клімату вносить спалювання викопного палива (UN, 2023[4])).

Історично склалося так, що сукупні інвестиційні та операційні витрати на виробництво електроенергії з ВДЕ були відносно високими. Однак, оскільки ціни на сонячні та вітрові технології падають, конкурентоспроможність виробництва електроенергії з ВДЕ зростає порівняно з виробництвом на основі викопних видів палива. З огляду на високі ціни на природний газ та вугілля в умовах війни у 2022 році собівартість електроенергії з сонячних та вітрових електростанцій була нижчою, ніж з вугільних та газових електростанцій.

Підвищення конкурентоспроможності ВДЕ у поєднанні з його кліматичними перевагами робить його привабливим варіантом для задоволення зростаючого попиту. Масштабне вторгнення Російської Федерації в Україну виявило ще одну перевагу ВДЕ, а саме її роль в енергетичній безпеці. Енергія з ВДЕ є величезним, стійким, внутрішнім ресурсом. Виробництво електроенергії на основі місцевих джерел прокладає шлях до зменшення імпорту енергії та підвищення енергетичної безпеки.

Наразі найбільший потенціал у світі мають вітрова та сонячна енергетика, які є найбільш перспективними технологіями ВДЕ. З ринкової точки зору, вони мають той недолік, що не реагують на попит; вони можуть виробляти електроенергію на повну потужність, коли попит низький, або на знижену потужність, коли попит високий, залежно від погодних умов, що посилює вимоги до гнучкості енергосистеми.

6.2.1. Зусилля по боротьбі зі зміною клімату

Нинішній та попередні уряди України зобов'язали країну приєднатися до глобальних зусиль по боротьбі зі зміною клімату шляхом скорочення викидів парникових газів. У 2017 році уряд виклав свою основну стратегію декарбонізації в Енергетичній стратегії України до 2035 року[12] та Національно-визначеному внеску України до Паризької угоди[13]. У 2021 році Україна також заявила про свою підтримку Європейського зеленого курсу.[14] У рамках своєї стратегії Україна прагне зменшити викиди вуглецю в процесі постачання електроенергії.

Щоб досягти глобальних та національних цілей зі скорочення викидів парникових газів відповідно до Паризької угоди, виробництво електроенергії та інші галузі економіки повинні відмовитися від викопних видів палива. За даними Міжнародного енергетичного агентства, для досягнення глобального нульового рівня викидів до 2050 року частка виробництва електроенергії з відновлюваних джерел має зрости з близько 29% у 2021 році до понад 60% у 2030 році (International Energy Agency, 2021[5]). Очікується, що електрифікація транспорту, житлового та промислового опалення, а також промислового виробництва значно збільшить глобальний попит на електроенергію.

У світі основними видами ВДЕ для виробництва електроенергії є гідроенергетика, вітроенергетика, сонячні технології та біоенергетика. Всі ці технології присутні в структурі виробництва електроенергії в Україні і мають потенціал для розширення. Найбільшою ВДЕ в структурі виробництва електроенергії в Україні є гідроенергетика, за нею йдуть сонячна, вітрова енергетика та біопаливо. Частка інших ВДЕ є незначною. У 2021 році всі відновлювані джерела енергії разом становлять близько 13% від загального обсягу виробництва електроенергії в країні. Це відстає від середнього показника європейських країн ОЕСР, який становив 42% у 2020 році, а також значно нижче глобальної частки відновлюваних джерел енергії, яка становила близько 23% у 2019 році (IEA, 2022[6]).

Інформаційне вікно 6.2. Потенціал ВДЕ в Україні

Україна має сприятливі умови для розвитку вітрової, сонячної та біоенергетики, а її велика географічна територія пропонує багато місця для встановлення об'єктів ВДЕ.

Таблиця 6.1. Потенціал конкурентоспроможної за вартістю генерації у 2030 році

Тип	Найкращий випадок	Найгірший випадок
Сонячна PV	88 340	54 948
Вітер	858 107	856 411
Біомаса	88 340	54 948
Гідроенергетика[1]	14 114	

Примітка: 1. Сценарій середньої вартості.

Джерело: IRENA, Joanneum Research та Університет Любляни (2017[7]), Конкурентоспроможна за вартістю генерація електроенергії з відновлюваних джерел: Потенціал у Південно-Східній Європі, https://www.irena.org/-/media/Files/IRENA/Agency/Publication/2017/IRENA_Cost-competitive_power_potential_SEE_2017.pdf.

Найбільш значним і перспективним джерелом відновлюваної енергії в Україні є вітер. До 2030 року наземна вітроенергетика може виробляти майже 860 ГВт·год електроенергії. Чорне море також пропонує значний потенціал для офшорної вітроенергетики, хоча її розвиток може бути нездійсненним у коротко- та середньостроковій перспективі через проблеми безпеки.

Потужний сільськогосподарський сектор України пропонує значний потенціал для розвитку комбінованого виробництва теплової та електричної енергії (ТЕЦ) з біомаси. Найбільший потенціал мають сільськогосподарські відходи таких культур, як зерно, соняшник та ріпак. Ці культури вирощуються у великих кількостях у багатьох частинах України, забезпечуючи достатню кількість палива для заводів з виробництва біомаси та дозволяючи короткі транспортні маршрути. Біомаса також може бути перетворена на біометан і біогаз шляхом газифікації, замінюючи або доповнюючи природний газ. Найбільш економічним способом використання біомаси є комбіноване виробництво теплової та електричної енергії.

До вторгнення Росії в лютому 2022 року в Україні вже було встановлено 6,3 ГВт сонячних потужностей. Через пошкодження електроенергетичної системи, спричинені війною, багато українських будинків і невеликих міст покладаються на сонячну енергію для підтримки енергопостачання. Оскільки українські енергетичні компанії вже мають досвід будівництва та експлуатації сонячних електростанцій, це може бути найбільш доступним джерелом відновлюваної енергії для України.

Джерела: GLOBSEC (2022[8]), Відновлювана енергетика в Україні: Рішення для європейської енергетичної безпеки та зміщення ВНД ЄС на схід, https://www.globsec.org/what-we-do/publications/renewable-energy-ukraine-solution-european-energy-security-and-shifting-eu#_ftn9; IRENA (2015[9]), REmap 2030 Перспективи відновлюваної енергетики в Україні, https://www.irena.org/Energy-Transition/Outlook/Renewable-energy-roadmaps; IRENA, Joanneum Research та Університет Любляни (2017[7]), Конкурентоспроможне виробництво електроенергії з відновлюваних джерел: Потенціал у Південно-Східній Європі, https://www.irena.org/-/media/Files/IRENA/Agency/Publication/2017/IRENA_Cost-competitive_power_potential_SEE_2017.pdf.

6.2.2. Конкурентоспроможність за собівартістю

З роками цінова конкурентоспроможність відновлюваної генерації покращилася. Субсидії допомогли збільшити пропозицію і дозволили компаніям розвивати економію на масштабах і знизити витрати. Паралельно з цим покращилася ефективність відновлюваних технологій, що ще більше підвищило їхню конкурентоспроможність.

З 2010 по 2021 рік цінова конкурентоспроможність технологій відновлюваної енергетики різко зросла. Собівартість виробництва сонячних електростанцій впала на 88%, а наземних вітрових електростанцій – на 67% порівняно з середньозваженою світовою вирівняною собівартістю електроенергії (LCOE15) для нових введених в експлуатацію об'єктів.

Слід зазначити, що хоча LCOE є корисним показником, він не повністю охоплює всі фактори, що мають відношення до оцінки конкурентоспроможності енергетичних проєктів. Зокрема, він не враховує профіль генерації технології, який впливає на очікувані доходи. Вітрова та сонячна генерація залежить від погодних умов, а не від попиту та ринкової ціни. Тому ці технології можуть приносити менше прибутку, ніж середня ціна на електроенергію. І навпаки, генерація з викопних видів палива та інші диспетчеризовані технології, такі як виробництво енергії з біомаси, накопичувачі енергії, можуть реагувати на цінові сигнали, регулюючи обсяги виробництва. Виробляючи більше, коли ціни високі, вони можуть досягти цін, вищих за середні, що призводить до вищих доходів.

Поєднання нижчих витрат на відновлювані джерела енергії та високих цін на викопне паливо створило ринкове середовище, в якому сонячна фотоелектрична та гідроенергетика стали дешевшими на основі LCOE, ніж будь-який новий варіант виробництва електроенергії на викопному паливі у 2021 році. Геотермальна та біоенергетика залишаються в середньому дорожчими, ніж найдешевший варіант спалювання викопного палива (NEURC, 2020[10]). Однак, якщо ціни на паливо впадуть, ця перевага у вартості може зменшитися або зникнути. Тим не менш, довгострокова глобальна тенденція явно свідчить на користь виробництва електроенергії з ВДЕ.

Глобальна перевага вітрових та сонячних проєктів не обов'язково повною мірою стосується ситуації в Україні. Розрахунок вартості залежить від ключових припущень, що стосуються середньозваженої вартості капіталу (WACC), економічного життя проєктів, а також витрат на експлуатацію та обслуговування.

Глобальні значення LCOE, розраховані Міжнародним агентством з відновлюваної енергетики, базуються на значеннях WACC для конкретних технологій, які усереднюються та зважуються по країнах. Реальна післяподаткова WACC для українських вітрових та сонячних проєктів становить 9,9%, що перевищує середньозважений світовий показник у 7,5% (IRENA, 2022[11]). Це означає, що вартість капіталу для таких проєктів в Україні є відносно високою, що знижує їхню цінову конкурентоспроможність.

Іншою важливою змінною є інфляція,[16] яка враховується в реальній WACC. Зростання інфляції збільшує реальну WACC і, відповідно, вартість капіталу. Для найбільш актуальних для України видів відновлюваної енергетики (вітрової, сонячної та гідроенергетики) вартість капіталу є основним фактором, що визначає цінову конкурентоспроможність. Оскільки такі об'єкти працюють на безкоштовному паливі, витрати на будівництво є найбільшим компонентом загальних витрат. Для вугільних та газових електростанцій вартість палива становить більшу частину загальних витрат, а частка капітальних витрат, відповідно, значно нижча.

6.2.3. Гнучкість енергосистеми та ціни

Окрім витрат, на конкурентоспроможність відновлюваної енергетики впливає низка інших чинників, зокрема, існуюча структура генерації, нормативно-правова база, структура ринку, рівень цін на електроенергію та її передачу та розподіл.

У виробництві електроенергії в Україні домінують атомні та вугільні електростанції, сукупна частка яких у 2020 році становила 84% від загального обсягу виробництва. Ці станції є найбільш ефективними, коли працюють на повну або близьку до повної потужність. Вони відносно повільно коригують свою потужність і не можуть швидко зупинити або запустити виробництво. Увімкнення або вимкнення атомних станцій може зайняти кілька днів.

Гнучкість генерації є абсолютною необхідністю для будь-якої енергосистеми, щоб гарантувати, що постачання електроенергії завжди відповідає попиту. В енергосистемі України найбільш гнучкими потужностями є гідроелектростанції та електростанції, що працюють на природному газі. Їхня частка у загальному виробництві електроенергії становила 13% у 2020 році. Для порівняння, у європейських країнах ОЕСР на гідроенергетику та природний газ припадає 39% загального виробництва електроенергії (IEA, 2022[6]). Щоб компенсувати це, вугільні електростанції в Україні працюють як маневрена генерація, навіть якщо це знижує їхню технічну ефективність. Відносно низька частка маневрених потужностей в Україні є довгостроковим технічним бар'єром для широкомасштабного розгортання вітрових та сонячних електростанцій, виробництво яких залежить від погодних умов, а отже, є волатильним. Щоб компенсувати цю нестабільність, в систему необхідно вбудувати достатню кількість гнучких генеруючих потужностей та/або накопичувачів. За нинішнього рівня вітрової та сонячної генерації в Україні це питання є керованим, але гнучкість енергосистеми має зрости, щоб дозволити інтеграцію значно більших обсягів непостійної або змінної генерації з ВДЕ.

Гнучкість системи може бути досягнута різними способами, такими як додавання гнучких генеруючих одиниць і систем накопичення енергії, розкриття потенціалу реагування на попит і розширення потужностей міжсистемних з'єднань. Більша та більш інтегрована мережа – особливо за межами національних кордонів – може зменшити сукупну мінливість виробництва електроенергії з ВДЕ, особливо вітроенергетики. Для максимізації гнучкості найкращим заходом вважається збільшення пропускної здатності міждержавних з'єднань.

Міжнародний досвід показує, що інтеграція великої частки нестабільних ВДЕ в енергосистеми є можливою. Наприклад, у Данії вітроенергетика становить 57% від загального виробництва електроенергії, а сонячна енергетика – 4 % (IEA, 2022[6]).

Виробництво електроенергії з ВДЕ з дуже низькими або нульовими граничними витратами, такими як гідро-, вітро- та сонячна енергія, сприяє зниженню оптових цін на електроенергію. Вони витісняють дорожчих виробників вниз за порядком вартості, що змінює форму кривої пропозиції та ринкову ціну на електроенергію. В результаті стає можливим задовольнити попит за допомогою менш дорогих електростанцій. Зниження цін на електроенергію завдяки збільшенню частки відновлюваних джерел енергії називається «ефектом справедливого розподілу».

Ефект справедливого розподілу зменшує кількість годин, необхідних для роботи найдорожчих традиційних електростанцій. Для того, щоб такі електростанції залишалися доступними, якщо вони дійсно потрібні, може знадобитися різке підвищення цін у певні години. Якщо ціни будуть обмежені, дорогі пікові електростанції підуть з ринку. Високі ціни в певні години не обов'язково означають високі ціни в середньому через ефект зниження цін генерацією з ВДЕ.

За певних умов генерація з ВДЕ може створювати надлишок електроенергії в енергосистемі. Це відбувається переважно тоді, коли рівень попиту є низьким, а рівень виробництва ВДЕ – високим. Нормальною реакцією ринку на надлишкову пропозицію є падіння ціни до рівня, на якому попит і пропозиція відновлюють баланс. На ринках електроенергії це може означати від'ємні ринкові ціни на РДН або ВДР. В останні роки від'ємні ціни стали регулярним, хоча і нечастим явищем у деяких країнах. У США, наприклад, ціни на вузлах оптового ринку були від'ємними протягом близько 4% усіх годин у 2020 році (Seel et al., 2021[12]). Від'ємні ціни не лише враховують короткострокові коливання попиту та пропозиції, але й сигналізують про необхідність інвестування в передачу та в технології зберігання електроенергії. Наразі Правила ринку РДН в Україні не допускають від'ємних цін.

Загалом, висока частка нестабільної або нестійкої генерації з ВДЕ має тенденцію до збільшення цінової волатильності. Хоча ефект справедливого розподілу штовхає ціни вниз, дефіцит у періоди низького виробництва ВДЕ може призвести до стрибків цін. Це створює стимули для роботи та інвестицій у гнучке виробництво, зберігання та заходів із управління попитом. Обмеження волатильності за допомогою цінових обмежень заважає ринкам надсилати правильні сигнали, що може підвищити витрати на балансування в короткостроковій перспективі та знизити довгострокову гнучкість енергосистеми.

6.2.4. Рухатися до конкуренції

Минулі проблеми з механізмом «зеленого» тарифу, значні ускладнення в роботі, що виникли внаслідок російського вторгнення, та майбутні виклики для відновлення потребують суттєвого перегляду політики України у сфері ВДЕ генерації. Зокрема, створення умов для конкуренції між виробниками ВДЕ та інвесторами має стати частиною нового підходу до використання ВДЕ в Україні.

За чинної системи підтримки виробники ВДЕ були фактично виключені з прямої участі в оптовому ринку електроенергії, оскільки лише виробники, які продають свою продукцію Гарантованому покупцю (ГП), мають право на отримання «зеленого» тарифу.[17] Зміни до Закону про ринок у липні 2022 року дозволили виробникам ВДЕ, які отримують «зелений» тариф, вийти з системи і, що дуже важливо, право повернутися до системи підтримки та балансуючої групи ГП.[18] Вихід із системи означає відповідальність за продаж усієї виробленої електроенергії, а також повну відповідальність за будь-який небаланс. За звичайних обставин вихід із системи підтримки не є привабливим варіантом для виробників ВДЕ, оскільки «зелений» тариф вищий за ринкову ціну. Проте проблеми з несплатою та несвоєчасною оплатою можуть спонукати деяких виробників ВДЕ вийти з системи та безпосередньо брати участь у ринку електроенергії. Можливість повторного входу в систему підтримки на тих самих умовах знижує ризик і робить це реалістичним варіантом. Єдиним обмеженням є 60-денний термін очікування повернення до системи «зеленого» тарифу та балансуючої групи ГП. Значна кількість добровільних виходів із системи зелених тарифів зменшить фінансові витрати на підтримку ВДЕ та полегшить фінансовий тягар на БР та у ОСП. До якої міри виробники ВДЕ вирішать вийти із системи підтримки, ще належить з'ясувати.

Що стосується майбутнього впровадження ВДЕ, було прийнято важливе рішення щодо переходу до більш конкурентоспроможної системи підтримки. На зміну встановленому «зеленому» тарифу прийдуть аукціони на потужності ВДЕ. Аукціони – це конкурентний процес торгів електроенергією з ВДЕ. Уряд оголошує тендер на закупівлю певної потужності або виробництва електроенергії з відновлюваних джерел. Розробники проєкту, які беруть участь в аукціоні, подають заявку з ціною за одиницю електроенергії, за якою вони готові реалізувати проєкт. Аукціоніст оцінює пропозиції на основі ціни та інших критеріїв і підписує договір купівлі-продажу електроенергії з переможцем торгів.

Аукціони були успішно запроваджені в кількох країнах для забезпечення економічно ефективного розміщення потужностей ВДЕ.

Нова аукціонна система поєднується із заходами, спрямованими на те, щоб майбутні виробники ВДЕ виявилися конкурентними на ринку. Вони продаватимуть безпосередньо на ринку (а не через ГП) і відповідатимуть за свої небаланси. Це стимулюватиме виробників ВДЕ, зокрема вітрових та сонячних генераторів, краще прогнозувати свою генерацію, щоб уникнути платежів за небаланс.

Для повного використання потенціалу запланованого механізму підтримки можна запровадити додаткові заходи щодо стимулювання участі виробників ВДЕ на оптовому ринку. Наприклад, виробники ВДЕ могли б приймати активну роль на балансуючому ринку. Більшість типів ВДЕ мають технічну можливість пропонувати балансуючу енергію, здебільшого у напрямку вниз (тобто, зменшення виробництва). Проте у виробників ВДЕ немає стимулу брати участь у балансуючому ринку, оскільки існуючі механізми підтримки винагороджують лише вироблену електроенергію. Таким чином, вони не зацікавлені в зниженні виробництва, навіть коли балансуючий ринок пропонує високі ціни за меншу кількість споживаної електроенергії в системі.

Періоди надлишку електроенергії можуть виникати не лише на балансуючому ринку, а й на спотових ринках. Якщо дозволити цінам стати від'ємними, виробники вітру могли б отримати вигоду від зниження виробництва, якщо б система підтримки врахувала це.

На додаток до конкретних заходів, спрямованих на зниження собівартості виробництва електроенергії з ВДЕ, таких як аукціони з продажу потужностей, та їх кращої інтеграції в оптовий ринок електроенергії, стабільна та прозора регуляторна система, зменшення державного та регуляторного втручання в ринковий механізм та подальша інтеграція в енергетичний ринок ЄС залишатимуться вирішальними факторами для розвитку ВДЕ в Україні.

6.2.5. Рух до рівних умов гри (гарантії походження)

Основною перевагою генерації з ВДЕ є її вуглецевий нейтралітет. Встановлення ціни на викиди парникових газів створить рівні умови для інтерналізації екологічних витрат і зрівняє умови, за яких конкурують ВДЕ та генерація, що працюють на викопному паливі. В принципі, це могло б усунути необхідність підтримки виробництва електроенергії з ВДЕ. На практиці, перехід до системи, в якій негативні наслідки викидів можуть бути повністю інтерналізовані без порушення роботи ринків електроенергії та підриву безпеки постачання, займає багато часу.

Тим не менш, попередні кроки до створення рівних умов для всіх технологій генерації можуть і повинні бути зроблені. Найменш нав'язливим заходом було б запровадження гарантій походження (ГП), які б відстежували джерело електроенергії до електростанції, що її виробила. ГП – це електронний документ, який надає кінцевим споживачам докази того, що певна частка або кількість енергії була вироблена з ВДЕ. По суті, це електронний механізм для відстеження походження кожного МВт·год виробленої електроенергії.

ГП дають споживачам можливість отримувати перевірену електроенергію вироблену ВДЕ. Для виробників і постачальників ВДЕ це відкриває новий шлях до диференціації своєї продукції та отримання додаткових доходів. Слід зазначити, що ГП забезпечує виробництво відновлюваної електроенергії, а не доставку її покупцеві. Фізично всі клієнти отримують однакову електроенергію, що подається в мережу. Це означає, що торгівля ГП повністю відокремлена від торгівлі фізичною потужністю.

В ЄС постачальники електроенергії, які позиціонують свою енергію як відновлювану, повинні довести це за допомогою ГП. Ця вимога була введена в Директиві про відновлювану енергетику [19] в 2001 році.

В Україні немає діючої системи ГП, незважаючи на міжнародні зобов'язання та спроби її налагодити. Як сторона Договору про Енергетичне Співтовариство, Україна взяла на себе зобов'язання імплементувати Директиву ЄС про відновлювану енергетику 2009 року[20] до 1 січня 2014 року [21], яка вимагає, щоб походження електроенергії, виробленої з ВДЕ, могло бути гарантованим.

У 2013 році Україна зробила перші правові кроки для запровадження ГП, внісши зміни до Закону «Про альтернативні джерела енергії» та затвердивши[22] порядок видачі, використання та припинення дії сертифікатів ГП. Однак, ГП не були впроваджені, оскільки не був створений необхідний електронний реєстр. Розробка та адміністрування реєстру була покладена на Державне агентство з енергоефективності та енергозбереження України, яке не мало необхідних правових повноважень для запровадження системи, а також інституційної спроможності та фінансових ресурсів для її реалізації. Іншим аспектом невпровадження системи ГП була її несумісність з діючою на той час моделлю ринку єдиного оптового покупця, відповідно до якої єдиний покупець не вважав впровадження ГП пріоритетним завданням.

З лібералізацією ринку електроенергії з'явився сильніший стимул для розвитку ГП. Відповідно до існуючого механізму підтримки ВДЕ, ГП створюють можливість додаткових доходів для Гарантованого покупця, оскільки він зможе продавати свою електроенергію як зелену або окремо продавати сертифікати постачальникам або бізнесу. Виробники ВДЕ поза межами механізму підтримки могли б отримати аналогічний прибуток. У майбутньому це може стати важливим фактором для інвестицій у ВДЕ.

Запропоноване законодавство ЄС щодо запровадження механізму коригування меж вуглецю (CBAM) (див. Вставку 6.3) передбачає додатковий стимул для впровадження ГП.

Інформаційне вікно 6.3. Механізм регулювання кордонів викидів вуглецю ЄС (CBAM)

У липні 2021 року Європейська комісія опублікувала свою пропозицію щодо регламенту, який запроваджує механізм коригування викидів вуглецю (CBAM). Хоча законодавчий процес ще триває, очікується, що регламент набуде чинності 1 жовтня 2023 року.

Метою CBAM є обмеження ризику витоку вуглецю з ЄС до інших країн шляхом запровадження податку на викиди вуглецю на певні імпортні продукти. Витік вуглецю відбувається, якщо компанії з ЄС переносять своє виробництво за кордон, щоб уникнути витрат на викиди CO2 відповідно до Системи торгівлі викидами ЄС або імпортують продукцію, на яку не поширюється ціна на вуглець у країні виробництва.

Початкова пропозиція CBAM охоплює п'ять секторів: алюміній, цемент, електроенергія, добрива, а також залізо та сталь. Остаточний обсяг може бути ширшим, оскільки Європейський парламент запропонував включити також органічні хімікати, водень і полімери. У довгостроковій перспективі її можна розширити до інших секторів, охоплених Системою торгівлі викидами ЄС, таких як папір, скло та хімікати.

Після трирічного перехідного періоду з певними зобов'язаннями щодо звітності, імпортери продукції з ЄС повинні будуть сплачувати за вбудовані викиди шляхом придбання сертифікатів CBAM.

Українська продукція, включаючи електроенергію, є особливо вразливою до впровадження CBAM. Згідно з результатами моделювання (Chepeliev, 2021[13]), експорт електроенергії може впасти на 12%, також постраждає експорт чорних металів, нафтопродуктів та хімічної продукції.

Щоб уникнути негативного впливу CBAM на свій експорт, Україна може спробувати виконати умови для отримання винятків. Винятки будуть доступні для країн, які застосовують Систему торгівлі викидами ЄС або мають внутрішню Систему торгівлі викидами ЄС, пов'язану з нею. Крім того, Україна може бути звільнена від дії CBAM, якщо її ринок електроенергії буде інтегрований з ринком ЄС через ринкове об'єднання і якщо вона відповідатиме певним додатковим критеріям. В обох випадках функціонуюча система ГП була б дуже важливою.

Джерела: Чепелєв (2021[13]), Можливі наслідки запровадження європейського механізму вуглецевого коригування для України та інших торговельних партнерів ЄС, https://doi.org/10.46557/001c.21527; Європейська комісія (2022[14]), Механізм регулювання кордонів викидів вуглецю ЄС, https://taxation-customs.ec.europa.eu/green-taxation-0/carbon-border-adjustment-mechanism_en.

Міністерство енергетики опублікувало проєкт закону про внесення змін до деяких законів України щодо запровадження реєстру видачі, використання та припинення дії гарантій походження електричної енергії, виробленої з альтернативних джерел енергії.[23] Законопроєкт був позитивно сприйнятий деякими зацікавленими сторонами, такими як Європейсько-українське енергетичне агентство. Він не вирішує питання про те, як українська система ГП буде пов'язана з ринком ГП ЄС, але очікується, що це питання буде врегульовано вторинним законодавством. Приєднання до Європейської системи енергетичних сертифікатів походження значно посилить переваги майбутньої української системи ГП.

6.3. Інтеграція з енергетичними ринками ЄС

6.3.1. Стан справ і останні події

Як описано в Розділі 1 цього звіту, Україна та Молдова синхронізувалися з системою Європейської мережі операторів систем передачі електроенергії (ENTSO-E)24 16 березня 2022 року. Проєкт синхронізації розпочався у 2017 р., а завершення процесу передбачалося у 2023 р. Однак через повномасштабне вторгнення Росії аварійна синхронізація була здійснена в березні 2022 року, раніше початкового графіку. Це дозволило Україні від'єднатися від енергосистеми Російської Федерації та Білорусі і отримати доступ до взаємної підтримки стабілізації частоти[25] та аварійного живлення від європейських ОСП, що підвищило безпеку енергопостачання та стійкість системи.

Пізніше аварійну синхронізацію було розширено для забезпечення комерційних перетоків. У середині 2022 року, після виконання технічних передумов усіма зацікавленими ОСП, комерційний обмін електроенергією між Україною/Молдовою та сусідніми країнами ЄС відновився. На першому етапі було надано 100 МВт торгової комерційної потужності між Україною та Румунією (ENTSO-E, 2022[15]).

Обмежений експорт електроенергії з України до Польщі відновився у березні 2022 року, після чого у липні 2022 року було відкрито експорт до Словацької Республіки. Спочатку, після відкриття торгівлі з Румунією, доступна пропускна спроможність міждержавних з'єднань була обмежена 100 МВт в обох напрямках і розподілялася на щоденних аукціонах. З 5 вересня 2022 року доступна транскордонна пропускна спроможність між Україною та системою ENTSO-E збільшилася до 300 МВт вдень і залишилася на рівні 250 МВт вночі (ENTO-E, 2022[16]).

Загалом, транскордонна торгівля електроенергією значно скоротилася у 2022 році порівняно з 2021 роком. У період з березня по серпень 2022 року[26] Україна експортувала загалом 1 335 717 МВт·год електроенергії до Польщі, Молдови, Румунії та Словацької Республіки, що становить близько половини обсягу, переданого за аналогічний період 2021 року (EXPRO Consulting, 2022[17]). Загальна транскордонна пропускна спроможність також знизилася з майже 5 900 МВт до війни до близько 900 МВт станом на липень 2022 року та 1 100 МВт (для експорту) і 1 300 МВт (для імпорту) станом на вересень 2022 року (Morawiecka and Savytskyi, 2022[18]). Значна частина цього скорочення транскордонної пропускної спроможності була зумовлена припиненням роботи з'єднань з Російською Федерацією та Білоруссю, на які разом припадало 75% імпорту електроенергії в Україну у 2021 році.

Очікуване розширення транскордонної торгівлі та тісніша інтеграція з ринками електроенергії ЄС пропонує великі потенційні вигоди для електроенергетики України, яка, ймовірно, зазнає значних змін у найближчі роки.

Очевидно, що українські генеруючі підприємства з надлишковою потужністю могли б скористатися перевагами вищих цін на електроенергію в сусідніх країнах. Наприклад, 2 вересня 2022 року ціни на електроенергію на РДН в Румунії, Угорщині та Словацькій Республіці перевищували 500 євро/МВт·год, тоді як в Україні вони становили 84 євро/МВт·год. Збільшення обсягів експорту забезпечить важливе джерело доходів для електроенергетичного сектору України, одночасно знижуючи ціни в інших країнах Європи та сприяючи диверсифікації енергопостачання. Однак важливо підкреслити, що цей сценарій ґрунтується на припущенні, що Україна має надлишкові потужності і продовжуватиме мати їх у майбутньому, незважаючи на пошкодження інфраструктури та необхідність їх реконструкції, або відновлення. Часом збільшення експорту призводило б до підвищення оптових цін в Україні, але це було б компенсовано вищими доходами від експорту. Слід також зазначити, що лінії електропередач до Білорусі та Російської Федерації представляють близько 4,3 ГВт транскордонної потужності (Morawiecka and Savytskyi, 2022[18]). Щоб компенсувати втрачену взаємозв'язок з Російською Федерацією та Білоруссю, необхідно буде суттєво посилити взаємозв'язок з ENTSO-E.

В Таблиця 6.2 перелічено існуючі транскордонні лінії електропередач станом на липень 2022 року. Важливо зазначити, що в червні 2022 року відновилися консультації щодо лінії Жешув-Хмельницький між Україною та Польщею. Лінія, відключена у 1995 році, коли Польща синхронізувалася з континентальною європейською мережею, проте лінія може бути відновлена протягом 2023 року. Це забезпечить додаткову потужність в 1 ГВт для транскордонної торгівлі, фактично подвоївши потужність транскордонного з'єднання з ЄС. Крім того, з метою подальшого розширення транскордонної торгівлі Укренерго працює над збільшенням пропускної спроможності, поширюючи розподіл пропускної спроможності на інші міждержавні з'єднання.

Таблиця 6.2. Транскордонні лінії електропередач України

Інтерконектор	Рівень напруги	Примітки
Україна – Польща	220 кВ	Радіальне підключення до Добротвірської електростанції
Україна – Польща	750 кВ	Відключено
Україна – Словацька Республіка	380-400 кВ	Інтерконектори Бурштинського енергоострова
Україна – Угорщина	750 кВ	
Україна – Угорщина	380-400 кВ	
Україна – Угорщина	2 x 220 кВ	
Україна – Румунія	380-400 кВ	
Україна – Румунія	750 кВ	У розробці

Примітка: Дані відображають стан ліній станом на липень 2022 року.
Джерело: Проєкт регуляторної допомоги (2022), Відновлення транскордонної інфраструктури Україна-ЄС для безпечного, чистого енергетичного майбутнього https://www.raponline.org/wp-content/uploads/2022/06/rap-etcu-ukraine-interconnectors-2022-july-8.pdf. На основі даних ENTSO-E.

Таблиця 6.3. Чиста пропускна спроможність транскордонних ліній електропередач України, 2021 рік

Інтерконектор	Доступна транскордонна пропускна спроможність (NTC) в МВт	
	Експорт	Імпорт
Угорщина	650	450
Словацька Республіка	560	650
Румунія	400	200
Польща	210	0
Молдова	550	1 200

Джерело: НКРЕКП, «План розвитку системи електропередачі на 2022-2031 роки», https://www.nerc.gov.ua/news/oprilyudnyuetsya-proekt-postanovi-shchodo-skhvalennya-planu-rozvitku-sistemi-peredachi-na-2022-2031-roki завантажений у січні 2022 р.

Збільшення транскордонної потужності для торгівлі електроенергією є однією з ключових дій, передбачених у рамках ініціативи REPowerUkraine, спрямованої на відбудову кращої енергетичної системи України з акцентом на декарбонізацію та енергетичну незалежність (Morawiecka and Savytskyi, 2022[18]). Ініціатива буде запущена в контексті Комунікації Європейської Комісії щодо допомоги та відновлення України[27] та нової Зовнішньої енергетичної стратегії ЄС[28]. Потенційні переваги ринкової інтеграції для електроенергетичного сектору, а також поточні та майбутні перешкоди розглядаються більш детально в розділі 6.3.3.

6.3.2. Функціонування транскордонної торгівлі

Укренерго, як ОСП відповідає за розподіл транскордонної пропускної спроможності з української сторони шляхом організації та проведення щорічних, місячних та щоденних аукціонів, а Закон про ринок електроенергії визначає правові основи для проведення таких аукціонів.

Незважаючи на те, що Закон про ринок запроваджує можливість проведення як явних, так і неявних аукціонів, єдиний механізм, який зараз використовується в Україні для транскордонної торгівлі, – це явні аукціони. На явних аукціонах учасники ринку набувають права на використання частини пропускної спроможності транскордонного з'єднання, яку вони можуть використовувати для транспортування електроенергії, виробленої або купленої на ринку. Таким чином, експорт/імпорт електроенергії залежить від придбання пропускної спроможності та електроенергії окремо, що може призвести до неефективного використання міжсистемних з'єднань. Явні аукціони не гарантують, що експорт/імпорт замінить найвищі витрати на найменші. Наприклад, виробник в Україні може придбати транскордонну потужність і використовувати її, хоча інший виробник має надлишкову потужність з меншою граничною вартістю, але не може експортувати її через відсутність транскордонної потужності. З іншого боку, неявні аукціони поєднують розподіл потужностей і транскордонну торгівлю шляхом з'єднання ринків на добу наперед у різних країнах. Алгоритм, подібний до того, який використовується для аукціонів на добу наперед, забезпечує використання транскордонних потужностей для зниження загальної вартості виробництва електроенергії на більшій території.

На основі обговорень ОЕСР із зацікавленими сторонами видається ймовірним, що запровадження неявних аукціонів буде технічно можливим до кінця 2023 року. Однак впровадження потребує не лише технічної готовності. Найважливіше те, що Україні необхідно запровадити рамки, що лежать в основі загальноєвропейського єдиного ринку, а саме положення Керівництва щодо розподілу пропускної спроможності та управління перевантаженнями.[29] Запровадження неявних аукціонів, ймовірно, залишається середньостроковою перспективою та ключовим кроком для майбутнього об'єднання ринку.

Результати українських транскордонних аукціонів були досить різноманітними. Наприклад, у 2022 році лише одна компанія, ДТЕК Західенерго, отримала права на передачу до Польщі на всіх щомісячних аукціонах, тоді як для Молдови потужність розподілялася в середньому між 3-4 різними компаніями щомісяця. На щоденних аукціонах Румунії та Словаччини також переважно домінує ДТЕК Західенерго. Однак у серпні 2022 року на ринок вийшов новий державний трейдер «Енергетична компанія України» (ЕКУ), який купує електроенергію на внутрішньому ринку та приймає участь у щоденних аукціонах з продажу пропускної спроможності до Румунії та Словацької Республіки. У перший місяць діяльності (19 серпня – 20 вересня) ЕКУ придбав близько 50% потужностей експорту електроенергії для обох країн. Експортована ЕКУ електроенергія закуповувалась у державного виробника «Енергоатом» на ринкових умовах через Українську енергетичну біржу (Economic Truth, 2022[19]). Загалом, на двох найбільших експортерів припадає близько 81% та 88% транскордонної пропускної спроможності до Словацької Республіки та Румунії відповідно (у період серпень-вересень 2022 року).

Окрім нового учасника, у другій половині 2022 року відбулося кілька змін у правилах, що регулюють експорт електроенергії з України. 7 липня 2022 року Кабінет Міністрів України прийняв Постанову № 77530, яка покладає спеціальні обов'язки на компанії, що експортують електроенергію до ЄС, для забезпечення загальносуспільних інтересів у процесі функціонування ринку електричної енергії в умовах воєнного стану. Згідно з Постановою, експортери зобов'язані укласти з ГП так звану угоду з безпеки постачання та сплачувати ГП відповідний платіж. Цей платіж дорівнює 80% прибутку, отриманого від експорту, згідно з формулою в статті 6 Постанови. Зі свого боку, ГП зобов'язаний укладати угоди з безпеки постачання з будь-яким зацікавленим експортером без дискримінації. ГП має перерахувати кошти, отримані від експортерів, до ПУП, щоб компенсувати їм їхні збитки при при постачанні електроенергії домогосподарствам згідно з їхніми зобов'язаннями щодо ПСО. ОСП зобов'язаний забезпечити, щоб в аукціонах з розподілу транскордонної пропускної спроможності брали участь лише компанії, які уклали угоду з ГП. Крім того, ОСП повинен надавати ГП інформацію про погодинні обсяги експорту кожного експортера в розрізі країн постачання.

Ще однією подією є зміни до Закону «Про ринок електричної енергії» від 19 серпня 2022 року[31], які дозволяють «Укренерго» спрямовувати 45% доходу, отриманого від міждержавних аукціонів з продажу пропускної спроможності за три роки до 31 липня 2022 року, на оплату послуг виробників електроенергії на БР. Половина коштів від транскордонних аукціонів може бути використана для виплати ГП за збільшення частки ВДЕ у виробництві електроенергії. В результаті, за перші два тижні вересня 2022 року ОСП сплатив 3 млрд грн виробникам електроенергії на БР та ще 3 млрд грн – ГП[32]. Важливо зазначити, що ці заходи є тимчасовими, впровадженими в надзвичайних умовах війни.

6.3.3. Процес ринкової інтеграції та конкуренція

Поточні та передбачувані події, згадані в розділах вище, можуть суттєво змінити динаміку конкуренції в електроенергетиці України. З одного боку, поступове відкриття торгівлі з ЄС і майбутня ринкова інтеграція можуть принести значні переваги Україні та її електроенергетичним компаніям. Україна може отримати прибуток від надлишку експорту електроенергії, а імпорт з Європи може допомогти підвищити надійність постачання під час високого попиту, відповідно транскордонна торгівля може посилити оптову конкуренцію. З іншого боку, потенційні вигоди від інтеграції значною мірою залежать від розвитку електроенергетичного сектору України – зокрема, від наслідків впливу війни на генеруючі потужності, а також від поточних регуляторних обмежень, що впливають на ринкові результати та майбутні регуляторні зміни.

Як зазначалося раніше, ОСП та експортери можуть отримати позитивний ефект від синхронізації та розширення транскордонної торгівлі у вигляді додаткових доходів. Експортери зможуть скористатися перевагами вищих європейських цін, одночасно оптимізуючи роботу своїх генеруючих активів. При цьому, слід зазначити, що це може призвести до підвищення оптових цін в Україні. Для генерації з відновлюваних джерел це також може означати менш часте обмеження їх виробництва в системі. З точки зору ОСП, транскордонні аукціони пропускної потужності приносять додаткові доходи, що дозволяє Укренерго покращити свій фінансовий стан. Крім того, на додаток до підтримки частоти, синхронізація може оптимізувати використання мережі, а також забезпечити додаткову гнучкість і параметри балансування (Morawiecka and Savytskyi, 2022[18]).

Незважаючи на те, що ці розробки були б корисними для сектора, з точки зору конкуренції потенційні вигоди не є чітко визначеними. Внаслідок низьких оптових цін в Україні порівняно з цінами ЄС, регуляторних обмежень, таких як обмеження цін на оптових ринках, поганий інвестиційний клімат і правова невизначеність, малоймовірно, що транскордонна торгівля сама по собі стимулюватиме вхід іноземних компаній на український ринок електроенергії та тим самим посилить конкуренцію. Навіть за відсутності війни кілька факторів, згаданих вище, справді могли б стримати іноземні компанії від входу на український ринок електроенергії.

Однак можливість експорту електроенергії з ВДЕ до ЄС має найкращий потенціал для залучення іноземних приватних інвестицій у нові електростанції. Умови фінансування, політичні кроки та зростаюча кількість споживчів, що надають перевагу електроенергії з ВДЕ в поєднанні із загалом добрими запасами вітру, сонця та біомаси в Україні роблять відновлювані джерела енергії більш привабливими, ніж електростанції, що працюють на викопному паливі. Ключовою вимогою для стимулювання інвестицій у ВДЕ буде запровадження гарантій походження (ГП) (див. Розділ 6.2.5). Це могло б стати стимулом для нових гравців ринку виходити на ринок виробництва електроенергії з метою прибуткового експорту частини своєї продукції. Умови фінансування в країні, проблеми з оплатою за пільговими тарифами, відсутність встановленої сертифікації ГП для ВДЕ, а також нестабільні ринкові умови з поганою юридичною стабільністю можуть підірвати цей сценарій, як підкреслили кілька зацікавлених сторін.

Інший аспект, який слід враховувати, полягає в тому, що Україні може знадобитися імпорт електроенергії для задоволення внутрішнього попиту. Якщо значні пошкодження теплових і відновлюваних електростанцій та іншої інфраструктури не вдасться відремонтувати відносно швидко, Україна на деякий час перетвориться на нетто-імпортера. Подальша невизначеність пов'язана з відключенням від системи Запорізької атомної електростанції, найбільшої атомної електростанції в Європі. Як зміниться баланс між експортом, імпортом та внутрішніми генеруючими потужностями, і як це вплине на динаміку конкуренції, концентрацію ринку та ціни, ще належить оцінити.

Загалом, синхронізація з ENTSO-E та поступове удосконалення транскордонної торгівлі шляхом запровадження неявних аукціонів є важливими першими кроками для майбутнього електроенергетичного сектору України. За нинішніх умов транскордонна торгівля, є джерелом збільшення доходів і заходів із забезпечення енергетичної безпеки, проте ринкова влада виробників електроенергії навряд чи буде обмежена. Збільшення кількості фірм, які конкурують на оптовому чи роздрібному рівні, можна досягти шляхом полегшення перехресного входу на ринок між учасниками ринку в сусідніх країнах, разом з цим це навряд чи станеться в короткостроковій перспективі через війну та згадані раніше особливості ринку. Рухаючись до ринкової інтеграції, ці міркування обов’язково зміняться, зокрема, якщо об’єднання ринку стане реальністю.

Використання неявних аукціонів для об’єднання ринку дозволяє учасникам ринку безпосередньо робити пропозиції на електроенергію на інтегрованій площадці РДН/ВДР, а не отримувати індивідуальні розподіли транскордонної потужності. Біржа натомість враховує доступну транскордонну потужність для розрахунку клірингової ціни, мінімізуючи різницю в ціні між ринковими зонами. Формуючи взаємопов’язаний ринок, системи об’єднання ринків – які існують як для РДН, так і для ВДР – гармонізують обмін електроенергією сусідніх країн і зменшують різницю в цінах, забезпечуючи більш ефективну форму торгівлі. Таким чином, об'єднання ринків дозволяє уникнути поділу ринків електроенергії відповідно до географічних кордонів, дозволяє більш ефективно використовувати генеруючі потужності, підвищує ліквідність РДН та ВДР і може призвести до посилення конкуренції за рахунок розширення ринкової зони, в якій можуть конкурувати виробники та трейдери (Böckers, Haucap and Heimeshoff, 2013[20]). Неспівпадаючі піки попиту та різні граничні технології виробництва в сусідніх країнах також можуть бути використані в транскордоних торгівльних стратегіях (Pollitt, 2019[21]).

Крім того, через перетоки електроенергії з регіонів з низькими цінами в регіони з високими цінами, за умови належного функціонування, об'єднання ринків призводить до певного зближення оптових цін на електроенергію, що може розглядатися як індикатор ринкової інтеграції (ACER, 2014[22]). Наприклад, у зв’язку з розширенням об’єднання ринку з Чехії та Словаччини на Угорщину у вересні 2012 року повна конвергенція цін між цими країнами подвоїлася з 37% усіх годин у 2012 році до 74% у 2013 році (ACER, 2014[22]). Загалом, як стверджується в (ACER, 2021[23]) «Інтеграція ринку на добу наперед забезпечує дешевшу електроенергію по всій Європі та сприяє зростанню відновлюваних джерел енергії, одночасно підвищуючи загальний добробут». На додаток до зближення цін, ACER виявив, що волатильність цін на інтегрованих ринках електроенергії набагато нижча, ніж на ізольованих.

У випадку України потенційні вигоди від об'єднання ринків слід також аналізувати в контексті інших бажаних реформ, згаданих у попередніх розділах. Наприклад, попри те, що скасування обмежень оптових цін, які зараз існують та використовуються в Україні, є ключовою умовою для успішного об'єднання ринку, у той же час короткострокові наслідки такої реформи, тобто підвищення цін за інших рівних умов, можуть бути принаймні частково врівноваженим ефектом інтеграції з ринком ЄС у довгостроковій перспективі. Таким чином, об'єднання ринку може бути важливим, більш конкурентоспроможним і менш викривленим способом для досягнення таких ринкових результатів, як стабільність цін і надійність поставок, які мають за мету чинні правила.

Однак переваги від інтеграції можуть бути обмежені через відсутність нормативної сумісності в сусідніх країнах і правову нестабільність на національному рівні. Я зазначено в (Pollitt, 2019[21]), що стосується інтеграції ринків електроенергії ЄС в останні десятиліття, «гармонізація правил для розбудови нових з'єднань, доступу третіх сторін до систем передачі/розподілу та роздрібної торгівлі електроенергією кінцевим споживачам» була ключовою частиною процесу інтеграції. Таким чином, структура ринку та регуляторні обмеження відіграватимуть значну роль не лише в процесі об'єднання українського ринку з європейськими ринками електроенергії, але й у майбутньому функціонуванні такого об'єднання.

Перспектива майбутнього об'єднання ринків та пов'язані з ним переваги мають стати значним стимулом для проведення необхідних регуляторних реформ, згаданих у попередніх розділах, спрямованих на покращення функціонування електроенергетичного сектору. Усунення ключових регуляторних обмежень і поточних перешкод для конкуренції матиме подвійний ефект: покращить сектор на національному рівні, водночас сприятиме процесу інтеграції з електроенергетичною системою ЄС, що, у свою чергу, посилить конкуренцію і в Україні. Таким чином, інституції повинні переконатися, що і фізична інфраструктура, і нормативне середовище можуть підтримувати перехід, приділяючи особливу увагу управлінню та моніторингу ринку. Хоча нинішній рівень синхронізації та відкритості для торгівлі є бажаним і важливим першим кроком для України, для отримання очікуваних переваг для конкуренції необхідна подальша інтеграція.

Посилання

ACER (2022), *ACER's Final Assessment of the EU Wholesale Electricity Market Design*, https://acer.europa.eu/Official_documents/Acts_of_the_Agency/Publication/ACER's%2520Final%2520Assessment%2520of%2520the%2520EU%2520Wholesale%2520Electricity%2520Market%2520Design.pdf (accessed on 4 April 2023). [24]

ACER (2021), *Guidance on the application of REMIT*, https://acer.europa.eu/en/remit/Documents/ACER_Guidance_on_REMIT_application_6th_Edition_Final.pdf. [23]

ACER (2014), *ACER Market Monitoring Report*, https://acer.europa.eu/Official_documents/Acts_of_the_Agency/Publication/ACER_Market_Monitoring_Report_2014.pdf. [22]

Böckers, V., J. Haucap and U. Heimeshoff (2013), "Benefits of an integrated European electricity market: the role of competition", http://publications.europa.eu/resource/cellar/99d4fd94-7619-44f4-9f4b-5541235b90d1.0001.04/DOC_1. [20]

Chepeliev, M. (2021), "Possible Implications of the European Carbon Border Adjustment Mechanism for Ukraine and Other EU Trading Partners", *Energy Economics*, Vol. 2/1, https://doi.org/10.46557/001c.21527. [13]

Economic Truth (2022), *815 million in two weeks, or why the state needs an energy trader*, https://www.epravda.com.ua/rus/columns/2022/09/2/691071/ (accessed on 4 April 2023). [19]

ENTO-E (2022), *Further increase in the trade capacity with the Ukraine/Moldova power system*, ENTSO-E News, https://www.entsoe.eu/news/2022/09/04/transmission-system-operators-of-continental-europe-decide-to-further-increase-trade-capacity-with-the-ukraine-moldova-power-system/ (accessed on 10 March 2023). [16]

ENTSO-E (2022), *Commercial exchanges of electricity with Ukraine/Moldova to start on 30 June*, ENTSO-E News, https://www.entsoe.eu/news/2022/06/28/commercial-exchanges-of-electricity-with-ukraine-moldova-to-start-on-30-june/ (accessed on 10 March 2023). [15]

EU (2011), *Regulation (EU) No 1227/2011 of the European Parliament and of the Council of 25 October 2011 on wholesale energy market integrity and transparency*, https://eur-lex.europa.eu/legal-content/EN/TXT/?uri=CELEX%3A32011R1227&qid=1678963014787 (accessed on 16 March 2023). [1]

European Commission (2022), *Carbon Border Adjustment Mechanism*, https://taxation-customs.ec.europa.eu/green-taxation-0/carbon-border-adjustment-mechanism_en (accessed on 4 April 2023). [14]

European Commission (2020), *Commission Decision (EU) 2020/2152 of 17 December 2020 on fees due to the European Union Agency for the Cooperation of Energy Regulators for collecting, handling, processing and analysing of information reported under Regulation (EU) No 1227/2011 of the European Parliament and of the Council*, https://eur-lex.europa.eu/eli/dec/2020/2152/oj (accessed on 16 March 2023). [2]

EXPRO Consulting (2022), *During March-August 2022, Ukraine exported 1.335 million MWh of electricity*, https://expro.com.ua/en/tidings/during-march-august-2022-ukraine-exported-1335-million-mwh-of-electricity (accessed on 4 April 2023). [17]

GLOBSEC (2022), *Renewable Energy in Ukraine: A Solution for European Energy Security and for Shifting the EU GND Eastward*, https://www.globsec.org/what-we-do/publications/renewable-energy-ukraine-solution-european-energy-security-and-shifting-eu#_ftn9. [8]

Hutarevych, N. (2022), "Implementation of REMIT into Ukrainian legislation", *Ukrainian Journal of Business Law* 11-12 November-December 2021, http://www.ujbl.info/article.php?id=1532. [3]

IEA (2022), *Energy Statistics Data Browser*, https://www.iea.org/data-and-statistics/data-tools/energy-statistics-data-browser (accessed on 4 April 2023). [6]

International Energy Agency (2021), *Net Zero by 2050 - A Roadmap for the Global Energy Sector*, http://www.iea.org/t&c/ (accessed on 4 April 2023). [5]

IRENA (2022), *Renewable Power Generation Costs in 2021*, https://www.irena.org/publications/2022/Jul/Renewable-Power-Generation-Costs-in-2021. [11]

IRENA (2015), *REmap 2030 Renewable Energy Prospects for Ukraine*, https://www.irena.org/Energy-Transition/Outlook/Renewable-energy-roadmaps. [9]

IRENA, Joanneum Research and University of Ljubljana (2017), *Cost-Competitive Renewable Power Generation: Potential across South East Europe*,, https://www.irena.org/-/media/Files/IRENA/Agency/Publication/2017/IRENA_Cost-competitive_power_potential_SEE_2017.pdf. [7]

Morawiecka, M. and O. Savytskyi (2022), *Revitalising EU-Ukraine cross-border infrastructure for a secure, clean energy future*, Regulatory Assistance Project. [18]

NEURC (2020), *Annual Report*, https://www.nerc.gov.ua/pro-nkrekp/richni-zviti (accessed on 1 January 2022). [10]

Pollitt, M. (2019), "The European Single Market in Electricity: An Economic Assessment", *Review of Industrial Organization*, Vol. 55, pp. 63-87, https://doi.org/10.1007/s11151-019-09682-w. [21]

Seel, J. et al. (2021), "Plentiful electricity turns wholesale prices negative", *Advances in Applied Energy*, Vol. 4, https://doi.org/10.1016/j.adapen.2021.100073. [12]

UN (2023), *Causes and Effects of Climate Change*, https://www.un.org/en/climatechange/science/causes-effects-climate-change. [4]

Примітки

1 Закон України № 1540-VIII «Про Національну комісію, що здійснює державне регулювання у сферах енергетики та комунальних послуг», 22 вересня 2016 р., https://zakon.rada.gov.ua/laws/show/1540-19.

2 Постанова НКРЕКП № 1120 «Про затвердження Порядку здійснення НКРЕКП моніторингу ринків у сферах енергетики та комунальних послуг», 14 вересня 2017 р., https://zakon.rada.gov.ua/rada/show/v1120874-17#Text.

3 Постанова НКРЕКП № 450 «Про затвердження форм звітності з моніторингу учасників ринку електричної енергії та інструкцій щодо їх заповнення», 29 травня 2019 р., https://zakon.rada.gov.ua/laws/show/v0450874-19#Text.

4 Постанова НКРЕКП № 2647 «Про затвердження Інструкції про здійснення НКРЕКП моніторингу функціонування ринку електричної енергії2, 23 грудня 2020 р., https://zakon.rada.gov.ua/rada/show/v2647874-20#Text.

5 Дані оперативного моніторингу публікуються на вебсайті: https://www.nerc.gov.ua/monitoring-rinku-elektrichnoyi-energiyi/operativnij-monitoring-rinku-elektrichnoyi-energiyi.

6 Підпункт 1.8.4 пункту 1.8, Постанова НКРЕКП № 307 «Про затвердження Правил ринку», 14 березня 2018 р., https://zakon.rada.gov.ua/laws/show/v0307874-18?find=1&text=%D1%81%D0%BF%D0%BE%D1%81%D1%82%D0%B5%D1%80%D0%B5%D0%B6%D0%B5%D0%BD%D0%BD%D1%8F#w1_1.

[7]Імплементаційний Регламент (ЄС) № 1348/2014 від 17 грудня 2014 року про надання даних на виконання статті 8(2) та статті 8(6) Регламенту (ЄС) № 1227/2011.

[8] Рішення Ради Міністрів Енергетичного Співтовариства DI2018I10IMG-EnC: імплементація Регламенту (ЄС) № 122712011 Європейського Парламенту та Ради про цілісність та прозорість оптового енергетичного ринку, https://www.energy-community.org/dam/jcr:aec217c0-51fa-426a-a986-f36455546f51/Decision_2018_10_MC-EnC_Reg_1227-2011.pdf.

[9] Проект постанови НКРЕКП «Про затвердження вимог щодо заборони та запобігання зловживанням на оптових ринках електричної енергії», 24 грудня 24, файл видалено, https://www.nerc.gov.ua/news/oprilyudnyuetsya-proekt-postanovi-shcho-mae-oznaki-regulyatornogo-akta-zatverdzhennya-vimog-shchodo-zaboroni-ta-zapobigannya-zlovzhivannyam-na-optovikh-energetichnikh-rinkakh.

[10] Рішення Ради Міністрів Енергетичного Співтовариства № 2021/07/MC-EnC від 30 листопада 2021 р., https://www.energy-community.org/dam/jcr:682bff28-da85-4f85-afec-c5b77f721e1c/Decision2021-07-MC-EnC_Case%20ECS-4-21_Ukraine.pdf.

[11] Проєкт Закону «Про внесення змін до деяких законів України щодо запобігання зловживанням на оптових ринках електричної енергії», 1 квітня 2021 р. (реєстрація), https://itd.rada.gov.ua/billInfo/Bills/CardByRn?regNum=5322&conv=9.

[12] Розпорядження КМУ № 605-р «Про Енергетичну стратегію України на період до 2035 року»: Безпека, енергоефективність, конкурентоспроможність, 18 серпня 2017 р., https://zakon.rada.gov.ua/laws/show/605-2017-%D1%80#Text.

[13] Оновлений Національно-визначений внесок України до Паризької угоди, затверджений Постановою КМУ № 868 від 30 липня 2021 р., https://zakon.rada.gov.ua/laws/show/868-2021-%D1%80.

[14] Інформацію про Європейський зелений курс див. за посиланням: https://ec.europa.eu/info/strategy/priorities-2019-2024/european-green-deal_en.

[15] LCOE певної технології – це відношення витрат за весь строк експлуатації до обсягу виробництва електроенергії за весь строк експлуатації, причому обидва показники дисконтуються за ставкою, що відображає середню вартість капіталу.

[16] Міжнародне агентство з відновлюваної енергетики розрахувало реальну WACC, припустивши, що рівень інфляції становить 1,8 %. Це приблизно відповідає середньому рівню інфляції в США між 2010 і 2021 роками.

[17] Постанова НКРЕКП № 641 «Про затвердження нормативно-правових актів, що регулюють діяльність Гарантованого покупця та купівлю електричної енергії за «зеленим» тарифом та за аукціонною ціною», 26 квітня 2019 р., https://zakon.rada.gov.ua/laws/show/v0641874-19#Text.

[18] Закон України № 2479-IX «Про особливості регулювання відносин на ринку природного газу та у сферах теплопостачання в умовах воєнного стану та подальшого відновлення їх функціонування», 29 липня 2022 р., https://zakon.rada.gov.ua/laws/show/2479-20#n243.

[19] Директива 2001/77/ЄС Європейського Парламенту та Ради від 27 вересня 2001 року про просування електроенергії, виробленої з відновлюваних джерел енергії, на внутрішньому ринку електроенергії, https://eur-lex.europa.eu/legal-content/en/ALL/?uri=CELEX%3A32001L0077.

[20] Директива 2009/28/ЄС Європейського Парламенту та Ради від 23 квітня 2009 року про заохочення використання енергії з відновлюваних джерел та внесення змін і подальше скасування Директив 2001/77/ЄС та 2003/30/ЄС.

[21] Рішення Ради Міністрів Енергетичного Співтовариства, D/2012/04/MC-EnC: Рішення про імплементацію Директиви 2009/28/ЄС та внесення змін до статті 20 Договору про заснування Енергетичного Співтовариства, 18 жовтня 2012 р., https://www.energy-community.org/dam/jcr:f2d4b3b8-de85-41b2-aa28-142854b65903/Decision_2012_04_MC_RE.pdf.

[22] Постанова КМУ № 771 «Про затвердження Порядку видачі, використання та припинення дії гарантії походження електричної енергії для суб'єктів господарювання, які виробляють електричну енергію з альтернативних джерел енергії», 27 липня 2013 р., https://zakon.rada.gov.ua/laws/show/771-2013-%D0%BF#Text.

[23] Проєкт Закону України «Про внесення змін до деяких законів України щодо запровадження реєстру видачі, використання та припинення дії гарантії походження електричної енергії, виробленої з альтернативних джерел енергії», 25 серпня 2022 року (публікація), https://www.mev.gov.ua/rehulyatornyy-akt/proyekt-zakonu-ukrayiny-pro-vnesennya-zmin-do-deyakykh-zakoniv-ukrayiny-shchodo.

[24] Система ENTSO-E складається з п'яти синхронних зон: континентальної Європи, Північної Європи, Балтії, Великобританії, Ірландії та Північної Ірландії. Україна підключена до зони континентальної Європи.

[25] «Частотну підтримку можна розглядати як обмін електроенергією між ОСП, який активується в режимі реального часу. Підтримка надається синхронною зоною (СЗ) або групою СЗ в ручному або автоматичному режимі з метою покращення операційної ситуації СЗ, що запитує» https://eepublicdownloads.entsoe.eu/clean-documents/SOC%20documents/Operational_Limits_and_Conditions_for_Mutual_Frequency_Support_over_HVDC_Report.pdf.

[26] https://expro.com.ua/en/tidings/during-march-august-2022-ukraine-exported-1335-million-mwh-of-electricity, джерело з офіційного сайту НКРЕКП, https://www.nerc.gov.ua/monitoring-rinku-elektrichnoyi-energiyi/operativnij-monitoring-rinku-elektrichnoyi-energiyi/informaciya-shchodo-propusknoyi-spromozhnosti-mizhderzhavnih-peretiniv-ukrayini.

[27] Повідомлення Комісії COM/2022/233, Допомога та відновлення України, 18 травня 2022 р., https://eur-lex.europa.eu/legal-content/EN/TXT/PDF/?uri=CELEX:52022DC0233&from=EN.

[28] Спільне повідомлення до Європейського Парламенту, Ради, Європейського економічного і соціального комітету та Комітету регіонів, «Зовнішня енергетична діяльність ЄС у світі, що змінюється», 18 травня 2022 р., https://eur-lex.europa.eu/legal-content/EN/TXT/?uri=JOIN%3A2022%3A23%3AFIN&qid=1653033264976.

[29] Регламент Комісії (ЄС) 2015/1222 від 24 липня 2015 р. про встановлення керівних принципів щодо розподілу пропускної спроможності та управління заторами, https://eur-lex.europa.eu/legal-content/EN/TXT/?uri=CELEX%3A32015R1222.

[30] https://ips.ligazakon.net/document/KP220775?an=1.

[31] https://ua.energy/zagalni-novyny/ukrenergo-spryamuvalo-na-pidgotovku-do-ozp-dohid-vid-auktsioniv-na-dostup-do-mizhderzhavnyh-peretyniv-dlya-eksportu-elektroenergiyi/.

[32] https://ukranews.com/en/news/882457-ukrenergo-transfers-uah-6-billion-to-participants-in-electricity-market.

7 Висновки та рекомендації

У цьому розділі викладено основні висновки ОЕСР щодо ринку електроенергії в Україні та запропоновано рекомендації щодо розвитку конкуренції та покращення його функціонування в цілому. Рекомендації стосуються питань, пов'язаних з оптовим та роздрібним ринками, відновлюваними джерелами енергії та транскордонною інтеграцією. Деякі з них закликають до змін з широкими наслідками, тоді як інші спрямовані на вирішення конкретних проблем.

Оптовий ринок електроенергії України має функціонувати як конкурентний ринок, на якому регулювання доповнює конкуренцію. Незважаючи на проконкурентну законодавчу базу, закріплену в Законі України «Про ринок електричної енергії», більшість учасників ринку та зацікавлених сторін незадоволені статус-кво. Причини їхнього незадоволення різні й не позбавлені індивідуальної упередженості, але одна з проблем, яку поділяє переважна більшість, стосується відсутності регуляторної стабільності. Вихід на ринок електроенергії, особливо в якості виробника електроенергії, вимагає значних зобов'язань з точки зору капіталу, часу, технічних та адміністративних ресурсів. Такі настрої пояснюються тривалим періодом окупності інвестицій.

Часті, нетривалі регуляторні зміни створюють невизначеність, яка дестабілізує функціонування українського ринку електроенергії та підриває довіру як серед існуючих інвесторів, так і серед потенційних інвесторів. Серед таких змін можна виділити – часте використання тимчасових заходів, деякі з яких застосовуються на постійній основі, або продовжуються кілька разів. Відхід від інтервенціоністського підходу останніх кількох років створив би більш стабільне та прозоре регуляторне середовище. Після закінчення війни своєчасне скасування тимчасових заходів, запроваджених в умовах воєнного стану, таких як зобов'язання щодо забезпечення державних послуг при експорті (експортне ПСО), стало б чітким сигналом, який би підвищив довіру ринку та сприяв зусиллям з відновлення. Загалом, регуляторні рішення повинні прийматися за стандартними процедурами і включати консультації з учасниками ринку, думки яких мають бути ретельно враховані.

Однією з найважливіших проблем, виявлених у цьому дослідженні, є граничні цінові обмеження на оптовому ринку. Ринкове ціноутворення лежить в основі конкурентного процесу, тим більше для такого однорідного товару, як електроенергія. Обмеження ціноутворення повинно здійснюватися з особливою обережністю і лише за певних обставин. З точки зору конкуренції, граничні ціни можуть бути виправдані ризиком надмірного ціноутворення та за відсутності кращих альтернатив. Оптовий ринок електроенергії в Україні характеризується високим рівнем концентрації. Хоча це вимагає особливої уваги з боку енергетичного регулятора та антимонопольного комітету, саме по собі це не є виправданням для встановлення граничних цін. Насправді, відносно висока концентрація на оптовому ринку характерна для багатьох країн, включаючи країни-члени ЄС. В ЄС моніторинг та нагляд за ринком виявився достатнім для запобігання поширеним випадкам надмірного ціноутворення, маніпулювання ринком, інсайдерської торгівлі та подібної шкідливої поведінки. Як договірна сторона Енергетичного Співтовариства, Україна взяла на себе зобов'язання впровадити «полегшену» версію Регламенту щодо доброчесності та прозорості оптового ринку електроенергії (REMIT). Будучи кандидатом на членство в ЄС, Україна повинна буде в певний момент повністю впровадити REMIT. У цьому контексті для України було б доречно створити систему моніторингу та нагляду, яка б працювала якомога ближче до того, як REMIT працює в ЄС. Маючи надійну систему моніторингу та нагляду, Україна повинна скасувати граничні ціни. Це також буде необхідно для подальшої інтеграції з ринками електроенергії ЄС. Об'єднання ринків, важливий крок у цьому напрямку, є несумісним з граничними обмеженнями оптових цін, що є додатковою причиною для їх скасування.

В Україні регулюють ціни на електроенергію для домогосподарств на рівні, значно нижчому за ринковий. Така політика не тільки є дорогою, але й шкідливою для конкуренції. На оптовому рівні впровадження регульованих цін призвело до сегментації ринку. Це негативно вплинуло на ліквідність оптового ринку, зробивши його менш ефективним і збільшивши ризик зловживань та маніпуляцій. Невеликий розмір комерційного сегменту оптового ринку також ускладнює для постачальників закупівлю електроенергії для роздрібного ринку. Регульована ціна має більш різкий і безпосередній вплив на роздрібний ринок, вона повністю виключає конкуренцію на побутовому сегменті. Слід зазначити, що підтримка незахищених споживачів є цілком виправданою політикою і, швидше за все, потрібна в Україні. Пряма та адресна підтримка – найкращий спосіб її реалізації. За ціною не дорожчою, ніж поточна система, вона може запропонувати більшу/кращу підтримку тим, хто її потребує найбільше.

Запровадження нових правил та перегляд існуючих – не єдиний спосіб сприяння конкуренції на ринках електроенергії. Розслідування потенційних випадків антиконкурентної поведінки та маніпулювання ринком, а також застосування засобів правового захисту та штрафних санкцій у доведених випадках такої поведінки є необхідними для забезпечення дотримання нормативних вимог. На організованих ринках електроенергії в Україні, зокрема на ринку «на добу наперед» (РДН), систематичний нагляд за ринком має важливе значення для виявлення можливих випадків маніпулювання ринком. Впровадження системи нагляду за ринком, тісно пов'язаної з європейською системою REMIT, є найкращим засобом для досягнення цієї мети. Нагляд за ринком має доповнюватися розслідуваннями окремих випадків Антимонопольним комітетом України або Національною комісією, що здійснює державне регулювання у сферах енергетики та комунальних послуг (НКРЕКП), залежно від типу потенційних маніпуляцій та за домовленістю між органами влади.

З моменту приєднання України до Енергетичного Співтовариства її нормативно-правова база в енергетичному секторі нерозривно пов'язана з нормативно-правовою базою ЄС. Переваги приведення нормативно-правової бази України у відповідність до стандартів ЄС виходять за рамки юридичних зобов'язань, пов'язаних з членством в Енергетичному Співтоваристві. Імплементація acquis communautaire ЄС може підвищити довіру до ринків електроенергії в Україні і є необхідною для їх подальшої інтеграції з ринками ЄС. В умовах синхронізації та перспективи членства в ЄС повна інтеграція пропонує найкращі можливості для посилення конкуренції. Комерційний експорт та імпорт може зменшити ринкову владу національних виробників і зробити оптовий ринок електроенергії більш конкурентним.

Часові рамки для імплементації та реалізації переваг відрізняються в різних рекомендаціях. Деякі з них, ймовірно, буде легше впровадити, ніж інші, і вони по-різному дадуть швидкі або довгострокові результати. Більшість рекомендацій, представлених тут, розроблені з урахуванням післявоєнного періоду, в період коли Україна успішно відновила нормальне функціонування своєї економіки. Однак деякі рекомендації можуть бути реалізовані раніше, а в деяких випадках робота в цьому напрямку вже ведеться. Там, де це доречно, це зазначено в рекомендаціях.

Багато рекомендацій взаємопов'язані між собою і повинні розглядатися в комплексі. Деякі з них можуть бути реалізовані самостійно, але інші вимагатимуть впровадження відповідних заходів підтримки, а очікуваний вплив від реалізації залежить від конкретної рекомендації. Для полегшення виконання рекомендацій ОЕСР у цьому звіті вони згруповані, а в межах цих груп – у довільному порядку за запропонованою пріоритетністю. Групування є умовним, оскільки деякі рекомендації можуть належати до кількох груп. Перша група стосується оптового ринку, а друга – роздрібного ринку. Третя група включає питання, специфічні для виробництва електроенергії з відновлюваних джерел енергії (ВДЕ). Четверта група рекомендацій стосується подальшої інтеграції з ринками електроенергії ЄС.

7.1. Сприяння конкуренції на оптовому ринку електроенергії

Ефективна конкуренція на оптовому сегменті є основою загального конкурентного ринку електроенергії. Тому заходи, спрямовані на розвиток конкуренції на оптовому ринку, повинні здійснюватися до, а в деяких випадках паралельно із заходами, дія яких спрямована на роздрібний ринок. Основною метою має бути сприяння конкуренції шляхом підвищення ліквідності та удосконалення ціноутворення.

7.1.1. Удосконалення ціноутворення

Вільне ціноутворення є передумовою ефективної конкуренції. Його слід обмежувати лише в разі крайньої необхідності, і то лише на найкоротший період часу.

Скасування цінових обмежень

Цінові обмеження, особливо цінові ліміти (прайс кепи), обмежують і спотворюють ціноутворення на РДН, внутрішньодобовому ринку (ВДР) та балансуючому ринку (БР). Для всього ринку електроенергії надзвичайно важливо, щоб ціни на цих ринках правильно відображали умови попиту та пропозиції. Найважливішим ринком для формування ціни є РДН. Ціни на РДН слугують основним ціновим орієнтиром для інших сегментів ринку електроенергії. Неправильні цінові сигнали на РДН мають особливо викривлений вплив на функціонування як оптового, так і роздрібного ринку, а також на інвестиції. Хоча РДН та ВДР мають не повний вплив на загальне ціноутворення, точні цінові сигнали на цих ринках необхідні для забезпечення ефективного управління витратами на балансування.

Цінові обмеження також є основною перешкодою для інтеграції з європейськими ринками електроенергії і несумісні з процесами об'єднанням ринків.

Посилення нагляду за ринком разом з ефективними санкціями за неправомірні дії на ринку може суттєво знизити ризик маніпулювання цінами, особливо щодо завищення цін. Контроль за злиттями та дотримання правил конкуренції також можуть сприяти зменшенню цього ризику.

В ідеалі, ефективна система нагляду має бути запроваджена одночасно із скасуванням граничних цін. Для подальшого зниження ризиків, пов'язаних зі скасуванням граничних обмежень цін, їх можна спочатку підвищити в кілька етапів.

Переглянути технічні цінові обмеження

Україна має переглянути поточні технічні цінові обмеження, що застосовуються на РДН, ВДР та БР. Технічне цінове обмеження має базуватися на оцінці вартості втраченого навантаження, або на альтернативному механізмі з аналогічним ефектом, наприклад, на механізмі коригування, що застосовується в ЄС. Це забезпечить обмеження заявок до рівня, що відповідає споживчому попиту.

Гармонізація технічних цінових обмежень з ціновими обмеженнями в ЄС буде необхідною для транскордонної торгівлі в умовах об'єднання ринку.

Дозволити негативні ринкові ціни

Цінові сигнали не повинні обмежуватися забороною подання цінових заявок з ціною нижче 0 грн/МВт·год. Правила ринку РДН та ВДР повинні бути відповідно скориговані. За певних обставин негативні ціни можуть сигналізувати про надлишок електроенергії та стимулювати заходи із управління попитом та пропозицією, а також сприяти більшій гнучкості як з боку пропозиції, так і з боку попиту в довгостроковій перспективі. Негативні ціни можуть сприяти кращій інтеграції більшої частки генерації ВДЕ в оптовий ринок.

Негативні оптові ціни на електроенергію не є нагальною проблемою в Україні, і тому не є найвищим пріоритетом. Проте такі зміни мають бути простими у впровадженні.

7.1.2. Зменшити сегментацію ринку

Сегментація ринку, запроваджена регулюванням, розподіляє обсяги електроенергії між кількома сегментами ринку. Це зменшує обсяги, доступні в комерційних сегментах оптового ринку, і перешкоджає розвитку ліквідності, що потенційно сприяє концентрації ринку. Низька ліквідність і висока концентрація роблять ринок менш надійним і таким, що не заслуговує на довіру, а також більш вразливим до маніпуляцій.

Збільшення обсягів у комерційних сегментах оптового ринку є вирішальним кроком до забезпечення необхідних умов з боку пропозиції для розвитку конкуренції.

Зменшити сегментацію ринку для підвищення ліквідності

Значні обсяги електроенергії продаються у спеціальній секції Української енергетичної біржі, яка недоступна для комерційних сегментів оптового ринку. Це знижує ліквідність комерційних сегментів і робить їх менш надійними та більш вразливими до маніпуляцій.

Найбільшу частку в спеціальному розділі складає електроенергія, що продається за умовами ПСО для домогосподарств, що не дозволяє Енергоатому продавати там частину своєї продукції. Мета ПСО – забезпечити життєздатні регульовані ціни для населення – може бути досягнута іншими, менш викривленими засобами. Вирішення проблеми різниці між ринковими цінами та регульованими цінами для населення за рахунок державного бюджету не буде перешкоджати функціонуванню оптового ринку. В якості альтернативи, повністю фінансове ПСО представлятиме дещо менш викривлену систему, ніж нинішнє гібридне ПСО. У середньостроковій перспективі поступове запровадження ринкових цін для домогосподарств має усунути потребу в цій моделі ПСО для домогосподарств.

Сприяти прямому маркетингу з боку виробників ВДЕ

Виробники ВДЕ повинні нести відповідальність за збут своєї продукції і, таким чином, брати більш пряму безпосередню участь у ринку електроенергії. Схема підтримки ВДЕ повинна стимулювати прямий збут продукції існуючими виробниками ВДЕ. Виробникам ВДЕ, які обирають пряму участь на ринку, слід запропонувати систему підтримки «контрактів на різницю» на заміну «зеленому» тарифу.

7.1.3. Інші кроки для покращення функціонування ринку

Наведені нижче рекомендації спрямовані на покращення різних аспектів функціонування оптового ринку. Розвиток кращого нагляду за ринком та підвищення прозорості є питаннями найвищого пріоритету.

Покращити нагляд за ринком

REMIT – це комплексна система нагляду за операціями на оптовому ринку. Її впровадження може зменшити ризик маніпулювання ринком, підвищити прозорість та довіру до ринку, що сприятиме ліквідності та конкуренції.

Україна повинна впровадити REMIT «Light» та підготуватися до впровадження REMIT у повному обсязі. Як підготовчий крок, НКРЕКП має, наприклад, приєднатися до робочих груп Агентства Європейського Союзу зі співробітництва енергетичних регуляторів у якості спостерігача і розглянути можливість організаційних змін, які б відповідали вимогам REMIT, якщо вона цього ще не зробила.

Українська система нагляду за ринком повинна бути здатна виявляти підозрілі оптові транзакції в режимі, близькому до реального часу. Підозрілі транзакції мають бути розслідувані і, у разі обґрунтованості, санкціоновані.

Як правило, виробники, крім гідроакумулюючих електростанцій та електростанцій або блоків, які працюють лише обмежену кількість годин на рік, повинні подавати заявки на РДН на рівні своїх граничних витрат. Стратегія подання заявок, що відхиляється від цього правила, має ставати предметом поглибленого розслідування.

Підвищити прозорість ринку шляхом покращення якості звітності

Якісна ринкова звітність є важливим інструментом для інформування учасників ринку та зацікавлених сторін про стан ринків електроенергії.

НКРЕКП повинна звітувати про ринкові індикатори послідовно по всіх сегментах ринку. Вона має розробити та опублікувати методологію розрахунку індикаторів – особливо тих, що вказують на ліквідність ринку, концентрацію та владу – та відповідні знеособлені дані, щоб забезпечити їхню якість.

Оскільки в умовах воєнного стану публікація конфіденційної інформації обмежена, ця рекомендація може бути повністю реалізована лише після закінчення війни. Однак розробка методології не повинна чекати на це.

Надавати потенційним інвесторам достовірну інформацію про довгостроковий розвиток генеруючих потужностей

Після закінчення війни слід надати актуальну та достовірну інформацію про поетапне закриття старих електростанцій, що працюють на викопному паливі та є великими забруднювачами, відповідно до Національного плану скорочення викидів та виведення з експлуатації атомних електростанцій, а також про заплановані аукціони з виробництва електроенергії з ВДЕ. Необхідно взяти на себе тверде та надійне зобов'язання щодо закриття старих станцій та організації планів аукціонів з ВДЕ. Якщо зміни щодо заходів поетапного закриття або організації аукціонів з ВДЕ є неминучими, про них слід негайно повідомляти та пояснювати зацікавленим сторонам.

Також важливо забезпечити узгодженість довгострокових планів у різних національних політичних документах високого рівня, таких як Національна енергетична стратегія України до 2035 року, Національний план з енергетики та клімату та Національний план дій з розвитку відновлюваної енергетики, щоб мінімізувати невизначеність та уникнути спотворення інформації.

Сприяти підвищенню ліквідності на РДН

РДН – це добре налагоджений ринок з високим рівнем прозорості, який пропонує базові ціни для інших сегментів ринку. Збільшення обсягів торгівлі на РДН є належним способом забезпечення прозорого продажу та купівлі електроенергії. Для покращення ліквідності, прозорості та ціноутворення слід розглянути можливість підвищення мінімального граничного порогу для продажу електроенергії на РДН. Це може слугувати тимчасовим заходом, поки торгівля на двосторонньому ринку не стане більш ліквідною.

Провести незалежну оцінку двосторонніх електронних аукціонів на Українській енергетичній біржі

Існують ознаки того, що результати двосторонніх аукціонів не завжди належним чином відображають ринкові умови. Це може бути пов'язано з тим, що продавці мають занадто багато можливостей для встановлення конкретних умов аукціону, що частково перешкоджає доступу покупців до аукціонів.

Правила та результати минулих аукціонів слід оцінити з метою покращення функціонування ринку двосторонніх договорів. На основі незалежної оцінки правила слід скоригувати, щоб зменшити вхідні бар'єри для потенційних покупців.

Сприяти реагуванню споживачів на попит

Реакція споживачів на попит підвищує еластичність попиту, що зменшує здатність постачальників підвищувати ціни. Ефект подвоєння еластичності попиту еквівалентний подвоєнню кількості виробників електроенергії, що працюють на ринку.

Системи управління попитом можна стимулювати, шляхом надання споживачам короткострокових цінових сигналів на добровільній основі. Наприклад, ціни на електроенергію, що змінюються в часі, дозволяють споживачам перенести споживання електроенергії з періодів високих цін і таким чином зменшити свої рахунки за електроенергію.

Найбільший потенціал для управління попитом, ймовірно, найбільш приналежний до великих промислових споживачів електроенергії. Вони можуть – і вже приймають – участь в роботі оптового ринку, але їхню участь слід заохочувати і надалі.

Нарешті, слід також сприяти розвитку агрегаторів як нового типу постачальників енергетичних послуг, які можуть регулювати/управляти споживанням електроенергії групою споживачів у відповідь на зміни цін у реальному часі.

Дозволити довгострокові комерційні договори купівлі-продажу електроенергії для нових генеруючих потужностей

Комерційні договори купівлі-продажу електроенергії (PPA) є одним з методів забезпечення фінансування нових генеруючих потужностей. Наразі максимальна тривалість комерційних договорів становить один рік. Такий короткий термін є недостатнім для забезпечення фінансування нових генеруючих потужностей. Для нових електростанцій термін дії PPA не повинен обмежуватись. Обмеження для існуючих виробників можуть бути необхідними для забезпечення ліквідності ринку, але вони повинні вводитися відповідно до чітких правил.

Зняття обмежень на тривалість PPA для нових електростанцій буде простим заходом для сприяння інвестиціям після закінчення війни.

7.2. Сприяння конкуренції на роздрібному ринку електроенергії

Заходи з покращення функціонування оптового ринку, як зазначено вище, мають бути доповнені заходами з посилення конкуренції на роздрібних ринках та забезпечення повної реалізації її переваг. У короткостроковій перспективі це буде важливо для того, щоб дозволити непобутовим споживачам отримати вигоду від посилення конкуренції. У середньо- та довгостроковій перспективі це може сприяти запровадженню ефективної конкуренції в сегменті домогосподарств.

7.2.1. Поетапне скасування регульованих цін для домогосподарств

Регульовані ціни для домогосподарств стримують конкуренцію на роздрібному ринку та призводять до високого споживання електроенергії. Регульовані тарифи мають бути скасовані та замінені більш ефективним ціноутворенням. Для пом'якшення будь-яких негативних наслідків скасування регульованих тарифів для домогосподарств рекомендується застосовувати поступовий підхід, який полягає в нижченаведеному:

- **Звузити критерії прийнятності для постачання електроенергії за регульованими цінами.**

  На базовому рівні, регульовані ціни повинні надаватись лише індивідуальним домогосподарствам. Колективні домогосподарства повинні бути позбавлені права на їх отримання.

- **Поступово підвищувати регульовані ціни для домогосподарств до конкурентного рівня.**

  Регульовані тарифи мають бути підвищені до рівня цін постачальників універсальних послуг, які мають зайняти їх місце. Підвищення регульованих цін повинно супроводжуватися адресною підтримкою вразливих споживачів та широкими ініціативами з підвищення енергоефективності. Пряма підтримка є більш ефективною і менш витратною, ніж утримання цін нижче ринкового рівня для всіх домогосподарств.

  Поетапна відмова від регульованих тарифів повинна також супроводжуватися впровадженням заходів з підвищення прозорості, таких як інструменти порівняння цін для побутових споживачів та спрощення процедури зміни постачальника.

7.2.2. Спростити та вдосконалити систему зміни постачальника

Укренерго має автоматизувати процеси зміни постачальників електроенергії. Підприємство має впровадити процедуру зміни на своїй платформі Datahub, переглянути її через рік і регулярно оновлювати після цього. Забезпечення ефективної процедури зміни постачальника матиме велике значення при запровадженні конкуренції в сегменті домогосподарств.

7.2.3. Підвищити прозорість контрактів на постачання в бізнес-сегменті

Простіше порівняння цін дозволяє споживачам визначити найкращі варіанти постачання та стимулює конкуренцію між постачальниками. Комерційні пропозиції зі змінними цінами повинні містити оцінку цін на електроенергію та потенційних витрат для різних моделей споживання. НКРЕКП має скоригувати правила для комерційних пропозицій та визначити загальну методологію для надання оцінки цінових пропозицій. Вона має розробити та запровадити інструмент порівняння цін для полегшення вибору споживачів у бізнес-сегменті.

7.3. Сприяти виробництву електроенергії з ВДЕ та їх участі в роботі ринку

Підтримка ВДЕ необхідна для зменшення викидів парникових газів та енергетичної залежності. Інтеграція виробників ВДЕ до повноціної участі у функціонуванні ринку зменшить ринкову концентрацію та збільшить конкуренцію.

7.3.1. Розробка стимулів для нинішніх та майбутніх виробників ВДЕ до участі в балансуючому ринку шляхом надання послуг з балансування

Удосконалення ціноутворення на балансуючому ринку шляхом поступової відмови від цінових обмежень забезпечить ринкові стимули для збільшення участі на цьому ринку.

Будь-яка схема підтримки ВДЕ для нових потужностей повинна дозволяти та стимулювати майбутніх виробників ВДЕ пропонувати послуги балансування на балансуючому ринку. Остання версія схем підтримки ВДЕ повинна бути переглянута і відповідно змінена.

Перегляд схеми підтримки ВДЕ для існуючих виробників ВДЕ та майбутніх проектів ВДЕ може виявити корективи для сприяння участі ВДЕ, а також має здійснюватися у тісній співпраці з виробниками ВДЕ та потенційними інвесторами.

7.3.2. Впровадження механізму сертифікації електроенергії, виробленої з ВДЕ (гарантія походження)

Як виробники ВДЕ, так і споживачі електроенергії виграють від запровадження системи гарантії походження, яка дозволить виробникам ВДЕ продавати свою електроенергію з надбавкою, а споживачам – обирати сертифіковану зелену енергію. Така надбавка могла б стимулювати інвестиції та умови виробництва електроенергії з ВДЕ. Гарантії походження також можуть сприяти розвитку прямого експорту електроенергії виробниками ВДЕ.

Впровадження гарантій походження вимагає законодавчого закріплення та призначення органу, що його видає, та створення електронного реєстру. Орган, що видає гарантії походження повинен бути наділений необхідними юридичними повноваженнями та мати технічні, фінансові та людські ресурси для створення та експлуатації системи. Система гарантій походження має бути сумісною з Європейською системою енергетичних сертифікатів. В рамках цього процесу український орган, що видає сертифікати, повинен приєднатися до Асоціації органів, що видають сертифікати.

Дохід від продажу сертифікатів в рамках чинного механізму «зеленої» підтримки може спрямовуватися Гарантованому покупцю для виконання його фінансових зобов'язань перед виробниками ВДЕ та забезпечення їх повної і своєчасної виплати. Виробники ВДЕ поза межами схеми підтримки повинні отримувати та мати право використовувати свої сертифікати без будь-яких обмежень.

7.3.3. Створити рівні умови для технологій виробництва електроенергії з нульовим рівнем викидів вуглецю

Інтерналізація вартості викидів CO2 поставила б усі технології генерації в рівні умови та зменшила б або усунула необхідність підтримки генерації з ВДЕ. Це може бути реалізовано шляхом встановлення податку на викиди CO2 на рівні, що повністю відображає негативні наслідки викидів парникових газів. Як альтернативу можна запровадити систему торгівлі викидами, сумісну з Системою торгівлі викидами ЄС (СТВ) і готову до приєднання до неї. Система торгівлі викидами може бути менш руйнівною для економіки, ніж підвищення податку на викиди CO2.

При створенні системи Україна могла б скористатися технічною підтримкою Європейської Комісії. Вона також могла б скористатися досвідом Швейцарії, який вона отримала, пов'язуючи свою систему торгівлі викидами з СТВ ЄС.

7.3.4. Підтримка нових (комерційних) об'єктів ВДЕ повинна надаватися виключно через конкурентні аукціони

Аукціони для об'єктів ВДЕ вносять елемент конкуренції у систему підтримки виробництва електроенергії з ВДЕ. Аукціони є більш ефективними, ніж встановленні фіксовані «зелені» тарифи, оскільки конкуренція може знизити вартість підтримки. Успіх аукціонів залежить від багатьох факторів, включаючи їх дизайн, регуляторну стабільність та загальні економічні умови. Було б доцільно розпочати з невеликих тестових аукціонів на потужність ВДЕ на основі останніх положень законодавства про підтримку відновлюваної енергетики. Результати цих аукціонів мають бути проаналізовані та обговорені з існуючими та потенційними інвесторами, а також, за необхідності, скориговані перед проведенням більш масштабних аукціонів.

Виробники ВДЕ повинні продавати свою продукцію на ринку електроенергії та нести повну відповідальність за небаланси. Це повинно бути обов'язковим зобов'язанням, що реалізується через контракти на різницю.

7.3.5. Оцінити економічну ефективність «зелених» премій у порівнянні із «зеленими» цінами на аукціонах ВДЕ

«Зелені» премії та «зелені» ціни є двома широко використовуваними варіантами підтримки виробництва електроенергії з ВДЕ. Новий проєкт закону України про підтримку ВДЕ підтримує аукціони із «зеленими» преміями. Премія орієнтує виробників ВДЕ на ринкові ціни, але створює значну невизначеність щодо доходів, що може збільшити витрати на фінансування, підвищуючи вартість підтримки. Україна повинна оцінити економічну ефективність обох підходів і, якщо це буде виправдано, зробити вибір на користь аукціонів із «зеленими» цінами у формі контрактів на різницю.

7.4. Транскордонна ринкова інтеграція

Успішна синхронізація є важливим кроком на шляху до інтеграції українського ринку електроенергії з ЄС. З набуттям Україною статусу кандидата на вступ до ЄС поглиблення інтеграції стане невід'ємною частиною процесу вступу.

Крім того, інтеграція оптового ринку електроенергії України з ринками електроенергії ЄС надає унікальну можливість покращити конкуренцію в довгостроковій перспективі. Збільшення потужностей міждержавних з'єднань у поєднанні з можливістю імпорту та експорту електроенергії дозволяє новим гравцям конкурувати, зменшуючи концентрацію ринку та впроваджуючи конкурентну динаміку. Крім того, інтеграція надає суттєві переваги з точки зору безпеки роботи системи.

Наведені нижче рекомендації є взаємопов'язаними, і їх слід впроваджувати в комплексі. Вигоди від об'єднання ринків зростають зі збільшенням транскордонної пропускної спроможності, і навпаки.

7.4.1. Збільшити пропускну спроможність міждержавних з'єднань, щоб досягти цільового показника ЄС щонайменше на 15% до 2030 року[1]

ЄС поставив цю мету, щоб покращити транскордонне підключення до електромереж, що дозволить країнам підвищити безпеку постачання та інтегрувати більше відновлюваних джерел енергії в енергетичні ринки. Об'єднання раніше ізольованих електроенергетичних систем зменшує ризик відключення електроенергії, знижує потребу в будівництві нових електростанцій і полегшує управління змінними відновлюваними джерелами електроенергії, такими як сонячна і вітрова енергія.

7.4.2. Прагнути повного об'єднання ринків

Для досягнення ефективного об'єднання ринків необхідно забезпечити запровадження спільних неявних аукціонів та гармонізувати правила транскордонної торгівлі з правилами ЄС. У короткостроковій перспективі Україна має запровадити неявні аукціони для транскордонної торгівлі електроенергією з сусідніми країнами. Перед проведенням таких аукціонів критичною умовою є повна імплементація керівних принципів ЄС щодо розподілу потужностей та управління[2] перевантаженнями, а також щодо форвардного розподілу потужностей[3]. Відповідне міжгалузеве законодавство з таких питань, як податкові кодекси, і особливо правила відшкодування ПДВ, має також бути переглянуте і змінено за необхідності для забезпечення безбар'єрної транскордонної торгівлі.

Своєчасне виконання цієї рекомендації має вирішальне значення. Наразі триває підготовча робота, і Україна планує імплементувати обидві рекомендації до кінця 2023 року.

Примітки

[1] Регламент (ЄС) 2018/1999 Європейського Парламенту та Ради про управління Енергетичним Союзом та кліматичні дії, 11 грудня 2018 р., https://eur-lex.europa.eu/legal-content/EN/TXT/?uri=uriserv%3AOJ.L_.2018.328.01.0001.01.ENG.

[2] Регламент Комісії (ЄС) 2015/1222 про встановлення керівних принципів щодо розподілу пропускної спроможності та управління заторами, 24 липня 2015 р., https://eur-lex.europa.eu/legal-content/EN/TXT/?uri=CELEX%3A32015R1222.

[3] Регламент Комісії (ЄС) 2016/1719 про встановлення керівних принципів щодо розподілу пропускної спроможності та управління перевантаженнями, 26 вересня 2016 р., https://eur-lex.europa.eu/legal-content/EN/TXT/?uri=uriserv%3AOJ.L_.2016.259.01.0042.01.ENG.

www.ingramcontent.com/pod-product-compliance
Lightning Source LLC
Chambersburg PA
CBHW061217240926
51846CB00006B/1260